文物展览安全研究

文物展览安全课题组 编

博物馆收藏、保管的文物承载了民族文化，记录了中国故事，体现了中国智慧，是中华优秀传统文化的重要载体。

学苑出版社

图书在版编目（CIP）数据

文物展览安全研究 / 文物展览安全课题组编 .
—北京：学苑出版社，2021.3

ISBN 978-7-5077-6138-2

Ⅰ . ①文… Ⅱ . ①文… Ⅲ . ①文物—陈列—安全管理
—文集 Ⅳ . ① G265-53

中国版本图书馆 CIP 数据核字（2021）第 041202 号

责任编辑：张佳乐
封面设计：陈四雄
出版发行：学苑出版社
社　　址：北京市丰台区南方庄 2 号院 1 号楼
邮政编码：100079
网　　址：www.book001.com
电子邮箱：xueyuanpress@163.com
销售电话：010-67601101（销售部）、010-67603091（总编室）
印 刷 厂：北京建宏印刷有限公司
开本尺寸：787mm×1092mm　1/16
印　　张：16.75
字　　数：292 千字
版　　次：2021 年 4 月第 1 版
印　　次：2021 年 4 月第 1 次印刷
定　　价：98.00 元

文物展览安全课题组

学术指导： 李耀申　李　刚　张得水　刘恩迪

组　　长： 李学良　汤毅嵩

副 组 长： 李文昌　何　薇　李晓军

成　　员： 游　敏　何文娟　朱　威

前言

博物馆是保护和传承人类文明的殿堂，是连接过去、现在、未来的桥梁。博物馆收藏、保管的文物承载了民族文化，记录了中国故事，体现了中国智慧，是中华优秀传统文化的重要载体。陈列展览是博物馆向社会奉献的最重要的精神文化产品，是博物馆开展社会教育和公共服务、实现社会职能的主要载体和手段。

近年来，在党中央、国务院的高度重视下，我国博物馆事业进入了快速发展的新阶段。截至2019年底，全国博物馆总数达到5535家，藏品总量4200多万件，年举办展览2.8万多场，陈列展览数量和质量大幅提升，文物利用的广度深度不断拓展，社会影响力不断提高，人民群众对于文化的参与感、获得感不断增强。同时，文物对外交流合作日益扩大，成为我国文化外交的"金色名片"。

我国博物馆事业成就显著，但不可忽视的是，文物安全形势依然严峻。文物安全是文物保护工作的底线、红线、生命线。在新时期，面对频繁的文物展览、进出境展览、联合办展和巡展，如何处理好文物展览和文物安全问题，是一个值得深入探讨的重要课题。

党中央、国务院历来高度重视文物安全工作。习近平总书记多次就文物安全工作作出重要指示批示，强调要把文物安全放在首要位置。2017年以来，党和国家先后出台《关于进一步加强文物安全工作的实施意见》

《关于加强文物保护利用改革的若干意见》，对新时代文物工作特别是文物安全工作作出了全面部署。

为更好地落实中央文件精神，保障文物在展览中的安全，2019年11月28日，中国文物报社与吉林省博物院、徐州博物馆（徐州市文物考古研究所）在江苏徐州共同策划召开了"文物展览安全学术研讨会"。本文集即为此次研讨会的主要成果，内容涉及文物安全管理、展览安全、运输安全、预防性保护等问题。希望通过会议的研讨和文集的出版，抛砖引玉，让更多的业内外同道对文物安全予以关心和关注。

会议的召开和文集的出版，得到了华协国际珍品货运服务有限公司的大力支持，在此表示感谢。

编者

2020年10月

目录

新时期文物展览安全问题的破解路径——"文物展览安全学术研讨会"综述　何 薇　1

文物安全管理研究

博物馆文物安全管理问题的探讨——以山东博物馆为例　卢朝辉　仪明源　8
试论博物馆安全工作的有效对策——以安徽博物院为例　刘盛敏　14
文物利用中安全问题的思考　姜 涛　22
博物馆展览文物安全的风险评估与防范　龙霄飞　31
新时期博物馆展际交流中文物安全策略探究　张译丹　37
高校博物馆临时展览文物安全管控的思考　杨 伟　43
对外展中文物估价与文物安全风险控制的思考　田二卫　50

展览安全研究

文物展览安全浅谈　周燕群　58
临时展览中的文物安全把控　李爽谷　63
浅谈抗战类纪念馆临展中的文物安全问题
——以中国人民抗日战争纪念馆为例　苏 杭　69
关于陈列设计与布展中文物安全的思考　刘迎九　77
文物出入境展览相关规定解析　李海勇　80
出境文物展览中的安全问题及对策　钱 卫　90
关于文物出境展览安全风险控制的几点认识　马静娟　97
关于文物外展安全问题的探讨　张建民　102

运输安全研究

从博物馆安全管理看文物展览运输安全	何中源	110
文物展览运输安全问题研究	张　正	115
文物展览运输安全问题研究——以上海宋庆龄故居纪念馆为例	符　朋	126
基层博物馆文物展览运输安全问题初探——以巩义市博物馆为例	刘小梅	134
文物展览运输的具体做法及体会	马治花	139
运输中文物的安全法律问题探讨	于　芹	144
关于交流展文物运输安全的思考	阳文斌	150
我国博物馆临时展览文物运输的风险分析	张湘莉	155
文物展览运输安全问题的SWOT分析及对策	张小明	168
文物包装运输规范刍议	杨金泉　褚红轩	177
浅谈重型、大型、异形文物在包装移动运输中的解决方案	宫吉永	184
文物展览国际运输安全问题探讨	张　蕊	200
物联网技术在文物安全中的应用分析	杨　迪	208

预防性保护研究

试探展览过程中环境变化对文物的影响及对策	宗时珍	215
试析博物馆交流展文物的预防性保护	高静铮	222
文物使用过程中的隐患预防	杨　斌　陈晓亮	233
竹木雕文物保管、展览、运输安全问题探讨	王　欣	238
彩绘陶质文物包装中磨损问题刍议	石　宁	244
博物馆陶瓷类文物借展的点交与包装	蔺　洲　郑宜文	251

新时期文物展览安全问题的破解路径

——"文物展览安全学术研讨会"综述

何 薇(中国文物报社)

近年来我国博物馆事业成就显著,截至2019年底,全国博物馆总数达到5535家,年举办展览2.8万多场,年观众参观数量高达11.26亿人次,陈列展览数量和质量大幅提升,文物利用的广度深度不断拓展,文物对外交流合作日益扩大,社会影响力持续提高。与此同时,文物的安全形势也更加严峻,巴西国家博物馆、巴黎圣母院、日本冲绳首里城等地突发火灾对文物安全一再敲响警钟。习近平总书记多次就文物安全工作作出重要指示批示,《关于进一步加强文物安全工作的实施意见》《关于加强文物保护利用改革的若干意见》先后出台,对文物工作特别是文物安全工作作出全面部署。新时期如何处理好文物展览和文物安全问题是一个值得深入探讨的重要命题。

2019年11月28日,由中国文物报社、吉林省博物院、徐州博物馆(徐州市文物考古研究所)主办,华协国际珍品货运服务有限公司协办的"文物展览安全学术研讨会"在徐州召开,着力破解这一重要命题。来自全国15个省市的36家博物馆、文博单位以及相关企业、新闻媒体等近百人参加了会议。与会代表通过主旨发言和座谈交流,围绕博物馆安全管理问题、文物进出境展览安全问题、文物进出境相关规定解析、文物展览安全风险评估与防范、文物展示过程中环境安全防护问题、文物展品在包装运输等环节中的安全防范及其法律问题,以及博物馆安防、消防、技防等方面的新办法、新举措、新技术进行了广泛深入的研讨和交流。

一、健全安全管理体系，博物馆安保不再"压力山大"

博物馆安全管理是一项综合性的工作，博物馆安全管理体系是融人力、技防、物防等为一体的安全有机整体，为博物馆安全保护工作提供持续动力和有力支撑。目前，我国博物馆安全管理体系已逐步进入规范化建设阶段，但还存在着管理制度缺陷多、文物保护意识不足、安全管理技术薄弱、系统功能相对孤立、未形成有效联动机制等问题。

山东博物馆卢朝辉、仪明源介绍了山东博物馆健全安全管理体系的做法。一是安全管理目标与制度体系建设。建立从馆领导到各部室的安全责任体系，层层签订《安全责任书》，建立重点部位安全联络员，明确安全责任和义务；在制度建设上，借鉴学习 ISO 9001 质量管理体系标准，探索制订了《山东博物馆安全保卫制度》，其中文件程序 32 份，记录表格 30 份。二是安全管理文化建设。编制了《山东博物馆消防知识手册》、《山东博物馆安全知识手册》及安全工作流程图；建立安全文化建设培训机制，定时对相关人员进行业务培训。三是文物安全管理与信息技术有机结合。先后购置了先进的安检机、人证闸机、人脸识别系统等设备设施，有效地疏导了客流，保证了参观秩序，实现了与公安系统的有效联动；加强与消防部门联动，积极运用先进消防设备设施和技术加强火灾预警监测，着力实现可视化监控、智能化处置，全面提升消防安全保障水平。四是隐患排查及档案管理。定期进行安全大检查，全面落实安全主体责任。每逢重大活动及各项展览的安保工作，召开安全会议，部署值班和应急安保方案；建立档案分类、整理、归档及保存工作制度，为科学统计技防各项信息提供翔实可靠的数据支撑。

二、文物安全是贯穿展览全过程的核心关键

文物安全是陈列设计中首要考虑的问题，当陈列效果和文物安全需要"取舍"

的时候，先要保证文物的安全。吉林省博物院刘迎九认为，文物安全在陈列展览的全过程都要优先考虑。首先在陈列设计阶段，涉及文物安全的主要是藏品的选择和围绕藏品在展厅中的陈列设计。其次在运输阶段，主要从馆内布展和交流展两种情况进行考量。馆内布展要求库房区要有单独的门位和展厅区对接，在相关区域内要有视频监控布网。在运输的过程中，要有专业工具，避免藏品受到损害。交流展的要求一是藏品出入库时，要清楚文物的完残情况，避免后期纠纷；二是从公司资质、运输费用、安保条件及理赔保障等方面进行对比，择优选择运输公司。最后在布展阶段，应将整个布展的顺序流程梳理清楚，布展前要对展厅做最后的隐患排查，在布展完毕后，要对展线和布展后的藏品拍照存档。

首都博物馆龙霄飞从文物挑选和不同参展文物展陈设计方式两个方面详细分析了博物馆在展前的文物安全风险评估与确认，在文物点交、包装运输和临时存放安全三个方面的正确做法以及需注意的问题，从布展环境、文物本身、展托展具、展柜空间、文物入柜等方面分析在布展与展出过程中文物存在的安全风险与防范措施，提出了博物馆展览文物安全风险评估与防范的意见、建议。

上海博物馆周燕群认为展览安全涉及三个方面：一是交流合作伙伴的甄别，包括资质、专业背景、硬件条件及合作意图；二是展陈安全，包括对展览场地安全设施、展陈条件和防护措施的实地检查；三是展品安全问题，包括展品挑选、估价及保险理赔、文物运输公司的选择、展品点交、运输监管及布撤展人员职责等。

三、让中华文化安全地"走出去"

中国文物交流中心钱卫针对举办出境文物展览中常出现的一些安全问题，从展览展示、文物点交、包装运输、文物布撤展等环节列举和分析了文物安全隐患。为完善文物展览中的安全防控体系，加强文物预防性保护，避免工作中出现文物安全问题，认为应着重加强队伍建设，开展全员安全培训；加强安全管理，细化完善文物安全相关管理制度和责任落实机制；加强文物安全监督、指导机制，把监督指导工作贯穿展览工作各阶段；完善应急处理预案，建立文物安全应急处理机制；积极推进科技手段在文物安全防范领域的广泛应用，以及合理安排文物保险，减少文物理赔风险。

中国海关博物馆李海勇认为，文物进出境需明确海关部门和文物部门的职责，介绍了文物进出境展览作业流程，以及全面深化改革背景下，海关对文物进出境监管的重点，包括全国通关一体化、关检融合和两步申报等。他强调办理文物出入境报关手续时，应当注意真实性、时效性、主动性和规范性，并介绍了进口藏品免税的有关规定。

四、文物利用中的安全问题亟待规范

南京博物院陈晓亮、杨斌认为，文物的使用过程是文物损坏隐患最大的环节，只有严格执行文物使用过程中的相关法律法规及规章制度，遵守职业道德操守，才能为文物使用过程的安全提供保障。

陕西历史博物馆姜涛从文物持拿搬运、文物从业者自身素质、文物利用中的外部安全等方面介绍了文物利用中的安全问题要点。他认为，文物利用安全问题的科学化和规范化应引起有关方面的重视，需研究制订科学的文物持拿搬运等工作规范。

五、新标准、新材料、新技术助力文物包装运输

孔子博物馆杨金泉、褚红轩分享了孔子博物馆文物包装运输经验，认为文物包装运输安全要引入风险管理理念，对文物现状、包装环境、包装材料、包装技术以及方法、包装人员的资质与能力、运输车辆情况、运输资质等进行全面评估，形成科学合理的文物运输方案和风险管控机制；要严格按照文物包装规范进行包装，新型包装材料需要提供检测报告，新的包装方法需要前期进行防震、防冲击、防压等实验。此外，随着技术的进步，运输车辆应配置运动轨迹监控系统、高清摄像联动

文物安全管理研究

博物馆文物安全管理问题的探讨

——以山东博物馆为例

卢朝辉　仪明源（山东博物馆）

博物馆安全管理体系是一个融人力、技防、物防等为一体的安全有机整体，为博物馆安全保护工作提供着持续动力和有力支撑。博物馆安全管理是一项复杂但又简单的管理工作，复杂之处在于涉及的部门多，每个部门都有义务作为安全管理的成员，简单之处在于，只要严格执行博物馆各项安全管理办法，就能圆满完成安全管理任务。然而，对于管理人员来讲，做好管理工作，就必须掌握目标管理及分类管理、事故分析、循环管理等方法。目前，我国博物馆安全管理体系已逐步进入规范化建设，但还存在较多问题，主要体现在以下几个方面。

安全管理制度缺陷多。博物馆文物安全管理是一项系统性的工作，需要完整而行之有效的规章制度作保障。博物馆馆藏文物多，只有建立起系统化、精细化和科学化的管理制度，才能有效消除文物安全管理中的隐患。但实际上，很多博物馆的文物安全管理制度并不完善，由于缺乏系统性和科学性，已经制订的制度存在明显的缺陷和漏洞，容易造成博物馆文物管理出现安全隐患。

文物保护意识不足。文物安全管理是文物管理者重要的日常性工作，部分博物馆文物安全管理相关人员尚未充分认识到馆藏文物的珍贵性，对文物的社会价值缺乏认识，重视程度不够，并由此造成责任心缺乏。

安全管理技术弱、系统功能相对孤立，未与相关安全单位形成有效联动机制。由于多种因素的影响，博物馆文物安全管理缺乏专业性较强的技术与管理人才，很多博物馆的文物安全管理依然比较落后，管理效率低，而且存在很多管理"盲区"，信息化管理手段比较缺乏。针对这几类问题，山东博物馆从以下几个方面健全安全管理体系，以保障文物安全。

一、安全管理目标与制度体系建设

依靠人防、技防、物防。技防、物防是博物馆安全基本条件，人防是安全管理活动的因素，发挥人的主观能动作用，重视科学管理，讲究科学分工协作及工作效率。安全管理必须有一定的计划性，安全管理要达到什么目标、怎么做、谁负责、到什么程度、完成效果等都要有具体要求，要避免工作的盲目性，谁主管，谁负责。横向纵向从各个方面围绕关键问题制订自己的工作目标和保证措施，而且在这个过程中要自始至终针对既定目标进行检查、考核和评价。

全面落实各级安全领导责任制。山东博物馆建立从馆领导到各部室安全责任体系，层层签订《安全责任书》，建立重点部位安全联络员，明确安全责任和义务。将安全工作细化到每个处室、每个岗位、每名同志。例如山东博物馆在施工、布撤展过程中建立申请制度，以建档的方式，将每次展览过程中文物安全责任到人（见表1）。

制度建设永远在路上。制度是基业长青的守护者，是搞好安全保卫工作的依据和准则，是管理工作科学化、规范化、制度化的升华。只有建立好的制度，才能够统一思想，有的放矢。新馆建设期间，山东博物馆从实际情况出发，借鉴学习ISO 9001质量管理体系标准，探索制订实施了符合博物馆的标准化安全管理体系。目前形成书面文件资料200多页，其中文件程序32份，记录表格30份，共六章55条近5万字的《山东博物馆安全保卫制度》，内含总则、综合篇、消防篇、安防篇、人员管理篇、应急预案以及各种规范表格，涉及各岗位职责规程、展厅开放管理、临时展览和活动布展、撤展、施工管理、技防系统维保巡检、应急处突等内容。安全制度的完善和安全管理标准化体系的建设，不仅可以满足当前安全管理工作的需求，更可以满足长远发展需求，真正确保博物馆的长期安全。

表 1　施工布撤展、展柜开启及加班申请表

NO 000001

申请部门：	申请部门负责人：
申请部门现场负责人：	保卫部现场负责人：
文物主管部门负责人：	文物主管部门现场负责人：
加班与否：是□　否□	工作时间：　年　月　日　时　分 至　　　月　日　时　分
施工单位： 施工单位负责人：	施工方现场负责人： 施工人数：　　人 联系电话：
工作内容：	
用电与否：是□　否□	机电部负责人签字：
机电部现场负责人签字：	动火与否：是□　否□
防范措施及设备：	
馆领导审批：	

注：办理好手续后持此单第二联与现场安保人员持有的第三联核对无误后，进行施工布展及加班，如无此证明，展厅值班人员有权禁止其进行任何操作；开柜时申请部门、文物主管部门、保卫部负责人员必须同时在场，否则不予开展柜。

二、安全管理文化建设

为使全馆职工能够系统化学习了解馆内消防、安防知识，山东博物馆专门编制印刷了《山东博物馆消防知识手册》和《山东博物馆安全知识手册》，积极向其部室员工普及宣传安全知识。并将有关安全的各类工作制成流程图（见图1、图2），在保证文物安全的前提下，以便全馆职工能够迅速熟悉安全工作的要求。

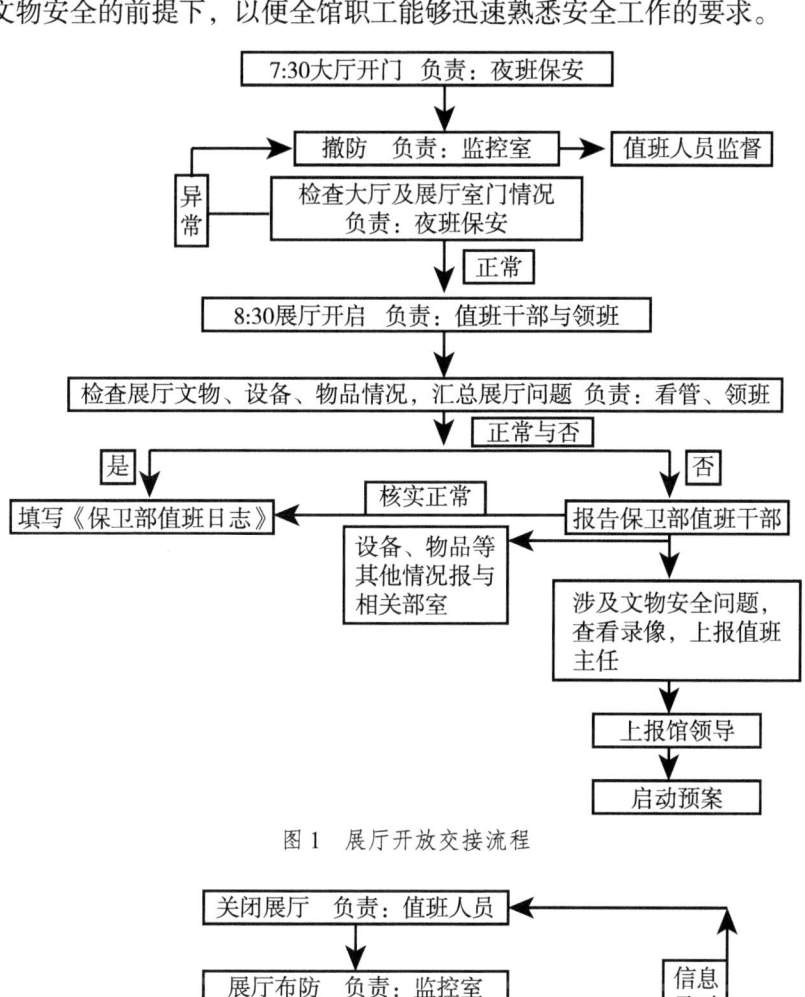

图1　展厅开放交接流程

图2　布防流程

通过大量安全文化知识的不断普及，使每个员工的安全文化素质逐步提高，使安全文化建设规范化、系统化，实现了员工的安全意识、行为的一致性。安全文化程度越高，员工做好安全工作的积极性便越高，在无形中又为博物馆安全构建了一层有力的防护网。

山东博物馆在安全文化建设方面已形成固定的培训机制，定时对相关人员进行业务培训，多年来持续推进的"安全文化建设"主题培训工作，至2019年10月开展了80余次培训及考核，共计1800余人次参加。经过几年来的培训，人员素质有了显著提升，这大大提高了人员素质对安全工作的保障系数。凡事"预则立，不预则废"，安全文化建设对突发应急事件的处理有着重要的意义。通过应急演练，进一步增强了参加人员对安全管理文化建设内容的认识。

三、文物安全管理与信息技术有机结合

技防系统担负着安全体系内的防范职能，因而技防系统的管理是安全工作的重中之重。随着信息技术的不断发展，技防设备上了一个新台阶。山东博物馆结合自身条件，根据相关安全单位要求，不断更新技防设备，先后购置建设了先进的安检机、人证闸机、人脸识别系统等设备设施。其中人证闸机系统实现了有效疏导客流，解决了山东博物馆观众的排队问题，保证了参观秩序，并提升了与公安机关的有效联动。自新馆实行免费参观以来，馆方曾协助公安系统抓捕多名网上通缉逃犯。人脸识别系统在实践中可以对博物馆的观众开展人脸信息采集操作，可以对采集到的人脸特征进行提取以及对比，系统才会自动识别。下一步，可探讨将该系统应用在预警方面，即通过系统管理对特定时间段内人员出入进行权限设定，进而就可对被预警人员进馆的相关信息进行自动检索与记录，再与公安系统及其他相关部门的黑名单人员进行特征对比。在实践中，观众、施工人员以及山东博物馆在职职工可以通过系统检测与对比，对人员进行自动检索以及筛选，再通过系统平台对其进行预警，提示相关安全管理人员对其进行重点管理。针对目前摄像系统清晰度不高的问题，山东博物馆将逐步把监控模拟系统改造成数字系统，使其更加有效地为安全管理体系服务。

要始终绷紧消防安全这根弦，举一反三，消除隐患，补齐短板，提升能力，有效防范各类火灾安全事故，坚决杜绝历史性悲剧发生。要创新工作机制，加强与消

防部门联动，形成工作合力，积极运用先进消防设备设施和技术加强火灾预警监测。近年来山东博物馆逐步进行了消防设备设施的升级改造，空气采样系统局部升级改造，电气火灾系统升级、改进，消防控制室控制主机系统硬件软件升级，消防水炮系统硬件升级，着力实现了可视化监控、智能化处置，全面提升了消防安全保障水平。

四、隐患排查及档案管理

全面落实安全主体责任。每月两次及节日前，对山东博物馆和附属配套设施项目的消防重点部位进行安全大检查，排查安全隐患，消除安全死角，确保安全，填写安全检查登记簿，并将检查到的问题进行汇总，下达问题整改单，书面通知相关部门，落实到相关人员。每逢重大活动及各项展览，均就安保工作召开安全会议，部署值班和应急安保方案，保障山东博物馆的安全。

在工作中，以"全面体现，完整入档"为原则，建立档案分类、整理、归档和保存工作制度。加强保密观念，做好文件、资料、档案的保密、保管工作，定期检查档案资料，确保档案安全完整。落实排查报告、维保通知单等统计手段，为科学统计技防各项信息提供了翔实可靠的数据支撑，为下年度安全管理各重要时间点做好了针对性预防，有助于顺利完成下年度的安全管理运行工作。

自新馆开放以来，山东博物馆积极转变观念，由单纯孤立防范向防、管、控等全方位综合服务转变，煅炼了队伍，提高了能力，荣获济南市公安局集体二等功一次，被济南市社会治安综合治理委员会办公室和济南市公安局评为五星级"平安单位"。健全的安全管理体系保证了良好的开放展览秩序及文物收藏、展览、研究活动的顺利进行，为山东博物馆的正常运行提供了周全的安全服务。

参考文献

［1］邓毅，吴敏伟．人脸识别技术在博物馆安防系统中的应用［J］．微型电脑应用，2013（11）．
［2］王永武．谈博物馆的防火措施及安全管理［J］．武警学院学报，2012（6）．

试论博物馆安全工作的有效对策

——以安徽博物院为例

刘盛敏（安徽博物院）

博物馆作为公共文化服务机构，是集文物收藏、保管、修复、展陈、策划、开放管理、社会教育等诸多功能于一身，讲述区域范围内独特历史文化，展现人民群众创造的历史故事，让人民群众认识历史、记住历史的综合场所。博物馆独特的社会功能和社会属性，决定其成为国家弘扬社会主义核心价值观和主旋律的重要场所，发挥着爱国主义教育基地的重要作用。21世纪以来，随着我国经济快速发展和对文化事业的大力支持，特别是博物馆免费开放以来，博物馆事业取得飞速发展，大部分国家级和省级博物馆在保留老馆的基础上扩建新馆，进一步满足人民群众日益增长的物质文化需要。馆区面积的扩大、观众数量的增多给博物馆的文物安全工作带来了一些新的问题和矛盾，如：安全制度体系滞后；文物和观众安全系数下降；应急处置能力不足；与物业服务公司配合不默契；馆区周界安全防控管理冲突；临时展览举办过程中文物移动的安全问题等。面对这些新的矛盾和压力，只有采取先进的管理方法，细化安全工作流程，从严从实落实安全责任，才能迎难而上，化安全挑战为发展动力，为博物馆事业蓬勃发展保驾护航。

一、博物馆安全工作概述

（一）博物馆安全工作的定义

安全保卫工作是博物馆一切工作的基础，如果博物馆安全出了问题，那么其他一切工作都无从谈起。博物馆安全工作好不好，直接影响其他功能的发挥。博物馆安全包括显性安全和隐性安全两个方面。显性安全是指传统意义上的文物安全、观众安全、财产安全、信息安全等理性指标；隐性安全则包括非传统意义上的决策安全、服务安全、运行安全、执行安全、文化安全等非理性指标。由此，博物馆安全可以分为两个方面：一方面为狭义的博物馆安全，仅仅指馆内文物和观众安全；另一方面为广义的博物馆安全，指馆内一切事物、人和活动的安全。

（二）博物馆安全工作的对象

文物安全。博物馆里收藏的文物是人类珍贵的文化遗产，具有不可再生性。博物馆馆藏文物主要集中在库房和展厅，所以对这两块区域的安全防范尤为重要。

馆区人员安全。主要包括来馆参观的游客及博物馆工作人员的人身和财产安全。

馆区设备安全。主要包括电气设备、管道、天然气、供电供气、安防消防设备设施、电梯、座椅、门窗等硬件设施。

信息与资料安全。保证博物馆重要信息在使用、传输、存储等过程中不被篡改、丢失、缺损，保证信息的完整性、保密性和可用性。

其他安全对象。保证贵宾接待安全、空间安全、交通安全等，如文物修复室、标本存放室、化验室、配电房、易爆易燃品仓库安全问题等。

（三）安徽博物院安全工作概况

安徽省博物馆成立于1956年11月14日，2010年12月28日更名为安徽博物院，2011年9月29日新馆建成并正式对外开放。安徽博物院现为一院两馆运行模式，老馆展陈大楼为仿苏式建筑，入选为第七批全国重点文物保护单位；新馆建筑造型体现了五方相连、四水归堂的徽派建筑风格。作为省级综合性一级博物馆，安徽博物院承担着文物收藏保护，科学研究，宣传教育和对全省市、县博物馆业务指导的重要作用。作为文物安全防范一级风险单位，安徽博物院始终坚持以习近平总书记对文物安全工作作出的重要指示批示精神为指导，严格按照上级主管部门要求，做好安保日常工作、安全专项治理、安全项目提升、安全意识教育、安全培训与演练、联防创建和谐博物馆等安全工作。

二、博物馆安全工作出现的新问题

（一）安防、消防、维护、保养工作不专业、不规范，严重影响维保时效

博物馆安防系统主要包括视频监控系统、防盗报警系统、在线式门禁系统、电子巡更系统、无线对讲系统；消防系统主要有消防灭火系统（灭火系统主要是水灭火系统和气体灭火系统）、广播系统。消防控制中心内消防主机是消防系统的中心，可接收前端设备（烟感、温感、光感、手动报警按钮、防火门、防火卷帘、信号蝶阀、水流指示器等）火警、故障、动作信号，发出警报（声光讯响器、消防电话、消防广播），启动消防泵、送风机、排烟机、喷淋、消防炮等设施，达到灭火效果。这些系统和设施在整个博物馆安全防范中有着举足轻重的作用，所以对其巡检、维护、更换的工作尤为重要。许多博物馆特别是市县级小型博物馆对该项工作不够重视，没有与专业的维保单位签约负责此项工作，设备出现问题不能得到及时处理，许多设备设施"带病上岗"，时间久了，整个安防消防系统功能得不到有效发挥，安全系统临近崩溃，各种硬件和软件功能瘫痪，技防设施形同虚设，致使馆内文物和人员安全面临巨大安全隐患和挑战。

（二）除安保部门外的其他职能部门，职工安全意识不强，参与应急演练热情不够，应急处理能力较差

博物馆职能部门员工、物业服务公司人员，包括场地施工、参观游客等临时人员在内，大多数人员安全意识淡薄，对安防消防安全认识不到位，是导致安全事件频发的重要原因之一。他们对安全规章制度不重视，被动应付安全检查和安全生产工作，对有些安全规范和实际工作要求只停留在口头上，不落实到日常具体工作中；对于消防应急疏散演练、安防反恐防暴演练、自救常识培训不够重视，很少参与其

中。很多员工认为文物安全工作是安保部门的事，与自身关系不大。有的工作人员上班几年，仍不知道办公区域安全出口、安全通道在哪里；有的甚至违背相关安全规章制度，违规使用大功率电器，不能做到下班"人走电断"。当火灾和安全应急事件出现时，极度紧张，不知所措，不能按照既定安全预案报警、灭火、疏散和自救。

（三）博物馆物业服务公司质量水平参差不齐，与博物馆安保工作缺乏有效沟通和衔接

按照国家相关政策要求，博物馆通过政府采购中心对物业服务公司公开招标，并以最低价中标的形式成交项目。这种在短时间内完成的招投标模式，对中标物业公司了解不够，仅凭物业公司提供的投标书做参考，带来了一定的安全问题。

（1）物业服务公司实际到岗人数与招标要求岗位数不一致，且实际到岗安保人员的工作要求和业务能力，与标书要求相差甚远。比如，消防控制室需要2名持注册消防工程师证人员上岗，但实际到岗人员只持有《消防职业技能初级证书》。

（2）物业公司安保人员工资待遇较低，导致安保岗位流动性较大，经常出现辞职跳槽、缺岗等现象。这样导致经常有新入职的安保人员，他们对博物馆安全工作特点的把控需要长时间的摸索、了解和熟悉，等安保工作捋顺了，又会因工资待遇等问题出现跳槽现象，长时间下来形成恶性循环，不利于博物馆安全防范工作。

（3）大部分安保人员年龄偏大，文化水平偏低，反应不够灵敏，处理应急突发事件能力欠佳。有的人员不知道自己的岗位职责、基本安防消防知识和应急处理方法，对安全设施设备不了解，更谈不上熟练使用。

（4）安保人员岗前培训不扎实，对培训工作的经常性和实效性不够重视，没有做到巩固强化和"回头看"，对安保工作缺乏相应的考核机制和奖惩制度。

（四）众多临时展览、交流展的举办，文物在移动过程中存在安全风险

由于临时展览的随机性和灵活性，文物在布撤展前后、布展期间以及展出期间的安全保护问题日趋重要，文物在包装、运输、装卸、布撤展等方面出现了诸多安全隐患。一是少数运输公司工作人员操作不专业，易导致文物被盗或破损；二是文物布撤展时，在馆区由库房至展厅往返途中可能与观众相遇，具有一定的安全风险；三是许多临时展厅展柜内缺乏安防报警设备，且展厅没有设置大空间水系统、气体

灭火系统等，带来了严重的安防消防安全隐患。

三、博物馆安全工作的有效途径

安徽博物院始终以文物安全工作为核心，坚持安全问题导向，及时发现安全隐患，并及时整改。为处理好安全工作出现的新问题和新矛盾，结合博物馆安全工作实际，安徽博物院主要从以下几个方面开展工作。

（一）加强对安防、消防、维保单位的监督管理，确保维护保养工作正常开展

维保是安防、消防系统发挥正常功能的前提和保障。安徽博物院每年都会对维保单位进行招标，重签安防消防维保合同。安保部值班人员每月定期对消防主机和设备进行检查检测，对发现的问题及时要求维保单位处理。与此同时，做好对维保单位的监督管理工作，按照维保协议，要求其定期对安防消防设备设施进行巡检，发现问题及时维护保养，同时做好相关记录工作。

2018年，安徽博物院督促维保单位对安防设备及报警系统、消防主机、5门消防水炮、174个手动报警按钮、224个消火栓箱器材配置、65个防火卷帘门和防火门等设施设备进行全面故障排查，针对安全检查发现的问题并配合整改需要，通过采购、安装无线对讲机及无线通信设备、安防服务器、视频储存器，控制防火分区和区域，更换甲级防火门、更换地下泵房损坏的消防预作用阀组、消防应急照明和指示灯、消火栓箱内构件，张贴消防标志和标识，完善气体灭火设施设备，更换和增加灭火器等，均达到《中华人民共和国消防法》的规定和要求，顺利通过各级部门的检查验收，保证了安全系统正常高效运行。

（二）抓好安全教育培训，提升博物馆全体职工安全意识和应急处理能力

第一，举办安防消防知识专题讲座。邀请消防教官对全体职工进行安全知识培训，增强职工的安全防范意识和应急处理能力，使大家对博物馆安全工作的重要性有了更深的理解。

第二，对新进工作人员进行培训。对近几年新入馆工作人员进行博物馆安全工作培训，培训主要围绕博物馆日常安全工作职责、安防消防控制中心设施设备及其主要功能、处置小型初期火灾和中大型火灾方法和流程等内容，带领新职工实地操作手提式灭火器、消火栓、防毒面具、手动报警按钮等消防应急设备，提升了新职工安全意识，增强了安全工作基础和中坚力量。

第三，积极开展应急实操演练。通过现场触发报警按钮、消防主机报警、现场人员按应急流程处理等步骤，实现应急预案实操有效，突发事件处置及时，人员分工程序畅通。

第四，组织中控室值班人员到消防培训学校学习考证。为更好履行职责，熟练操作消防设备，根据《中华人民共和国消防法》规定，安排值班人员参加消防行业特有工种职业技能鉴定考试，考取消防初级上岗证书。

（三）加强同物业服务公司的配合，并实施有效监管，形成安全合力，为博物馆文物安全和观众提供高效服务和安全保障

对物业公司招标前，安排专业安全保卫人员参与编写物业公司招标文本中安全保卫专业方面人员配置和岗位业务要求。对物业公司做出如下规定。

（1）鉴于博物馆的特殊性，物业服务人员应提供公安机关出具的无犯罪证明，且上岗前必须经过面试、考核，面试考核不合格的，一律不准录用。

（2）展厅安全管理、秩序维护安保、安防消防控制中心专业技术人员必须满足岗位人数要求，在保证响应速度和服务质量等要求的前提下合理配备。

（3）安防控制中心驻点安防工程师2名，需要持有安防工程师证，能够独立完成安防监控设备、系统的检测与维修工作，熟悉安防工程和弱电工程；消防控制中心驻点消防工程师2名，需要持有消防工程师证，熟悉消防各大系统基础知识，并能熟练维修、养护水系统和电系统，能独立承担项目基础维保工作；消防控制中心消防室值班员、消防应急人员各2人，需持有初级消防设施操作员（国家职业资格五级）以上证书。

做好与新入场的深圳龙城物业公司的对接管理工作，实现新老物业公司安保工作的顺利过渡。具体做到了以下几个方面。

（1）按照要求，检查各安保岗位人员配备数量和业务能力，通过现场询问考核、模拟火灾等突发事件，要求其在规定时间内完成相应动作，动手实际操作安防消防前端报警和灭火设备。

（2）安排专业人员实地检查物业公司配套设备管理制度，如：配套设备接管验

收制度、计划性维修保养制度、运行管理制度、值班制度、交接班制度、报告记录制度、设备基础资料存档制度等。帮助物业公司建立健全以博物馆安全工作为核心和特色的各项安全应急预案和自然灾害应急处置预案，细化各安全预案岗位和操作内容。

组织专业安防消防人员定期给物业公司全体人员进行安全培训。

监督物业公司做好设备检查和安全保卫各项具体工作。每月定期召开博物馆、物业公司对接工作联席会，安排安全保卫工作人员对物业公司的巡更记录、安防消防设备检测记录、维修更换记录等进行审核，发现问题，要求其限期整改，并对其近期工作绩效进行考评。

（四）做好文物移动过程中的各项安全保卫工作

文物的押运及装卸。文物由具有运输资质的货运服务公司负责运输，由具有展览设计资质的中标公司负责包装、布撤展和装卸工作。在此过程中，博物馆安全保卫部门会同其他相关部门进行全程监督监管。

押运车辆的选择。尽量使用一种交通工具，避免不安全事件发生。考虑到押运人员和文物安全，长途运输需中途留宿休整，将车辆停放至其他博物馆单位，与其安保部门沟通交流，确立安防消防安全应急预案，实行全天候无死角视频监控。

押运安保人员要求。跟车安保人员应对运输方案和应急预案熟悉，且责任心强、经验丰富、应急能力强；文物装卸时，安保人员应仔细检查文物包装箱、封条的完整性，并做好相关安全措施和记录，待文物重新装箱结束，重新贴好封条。最后，交接双方签字留档。

文物押运的保密原则。文物移动过程中一定要做好保密工作，将文物运送路线、目录、数量等信息，根据实际运送要求，控制在最小范围内。

明确库房至展厅路线。以二层临时展厅布撤展为例，乘坐库房门口的货梯至二楼，在二楼划定的布展专用通道至二层临展，撤展沿原来路线返回。

布展期间，库房门口、货梯内、展厅门口设置安保人员进行看守和巡查，博物馆安全保卫部门会同其他相关部门工作人员全程跟随保护文物安全；封闭展厅及周边通道，根据双方需求统一制作临时出入证，凭证出入，避免无关人员进入；运送过程中，安全保卫部中控室调好摄像机，进行全程监控。

结语

安徽博物院面对安全工作新出现问题的做法，取得了一定收获和成绩，但还存在一些缺陷和不足。随着国家和社会各界对博物馆事业的进一步关心和关注，博物馆各项社会功能不断增强，到馆观众数量递增，博物馆安全工作将会面临更加严峻的考验。我们将坚持学习先进管理经验和科学方法，认真、规范、严格地做好博物馆各项安全工作，积极发现安全隐患，及时处理，为文博事业稳步、快速、健康发展作出新贡献。

参考文献

［1］孔敏．博物馆安全问题的现状与改进措施［J］．新东方，2017（5）．
［2］曹浩杰．试析博物馆的安全风险及防范措施［J］．长江丛刊，2017，6（23）．
［3］夏鹏，胡大喜．博物馆安全保卫的薄弱环节及对策［C］//中国博物馆安全理论与实践：中国博物馆协会安全专业委员会论文集．郑州：中州古籍出版社，2012．

文物利用中安全问题的思考

姜 涛（陕西历史博物馆）

博物馆是我国建设有中国特色社会主义的文化重要的组成部分，除了具有收藏、保护文物、标本和其他实物资料的功能外，还具有传播科学文化知识、提高公民科学文化素质，进行思想品德教育、科学研究以及丰富人民群众文化生活的作用。而博物馆藏品是国家宝贵的科学、文化财富，是具体的、有价值的文物标本，是博物馆各项业务工作得以开展和的基础。

截至2018年底，我国在文物系统注册的博物馆达5354家，全国博物馆每年举办陈列展览近2.6万场，观众10亿人次以上，博物馆的社会功能日益显著。为满足人民群众日益增加的文化需求，让文物"活起来"，博物馆举办了多种主题和形式的文物展览。因此，各博物馆馆际的文物借调、馆内文物的提用等过程中的文物本体安全成为我们必须考虑的问题。

一、文物在利用中的持拿搬运

文物入藏博物馆后在库房中保存，根据研究、展览等需要，首先涉及的问题就是文物移动。在文物移动频次尽量较少的要求下，博物馆文物库房管理、文物修复等直接接触文物的人员，以及专业从事文物包装运输公司的技术人员，如何在操作中正确地持拿搬运文物，确保文物的安全无事故，就成了很重要的问题。

（一）文物藏品的特性

正确地持拿搬运文物，首先需了解文物的特性。文物是指人类社会发展过程中，由人类创造及与人类活动有关的，具有历史、艺术、科学和纪念价值的，古代、近代乃至现代的物质文化遗存（如遗物、遗迹）的总称。博物馆文物藏品不仅具有数量多、品种全、精品多、有字文物丰富等特点，更重要的是，文物还同时具有以下特性。

1. 文物的不可再生性

文物是过去时代的产物，具有不可再生性。尤其是一些精品文物，存世仅此一件，一旦出现安全问题，将给我们造成重大损失。

2. 文物的脆弱性

我国文物种类繁多，有金属器、瓷器、陶器、石器、玉器、木器、竹器、字画等，其中大部分是容易损坏的。如瓷器、陶器、字画等文物，在持拿和搬运的过程中，稍不留神就会对其造成伤害。多数考古发掘的文物是破碎的，且出土后会有粘接修复，但因时间、粘接剂和修复手法等不同，这些文物都存在着安全隐患。

3. 文物表面残留有彩绘、镏金等

有些文物的表面残留有彩绘和镏金，如新石器时代彩陶、汉代陶望楼、唐代彩绘塔式罐以及陶俑等。这些文物中的彩绘和镏金等是极易脱落的，在提取利用这些文物时就得加倍小心。

如今，各地博物馆保藏的文物大多是考古发掘品。20世纪50年代，随着我国基本建设的大规模开展，随工清理的考古发掘品众多，考古工作者对大多数的发掘文物进行了修复和粘接，但由于时间紧迫、粘接材料落后，现在的许多文物藏品粘接处老化，这对文物的提用增添了困难。

（二）持拿搬运文物前的准备工作

1. 了解文物的现状

每一位文物工作者都要对自己所接触的文物的现状有清醒的认识。每件文物的修复、保护等"健康"状况，应在其藏品卡中有详细的记录。无论是文物库房的管理者还是文物展览研究的提用者，首先要对所提取文物进行全方位的了解。提用文物者应向最熟悉文物者咨询文物的现状，不但要了解该文物的质地、时代等，更要了解该文物的修复粘接情况（如有粘接和修复，观察其粘接处有没有老化）；还要

了解该文物有否彩绘、镏金等状况（如果有，那就要测试一下彩绘、镏金等附着文物表面的牢固程度）；还要提前评估该文物何部位牢固、何部位易破损，为动手持拿或搬运该文物做好准备。

2. 先做好保护和修复工作

文物的每一次提用都有着明确的目的性，即用于展览陈列还是用于专家研究，根据不同目的，应提前对所提用的文物进行保护和修复。如对彩绘文物的彩绘层进行封护，对陶俑等老化的粘接处进行再次粘接，对有裂纹的文物进行修补等；对于金属类文物要检查其锈蚀的情况，陶器有没有酥粉现象等。这是更好地保护和利用文物的先决条件。

3. 准备好持拿搬运文物的工具和材料

对于不同的文物要有不同的持拿和搬运方法。如何持拿和搬运？文物的提用者要有清晰的思路和科学的方法。有的文物在持拿和搬运过程中需要一些包装材料，如囊盒、绵纸、海绵、木箱以及包装带等；要准备手套、口罩等用品和小推车、平板车等工具，为安全科学地持拿搬运文物做好准备。在移动文物准备阶段，提前规划和踏查运输路线也是非常必要的。

4. 如何科学安全地持拿搬运文物

（1）陶瓷器、唐三彩。

陶瓷器、唐三彩因其质地的特点容易破碎，而且大多数是出土后修复粘接的，在持拿这类文物时要特别小心。首先要对该文物的"健康"状况有所了解，其次最好为这些文物制作囊盒，动手搬动文物的时候先用柔软光洁的绵纸对该文物进行包裹，再一手扶器口，一手托器底，手劲不能太大，以免捏破器物，因为有些陶瓷器器壁非常薄；但手劲儿也不能太小，以免器物脱手。对于组合起来的陶瓷器、唐三彩等文物，在持拿搬运时先要将其他的附属物件拆分，然后再分部分搬拿。如东汉时期陶楼一般是多层垒叠在一起组成的，在持拿时先将它拆分开来，分为数件，然后用绵纸一件件包裹，再分别搬拿到囊盒中，并对囊盒内空隙进行填充，最后搬抬放至小推车或平板车上，慢慢地运走。

（2）陶俑。

陶俑是我国极具特点的文物之一，其生动形象、时代序列性很强，真实地反映了我国古代各个时期的文化生活等情况。同时陶俑也是很脆弱的，由于其是黏土做胎然后用火烧烤成型，大多陶俑上是有彩绘的，彩绘层极易脱落；而有的文物在出土时就没有了彩绘，因为这类文物彩绘中加入了植物胶，有的将植物胶涂于器物胎体和彩绘层之间，植物胶是极易老化的。所以要了解彩绘文物的特性，在持拿陶俑前一样要用绵纸将陶俑进行包裹，然后一只手扶住陶俑的背部，一只手托住其足部，缓缓地放入囊盒，然后再进行下一步的搬运。在持拿陶俑时要特别注意骑马俑和动物俑，有的骑马俑的人和马身是分离的，而有些则是烧制在一起的；有的动物俑尾巴等也是分离的，在持拿搬运这类陶俑的时候要注意将可分离的部位尽量分离开。另外，有的陶俑是头身分离的，对于这些陶俑都要多留心。

体量很大的陶俑，如秦代兵马俑、唐代武士俑、天王俑等，在搬抬时需要多人，甚至要利用包装带将其捆扎，数人把持一角，使陶俑的重量平均分配到每一人，在有经验的工作人员的安排和指挥下，小心翼翼地搬抬，特别是不能抬其脆弱部位，如臂、足、颈以及衣服裙摆等处。当然在捆扎陶俑之前也应该对陶俑进行包裹，用绵纸裹住海绵的软包垫在包装带下，这样才不会伤害到文物。在捆扎时一定要把包装带捆结实，做到不会滑脱。对于大型陶俑可以先将其竖着捆绑在结实的木板上，当然在俑身和木板的接触处添加减震材料；待捆扎结实才可以将其放平，让陶俑躺在木板上，人们抬着木板走，会更安全。

（3）金属类文物。

金属类文物相对于其他文物稍微结实一些，但这类文物也应该针对具体情况，采取不同的持拿搬运方法。如青铜器，首先要检查和了解搬抬的青铜器锈蚀情况，再制订搬抬方法。青铜器的体量一般很大，最大的青铜器可达到数百公斤。小件青铜器可以一个人持拿，在拿时要注意一只手扶住器沿，另一只手托住器底，严禁手提器耳或器足部，因为有些青铜器的耳、足等是分铸的；而对于大件的青铜器，在搬抬时需要多人参与，数人平均分担器物重量，把住器沿、扶住器底，一起用力搬抬。

对于金银器文物来说，在持拿时要注意器物上有无墨书，有无镶嵌宝石、贝壳等；还要检查器物上的连接点和焊接点的牢固程度。做好这些准备之后，再动手持拿文物。另外不能让汗渍沾到，因为汗渍对于这些文物有腐蚀作用，所以在持拿这些文物的时候一定要用绵纸包裹，尽量不用手直接碰触器物；在持拿金银器时也不能直接提起器物的提梁，也应一手扶器腹一手托器底。对于个别金银器像法门寺地宫出土的银芙蕖、捧真身菩萨等，其质地轻薄，连接纤细，并向四周伸出，用手直接持拿，可能对文物会有伤害，应先将绵纸揉成蓬松的纸团，塞入文物的空隙处，使这类文物尽量"浑然一体",再用结实的白布将其包裹,垂直提起,可以最大限度减小对文物的损害。

(4)石器类文物。

对于石器类文物来说,其持拿搬抬的难度要大一些,因为除了少部分的新石器时代的石斧、石锛等工具外,其他时代的石器大都以造像、画像石为主,这些文物体量巨大,搬抬起来是要费一番周折的。小件的石器文物在持拿时没有特殊的要求,只要包裹好,用力的位置避免文物的脆弱处及长时间手持,用运输文物的小车移动即可。

对于体积较大的石器文物,如画像砖、中等大小的造像等,可以利用工具搬抬;而更大型的石器文物,比如高大的造像、碑石、石刻等,要根据其所处的环境来决定是要动用起重机械还是用手动叉车来搬运。当然,文物如果在室内,使用叉车搬运比吊车更为适宜。对于如何将大型石造像等从地面搬抬到有一定高度的展台,现在的解决方法如下。比如可在展台一定高度搭上钢架,在运至展台近处的造像上面一定高度也搭上钢架,两个钢架的高度要一致,再在两个钢架间横着架一根结实的钢管,在钢管上挂上可滑动并有倒链的"铁葫芦",然后对造像进行包裹,并用包装带将其缠绕,找好造像的重心,将包装带挂到"铁葫芦"上,拉动倒链,使得造像被吊起到一定高度,然后平移,到达展台上方后,再反拉倒链,使造像慢慢地落在展台上,拆掉钢架和包装即可。还有一种方法是利用可以升降的叉车来完成,先用撬杠将大型的造像撬起,将两个12厘米的木方分别垫到其底部,然后推入叉车,将叉车打起到最高度,再用木板或木方垫到造像底部,使之所垫的木板或木方垒叠在一起,之后降落叉车到已垫起的木方上;再在叉车上铺垫木方或木板到一定高度,打起叉车到最高,再次在造像底部垒垫木方或木板,然后再降落叉车,依次重复,这样使得造像安全地升到与展台一样的高度。平移造像之前要在造像所处位置和展台之间用结实的木料搭成平台,然后在造像底部摆放几根涂过肥皂的正面相对放置的光面木条,下面的木条一根接着一根,一直摆到展台上,最后众人齐用力将造像推滑至展台之上,取掉包装,拆掉木台,撤掉造像下的木条,这样造像就可以安全地来到展台上了。

二、接触文物人员要注意的几个问题

（一）文物工作者的心理素质问题

首先要明确和界定哪些人员可以接触文物。文物管理具体的实际操作等工作，在学校里是很少接触的，近年来新入职的年轻同志需要有前期的专业工作培训。就目前各博物馆情况看，对于文物的接触搬挪，文物工作者中常常出现年轻同志不敢动、年长同志不愿动的问题。

其次，每一位文物工作者，除了先进的政治思想和过硬的业务能力外，还要具备良好的心理素质。例如有一次搬运文物时，一位从事文物工作多年的老先生手托一面铜镜，十分小心，旁边还有人提醒："一定要拿好，一定要小心！"他也知道，并自言自语："一定要小心！一定要小心！"但他的手却抖得厉害，最后听到"啪"的一声，铜镜跌落到地上，摔碎了。文物损坏了，这位老先生也得到了处罚。部门重新聘任工作人员时，一位文物工作者拒聘，人们都很不理解这位业务能力很强的同志，但部门领导还是同意了他的要求。过了些日子，传出消息，那位同志得了抑郁症，试想他如果再继续接触文物，那对文物藏品的安全将是多么大的隐患啊。所以说，每位直接接触文物的工作人员一定要有良好的心理素质，这对于文物工作是有益的。

持拿搬运文物时不要左顾右盼，拿起文物之后一定要慢。拿文物之前先要看看周围有什么东西，做到心里有数，拿起文物后脚下要生根，不要随意挪动，尤其在展柜里工作时，旁边要有人随时提醒持拿文物者，以做到万无一失。

（二）持拿搬运文物时的服装要求

持拿搬运文物时，对文物工作者的服装也是有要求的。文物库房管理者一般统一穿着蓝大褂，文物修复的同志统一穿着白大褂。有人笑称："文物库管员是卖菜的，文物修复者是看病的。"当然这只是玩笑而已，但仔细想想，穿着这样的服装对文物的安全是否有影响？答案是肯定的。如果我们穿着这样的服装在文物库房工作，那长长的衣摆很可能会挂碰身旁或身后的文物，这是文物安全的重大隐患。尤其是陈列人员在狭小的展柜里持拿文物，更是要穿得紧身利落，避免挂碰文物，防止文物无端受到损坏。

对于搬运文物时是否需要戴手套，要具体问题具体操作。大多数文物接触时是需要佩戴手套的，要根据文物特性选择全棉手套或带胶粒的防滑手套等。但有些文物是不适合戴手套搬移的，如书画、瓷器等。

（三）远途运输文物时要对文物进行科学有效的包装

随着社会经济发展和人民生活水平的提高，人们的文化需求更加广泛，各种文物国内展览和出国展览越来越多，这样文物的长途运输也多了起来。在文物远行之前，对文物进行科学合理的包装是必须的。目前，国内外有专业的文物珍品运输公司，具备良好的文物包装、运输等水平。但馆内文物的短途搬运也必须采取有效的包装手段，避免文物安全出现问题。

对于文物的远途运输，应该聘请专业的文物包装运输单位来完成，但在某些情况下，比如资金紧张等，就需要文物从业者自己完成。文物包装是指文物包装工作人员运用各种包装材料及囊盒、包装箱等，采用合适、合理的方法对文物进行有效的包裹和安放，使得在搬动和运输过程当中确保文物完好无损。文物包装工作有四个基本要素，即包装单位和人员、包装对象、包装材料以及包装方法。按照文物的不同特点，可以运用不同的包装材料，如绵纸、海绵、高密度吹塑板、高密度聚氯板（俗成黑海绵）、发泡聚乙烯珍珠棉（EPE）、泡沫塑料等，用包裹法、悬空法、捆扎法、挖镟法、压杠法、卡位法、悬挂法、套装法、紧压法等方式对文物进行科学的包装，然后放入文物囊盒，最后放置到大的文物包装木箱里。填充好包装箱后，就可以装车远行了。运输文物的车辆速度也有一定的规定，这些关于文物包装和运输的要求，国家文物局下发有《出国（境）文物展品包装工作规范》以及《出国（境）文物展览展品运输规定》。

三、文物利用的外部安全问题

（一）展厅展柜

展柜是文物藏品的另一个"家"。要确保展览展示过程中文物的安全，展柜本身的安全性是极为重要的。第一，展柜整体结构应采用重型设计，确保其稳定性，要有很强的抗冲击能力；第二，展柜玻璃选用博物馆展柜专用的夹胶玻璃，还可采用"SGP"抗弯胶片，保证玻璃不会出现弯曲；第三，展柜开启方式要便捷，方便各类文物的顺利进入和撤出，无论是电子开启还是机械开启，要注意采取噪声小、无卡顿的方式，还要确保开启和关闭的可靠性，尽量做到所有开启门全部可打开，无固定玻璃，为布展工作提供便利条件。

（二）展厅灯光

文物在展厅向公众展示，灯光对文物的安全问题也不可忽视。一般来说，对于光特别敏感的文物，展出时的照度要在50勒克斯以下，对光普通敏感的文物照度在150勒克斯以下，对光不敏感的文物照度在300勒克斯以下。在博物馆展览中，高照度环境一般选择高色温光源，低照度环境一般选择低色温光源，照度值要与色温匹配。对光源色彩还原能力高低性能用显色性指数判断。一般博物馆展览中，对辨色要求高的展品，光源显色性必须在90勒克斯以上，变色要求不高的也要在80勒克斯以上。对于不同材质的文物要选择适合的灯具，还需具体问题具体分析。

（三）展厅消防和安防

展厅的消防和安防是展览文物的安全保障之一，在展厅建筑和改造中应按照相应规范去布设。一般展览的制作必须经过消防部门的备案，不能遮挡消防设施和安全门。安防设备要根据文物展品的摆放设防，这是每个博物馆保卫部门需重点考虑的问题。展出文物最好不要裸展，在讲究展陈艺术效果的同时，文物展品的安全是第一位的。

（四）展览中的文物固定

文物在展柜内的摆放是否稳定，是展览文物安全的首要前提。可根据不同文物采取铺设防滑垫、鱼线捆绑、定制文物支架等方式；对于在展柜背墙上固定的文物，一定要确保文物爪件结实程度、方式科学。

结语

  关于文物持拿和搬运的科学化和规范化尚未引起有关方面的重视，对此应加大宣传和倡导，使这一博物馆文物工作者最基本的但又极容易麻痹大意的工作得到应有的重视和改进。研究、制订科学的文物持拿搬运规范，教育和培养文物工作者养成良好的工作习惯，并能常抓不懈，为我国博物馆事业和文物事业的良好发展作出贡献。

参考文献

[1] 单霁翔. 畅叙百年豪情 展望美好前景——在南通博物苑一百年暨中国博物馆事业发展百年纪念大会上的讲话［EB/OL］.［2015-11-06］.http://www.ntmuseum.com/colunm6/col4/yq/107.html.

[2] 王宏钧. 中国博物馆学基础［M］. 上海：上海古籍出版社，2001.

[3] 姜涛. 彩绘文物的包装［C］// 北京博物馆学会保管专业委员会主编. 博物馆藏品保管学术论文集. 北京：北京燕山出版社，2004.

[4] 姜涛. 文物的包装［G］// 陕西历史博物馆馆刊（第9辑）. 西安：三秦出版社，2002.

博物馆展览文物安全的风险评估与防范

龙霄飞（首都博物馆）

文物是博物馆收藏中最核心的部分，文物安全更是被看作博物馆的生命线备受重视。博物馆的文物一般是较为稳妥地存放在专业的库房中，安全系数较高。尤其是现在的库房保存条件优越，合理的温湿度与光照控制、严密的安保监控措施等保证了库房文物的安全稳定。但是，随着博物馆发展的需要和当前形势的要求，博物馆藏的文物"活"起来，最重要的一项内容就是各类展览不断举办，各类文物频繁亮相。

文物"动"了起来，之前安放在库房中的状态就发生了根本的变化，展览中文物的安全成为博物馆人面临的一个现实问题。文物的频繁移动，导致展出的文物面临各种"安全"问题，文物走出库房后环境的变化，运输搬运中的风险，展出过程中布展、撤展、参观中的安全等问题，这些都需要博物馆人保持对文物的清醒认识，梳理展览前后过程中文物存在的风险与隐患，采取相应的防范措施，保证文物在展览中的安全。

要把排除文物安全风险做在事前，就需要做好文物安全风险的评估与防范，主要涉及博物馆展览文物展前的安全风险评估、展览文物点交、运输过程中的安全风险评估与防范以及展览文物布展、展出中的安全风险评估与防范等方面。

一、博物馆展览文物展前的安全风险评估

文物在展览之前的安全风险评估应该从两个方面考虑：一是在挑选展览文物时，

避免选择安全风险较高的文物；二是确定参展文物后，针对不同文物的风险程度确定展陈设计方式及保护措施。

展前挑选展出文物时，对于拟选文物的基本状况要有明确的了解，特别是对于文物的完残状况、保存条件做到心中有数。策展人在挑选文物时，对于符合展览主题的文物要从安全的角度做进一步的筛选。

首先，对于本身保存状况不佳、残损较为严重的文物要避免上展。文物状况不佳，是指文物本身存在安全风险，如残损严重、易碎、易受外力冲击而变化、无法固定等情况，特别是像经过修复修补的陶器、瓷器、青铜器等，残缺部件较多的，如陶人、陶兽，自身竖立不稳、不易固定的；对于这样的文物，如果选择上展，就需要较多的安全措施来处理和加固，即便如此也仍然不能保证万无一失，策展人需要权衡利弊考虑这些文物是否必须上展，如果有代替文物或者类似文物，尽量不让这些存在较多安全风险的文物上展。

其次，对于文保措施要求极高的文物，也要考虑是否展出。文保措施要求极高是指在展出过程中，所展文物对于展厅中的温度、湿度、光照等条件的要求高且较为严苛的情况，主要涉及的文物多为有机质类，如漆器、书画、丝织品等，尤其是南方文物到北方地区展出时要求尤为严格。展厅环境的控制是大环境的调节，温湿度等条件从整体上达到一定的标准，但针对具体一件或几件文物则要求小环境的控制，也就是对于所展文物所在展柜的微环境控制要达到相应的标准。微环境的控制需要大环境的支撑，光有小环境的达标而没有大环境的稳定，小环境也是不能持续保持的，因此特殊文物对于博物馆整体展厅与展柜环境的控制提出了较高的要求，而在无法完全满足这些要求的时候，文物则不宜展出。策展人在拣选上展文物时，要提前考虑到这些因素对于文物展出的不利情况。

再次，一个展览在确定好具体参展的文物后，要针对不同文物的风险程度确定展陈设计方式及保护措施，这需要从陈列方式、固定方法以及文保措施三个方面来考虑。

一是文物的陈列方式，主要是指展柜内陈列还是柜外裸展形式，这需要根据所展文物的风险程度来确定。展出文物的风险程度分为无风险、有一定风险、有较大风险等几种，具有不同风险程度的文物需要确定不同的陈列方式。有一定风险和有较大风险的文物则不宜使用裸展的方式，而基本无风险的文物则可以考虑裸展的方式。从目前博物馆的条件、观众认知、参观方式来看，展出文物无论是否有风险，大多数博物馆多采用柜内展出的方式，裸展则很少采用，除非一些大型的、质地较为坚固的文物才考虑裸展的方式。

二是考虑单体文物的固定方法，即文物在展出时的状态，是直接摆放还是需要支架、展托或特殊的固定方式。对于一般可以自然平稳放置的文物，可直接放置于展台、展托上并采取适当的固定措施。而对于一些有特殊展示要求的文物，就需要使用不同造型的展架、支架，或者增加放大镜、反光镜等设施。在使用不同造型的展架、支架时，一定要保证对文物本身无损，文物可以平稳受力，应用文物保护要求认可的材料使展架或支架与文物接触。对于一些造型独特或受力不均匀、竖立不稳的文物就要采用特殊的固定方式来解决，如多段拼装的陶楼、陶仓，枝杈多而易断裂的陶灯、摇钱树，舞动四肢的俑人等，需要找准文物的受力点来设计相应的支架并作捆绑和固定。策展人对每一件文物的陈列方式和固定方式要做到心中有数，这样才能对文物的安全做到未雨绸缪。

三是考虑不同文物的保护措施，这就要求策展人对于不同文物所需要的展厅环境保持清醒的头脑，特别是对一些有特殊需要的文物给予特别的考虑。展厅是使用灯光效果还是自然光，或者二者兼而有之，哪些文物可以用灯光，哪些文物可以在自然光中展出，保证展厅的大环境和小环境满足不同类别、不同质地文物的不同需求。

二、博物馆展览文物点交、运输过程中的安全风险评估与防范

博物馆展览中的文物在到达展厅前都会经过出库点交的过程，尤其是外接展览中借用方和借出方的点交是必不可少的程序，之后再经过包装运输送达展出地点，在运输过程中可能还会有临时存放的情况，这些进程中的安全问题需要引起足够的重视。

展览文物的点交一般是在两家文博单位之间进行，双方的点交人员都是对文物具有丰富经验的文物保管者，正常情况下不会出现安全问题。但这一环节要明确各方责任，借出方与借用方的责任要明确，借出方查验文物后由借用方再行查验，双方认可后交借用方，此时借用方才可动用文物；借用方与运输公司人员也要明确责任，借用方从借出方接手文物后，交由运输公司方人员包装，这一过程看似都在借用方一边，但借用方也要通过相应的手续明确与包装运输方的责任。

点交之后就是包装与运输的阶段。借用方要选择有经验的运输公司，这种经验是指要有运输文博单位文物藏品、艺术品的丰富经验，而不是货运经验；运输公司负责人也要有较好的文物包装、运输经验。同时，借用方的监督很重要，过程的监管和监督不能忽视，不是把文物交给运输方就万事大吉了；借用方应全程监督运输方的包装过程，发现问题和隐患及时指出纠正，借用方要掌握详细的运输路线、运输时间以及运输人员的情况，以备随时查核。

对于远距离的文物运输，中途会有休息和临时存放的情况出现，有这种情况要提前做好安排。运输方要保证中途停靠点的安全，这种安全既包括场地和人员，也要考虑到天气等自然因素对场地和文物安全的影响。临时存放点要保证文物不会受到盗抢、人为破坏、自然侵害等。

三、博物馆展览文物布展、展出中的安全风险评估与防范

展览文物在到达展出的博物馆后，将进入布展、展出的阶段。在这一时期，文物虽然已经处于博物馆的专业监护之下，仍然存在安全风险，即便作为文物专业管理单位的博物馆，同样需要做好风险预估和相应的防范措施。

第一，要保证文物有合适的布展环境，这主要是要求展出文物的展厅要做到场地干净，没有干扰文物顺利、安全布展的不利因素。由于布展时间等因素，很多博物馆出现在施工过程中文物上展的情况，虽然这种情况不可避免，但要尽量做到不能有大规模的施工作业，如展墙的搭建、设备的安装等，而且需有专人管理。在施工作业后，要对整个展厅做消毒杀虫处理，以保证上展文物不会有微生物等侵扰与危害。

第二，对于要上展的文物本身也要进行消毒杀虫处理，这主要是针对有机质类文物。本馆上展文物一般不存在这个问题，但外借来参展的文物情况多样，虽然多数在原收藏单位应已经做好了消杀工作，基本可以保证不存在这种危害。但对于一些直接从考古工地出土展出的文物，要提前做好考察，如果存在病害，一定要做相应的处理后才可以进入展厅。在对文物进行预防处理后，还要注意对展品、标本等非文物展品的消杀工作。展览中很多场景模型、展品或标本是后期制作的，若在使用材料上事先没有做好处理，后期很可能出现问题，因此对于这部分展品须尤其注意。

第三，要保证展托、展具的安全性能。文物进入展柜后并不是直接放到展柜中，

一般会制作相应的展托与展具来支撑、衬托。展托、展具在表现文物内涵与艺术美的同时，不能仅仅考虑展出效果，必须考虑它们对于文物本身是否存在安全隐患。特别是服装、书画等丝织品、纸质类文物，在悬挂展出时是否受力、受力程度大小等因素，都对展具的制作提出了明确的要求。展托、展具的设计必须稳定、可靠，不能对文物本身产生伤害，特别是一些异形展架的设计，更要考虑支撑点对文物有无受力情况，展具与文物接触面的大小，接触点是否需要相应保护材料的间隔等，都必须在文物上展前有充分的设计和考虑。

第四，要合理安排不同展柜空间中陈列文物类别的问题。不同质地的文物有不同的温湿度与光照要求，这就要求在陈列中考虑将同一质类的文物摆放在同一环境中，不同质类的文物尽量不混合陈列。原则是将有机质类文物与无机质类文物分开陈列。但一些策展人在设计展览时，往往主要考虑文物本身的内涵与主题的关联性，而对文物质地对陈列条件的要求考虑不足。因此，出于文物安全和保护的要求，策展人在展览大纲设计阶段就要考虑到这一点，提前考虑同一单元中，同一质类的文物相对集中在同一环境中展出。如果在内容涉及阶段考虑不足，则要在形式设计阶段采取相应措施避免与补救。

在设计、制作展柜时，要保证展柜有足够的空间以适合布展工作的进行，特别是墙柜的设计，要保证文物进出便利，拿取方便，尤其是一些较长的展柜更要留足工作人员布展的行动空间。

第五，在文物真正进入展柜的阶段，也即最终的布展阶段需要注意的问题。文物入柜布展阶段根据展柜的不同类型分别进行，独立展柜相对简单，可以一侧开门，工作人员易于操作。而对于墙柜或长柜的布展尤其要注意文物的安全，统筹好文物进柜的顺序，一般来说是先里后外，先远后近，先上后下；柜内要留足人员行动的空间，如果展柜没有足够的人员行动的空间，则一定要从里到外逐段布置，要尽量避免探身够取、同时跨越多件文物的操作。

入柜文物应由负责点收文物的博物馆专业人员操作。专业人员包括库房保管员、陈列研究人员和陈列设计人员，有些时候还会由运输公司人员来做辅助工作。首先是人员要保证有操作文物的资格，无关人员不能随便接触文物；其次在有操作资格的人员中要选择经验丰富和责任心强的。

文物入柜是展览收尾的环节之一，必须合理安排工作节奏、统筹好文物操作人员与设计施工人员的工作顺序，协调好文物入柜与相关设备设施运行调整的时序，这样才能从不同角度、不同层面保证上展文物安全入柜。

展览开幕后，文物呈现在公众面前，文物临时展览少则十天半个月，长则三个月以上，在较长的展出时间内，展览文物完全暴露在公众面前，展期中的文物安全更是博物馆必须认真对待的问题。对内要保证文物展出环境的稳定，定时检查展厅温湿度与微生物环境；对外则要确保展厅的参观秩序，保证日常参观的合理人数，出现意外情况要有应急解决方案。在这一点上，大部分博物馆已经积累了丰富而有效的管理经验。

四、做好博物馆展览文物安全风险评估与防范的建议

第一，要培养全员文物安全意识。博物馆各部门、各岗位的工作人员及服务人员要有足够的文物安全意识，包括第三方服务单位人员在内，这种意识要在人员上岗前予以一定的培训和学习，在日常工作中要不断加强。

第二，要有针对性地对相关人员做文物保管知识和操作的培训，这些相关人员主要包括展览部门的主管领导、展览的责任人、策展人、展览形式设计师、文物保护修复人员、参加布展的各类人员、负责运输的人员、文物装箱搬运人员等，以上人员都是有可能直接接触文物的当事人，他们必须了解和掌握相关的文物保管的基本知识。

第三，在选定展览文物运输公司前，要让博物馆专业保管人员查看运输公司人员的文物包装水平，只有在确认他们具有较好的文物包装技术和对文物安全的认识水平后，才能让其承担博物馆展览文物的运输工作。确定运输服务公司后仍然要定期派人抽查其包装手段和方法。博物馆只有掌握合作公司的业务水平，才能做到心中有数。

第四，博物馆及相关各级领导要知晓对文物的各种防范要求，在实际工作中不乱指挥，不盲目发号施令。博物馆展览文物安全是具有较高专业性的工作，有相应的行业规范和要求，要听从专业人员的专业意见。

博物馆所藏的文物即便是静静地放在库房中仍然有各种安全风险，而呈现在公众面前的展览文物更是面临着众多的安全风险。博物馆应从文物与人两方面着手，对展览文物存在的安全风险作出合理的预判与评估，在深入分析与研究的基础上提出合理、有效、可行的防范措施。

新时期博物馆展际交流中文物安全策略探究

张译丹（徐州博物馆）

近年来国内持续的"博物馆热"和国际上亮点频出的各系列大型文物交流展，是博物馆承担了更多的推动文化交流的社会责任的体现。据国家文物局统计数据显示，截至2019年底，全国博物馆已达到5535家，年举办展览2.8万多场，年观众参观量11.26亿人次，文博事业发展劲头十足。在可喜成绩单的背后，文物在流动展览过程中的安全风险和隐患也困扰重重，文物安全保护工作迎来了更艰巨的挑战。如何取得"文物资源利用"和"文物展览安全"双赢，是文博行业以及相关从业人员的使命。

一、成立专门的组织与联络机构

博物馆的外展工作是一项既复杂又缜密的系统工程，目前外展的途径可简单划分为国内外展和国际外展，形式大致有联合办展、独立办展、参与办展、巡回办展。在不断创新的文物展出手段下，文物的流动性也随之增多，增加了文物的安全。从最初达成外展意向，到合同谈判、签订协议、项目报批、筹备展品、包装运输、展览保险等，时间长且涉及博物馆内外的部门和人员也多。想顺利成功地运作好一次外展，博物馆要消耗大量的人力、物力、财力、精力，为此，有条件的博物馆有必要成立一个专门的组织或机构专人专项负责外展各项事宜，一方面便捷稳定和外方的沟通，扫清各个环节障碍，另一方面有明确的责任部门和责任人，为外展的文物奠定了有效安全保障的基石。建立健全外展文物保护责任制度和责任追究制度，确定外展文物出库前、出库过程中和出库之后安全保护的责任方，做到责任清晰，交接清楚，赏罚分明。任何一个成功的外展，展品是基础，宣传是手段，而组织是一切的保障，从源头上把文物安全隐患降到最低。

二、展前考察是保障文物安全策略之本

展前考察是保证文物安全和展览成功的第一步。尽管当下处于高度发达的信息时代，各种途径的信息沟通便捷迅速，但是在合作双方达成合作意向后，必须派出考察小组前往外展举办地进行考察。考察内容主要包括合作方资质、展具情况、场地状况等。合作方尽可能选择有经济实力和专业经验、信誉度高的博物馆，控制商业公司，回避中介方。实地考察最重要的是能直接看到展陈环境、安保监控状况以及场地周边环境和社会治安情况。要依据公安部规定的关于文物系统博物馆风险等级和安全防护级别逐项对照，现场找到展陈中的安全死角，对可能发生的一些状况做最坏打算，把不安全苗头遏制在萌芽状态，提前量身做好外展安全保障方案。根据外展文物的级别和举办地情况，尽量向合作方当地的文物主管部门和公安机关通报举办展览的相关情况，从而得到他们的重视和支持，以加强安防力量，保证展出期间的文物安全。

三、展品的遴选和调整

文物外展是否成功和展品有着直接关系，因此策展人在设计外展陈列大纲时不仅要选择紧扣陈列主题的展品，还需切实考虑外展中文物流动的特殊性，尽量"因地制宜"，遴选稳定范围值较高的展品，便于运输、保护、布撤展。针对合作方的具体展陈条件来调整展品，合理利用展陈环境来设计展览，特殊敏感类展品要绝对"量体裁衣"做好方案，保证光源、温湿度和微环境达标，让文物保护理念融入陈列设计中，对展厅不同区域和展柜内部环境指标的变化情况及文物展品的受损速率的关系要有充分考虑。要对即将出展的文物"全面体检"，对"问题文物"提前做好修复和保养，杜绝"抱恙文物"因出展而缩减寿命，同时尽可能将文物外展的预备期拉长，使双方尽量多了解展品，让文物安全赢在起跑线上，这些都不失为外展文物安全保护有效策略。

四、展品包装和运输

既然是外展，文物就会面临被移动的情况，而搬运包装操作不当、运输过程不良都会给文物造成损害。此外，往返期间，包装和运输的步骤是需要操作两次甚至多次的，过往很多文物损伤事件都是发生在这个环节里。

文物包装是指使用适当的包装材料、容器，并利用相关的技术，保证文物在运输过程中的安全，并有效地控制包装容器内的文物保存环境，保持文物价值不受影响。文物包装涉及包装材料的选择、包装方法、防护措施以及内部环境控制等内容。文物包装工艺是技术性极强的课题，包括接触面包装、阻隔包装、防震与缓冲包装、箱体外包装、集装箱体包装。包装的好坏直接影响到文物安全，更成为运输是否顺利的关键。

文物运输必须使用正规运输公司，委托的文物承运方有国家相关部门认定颁发的资质证书。无论选择何种方式运输，一切以保证文物安全为前提，要给运输的文物上保险，还须有专职人员押运。严格按照文物押运步骤执行，高速公路车速不宜超 80km/h，省国道车速不超过 60km/h，驾驶员连续驾驶不得超过 4 小时，避免夜间运输，原则上押运车辆沿途不停车，如需停留高速服务区或博物馆院内，做到人不离车，充分考虑到运输路线和时间。还要配备防止恶劣天气的用具，做到有备无患。对于吸水性较强、温湿度敏感的文物，如彩绘、纸质品、漆木器、铜铁器等，应提前做必要的防雨、防潮、防霉、降温等处理，最大限度保证运输过程中的文物安全。

包装和运输二者环环相扣，前后呼应，有任何闪失都会给文物安全造成无法挽回的局面。目前国内可供选择的文物运输包装公司很多，常规的操作大型公司已经具备先进水平和专业水准，可以依照由国家质量监督检验检疫总局和国家标准化管理委员会发布的《文物运输包装规范》严格执行。而博物馆不能委托承运方后就做甩手掌柜，在执行期间，要严密监督，实时监测，及时反馈。

五、展品点交与布展

展际文物点交是事关文物安全的重要程序，双方点交流转过程中，文物保护的职责和管理权属也随之转换，藏品点交工作不规范现象时有发生，致使责任不清、相互推诿，展品安全在点交时无法得到保障，遭受不同程度损毁。国家文物局于2009年发布《馆藏文物展览点交规范》，将管理与技术、基础与实践工作相结合的文物展览点交相关的具体工作程序，以标准和规范化的形式推广，适用于国内外的各类文物交流展览，明确了对文物点交工作的定义——文物交接双方对参展文物名称、编号、数量和保存状况进行详细文字、影像记录，并认可的过程。对点交环境有明确的规范要求，特别是对点交记录的要求比较详细，基本内容应包括：藏品总登记号、文物名称、年代、质地、数量、级别、尺寸、质量、现状描述。对于点交文物的照片要求：必须是点交时现场拍摄的；照片应尽可能包括文物的各个角度；文物各角度照片应包括全景和特写。点交过程是一个操作性极强的环节，需责任心强、专业性高以及有一定实践积累的业务人员担当，不仅要保障文物安全，还要起到监督协议执行情况的作用。

布展并非简单的物品布置，而是充分调动工作人员的智慧才华，将视觉、空间、现场三者结合，并最大限度保障展放安全，方能创作出理想的展陈效果。到达展厅后，不要急于开箱布展，要先彻底检查展厅和展柜是否履行合同的具体细则要求，是否具备布展条件，所有问题都要在文物入柜前解决完毕，杜绝任何有损文物的安全隐患。一般而言，自文物点交给对方之时起，文物安全问题就已经切换，原则上随展人员不碰文物，仅起监督指导作用。但是布展期间，对方人员在细节问题甚至核心要素方面，不规范现象时有发生，自己的文物自己最熟悉，特殊展品还是需要"亲自上阵"。

根据以往的经验，布展组应遵循以下原则。第一，对方由于条件、人员、经验的限制无法独立完成布展，由己方承担。第二，对方能独立完成布展，但其有损文物的安全设施，工作方式等务必当场指明改进。第三，布展期间，要合理有效利用各类陈列辅具，全方位确保文物的展放安全精准。如有展品叠放问题，应遵循展品先大后小、上轻下重的原则；如特殊展品务必确保每项展陈条件达标，还要特别关注如挂饰展品、直立面少的展品，保证给文物创造一个最佳展陈环境。第四，如果布展组和撤展组不是同一批人，布展组一定要将布展情况细则详细记录拍照，说明每件文物尤其是组合类文物以及文物附件取拿时要注意的事项。

六、展期进行实时安全监测及监管

外展展品由于环境的改变，静止稳定保存状态的文物要几经人手，长途跋涉面对新环境，动态的过程及外部环境的改变是影响文物安全的重要因素。如果有条件，在文物外出展陈运输过程中，可利用高新技术建立外展藏品管理动态信息实时监测和预警系统，实时在线监测文物状况。文物的保存环境是保障文物使用寿命的直接要素，在外展期间，由于地域、气候、温湿度的差异，不仅要提前做好外展文物的微环境保护措施，还要建立实时的环境监测制度，要对藏品在展出地的外在形态变化以及展陈环境进行详细的监测并建立日志。倘若随展人员不能在外展地驻留，应当委托合作方进行监测并建立展期日志，发现隐患或是微环境不达标，应反馈至出展方并积极采取干预措施。需要补充说明的是，由于目前外展通常是派出布展与撤展组，展览期间会出现无法监管的真空期，不排除展方将展品拿出观摩拍照，甚至取样的可能性，一定要在签订协议时将此类细则明确规定，杜绝展期可能发生的一切有损展品安全的事件。

七、展品撤展清点归库

文物撤展、清点、包装、运输、交接、签字每个环节都需要倾注大量心血，悉心进行。除了撤展时对各种文物做到细致周到、轻拿轻放，尤其是在返回的点交中对外展文物的现状要仔细对比，对照出展前的点交记录和照片，检查有没有发生变化。最后由运输公司来打包，保证严实稳当后，返回本馆直至归库，整个外展安全问题才算是尘埃落定。每次外展结束后的工作总结很有必要，对展际前后的所有相关文件及照片进行梳理并留档，其中关于外展文物安全遇到的问题、症结、疏漏要客观正确地认知和对待，积极整改，为以后的文物展览安全工作良性运转打下基础。

结语

综上所述，博物馆在展际交流中给文物带来的安全问题，大致可以归纳为自然因素和人为因素。除了不可控的灾难性因素之外，人为因素诸如制度缺失、领导不力、意识薄弱、程序不规范等，给文物造成的安全问题始终贯穿于展际全过程。博物馆人在合理利用文物的同时，要特别注意文物展际的安全保护问题，始终秉持"文物安全无小事"的原则，贯彻"文物为大"的工作方针。要不断摸索积累适用的安全工作方法，结合地区、单位现状，建立一支业务过硬、综合能力强、能文能武的外展人员队伍，把从筹展到外展的相关手续审批、文物组织调运、外展大纲设计撰写、布撤展监督和现场协调指导等工作纳入专业化轨道，化解各种展品安全问题，为外展文物提供行之有效的安全措施，助力博物馆文化传播，实现文物资源共享。

参考文献

［1］吴婷婷．浅谈博物馆交流外展中的文物保护［J］．经营管理者，2016（12）．

［2］郭智勇．博物馆展际交流中文物预防性保护策略应用探讨［J］．文物世界，2015（5）．

［3］韩利伟．浅谈馆藏文物在展览过程中的保护［J］．黑龙江史志，2014（19）．

［4］韩建武．对外展览中的文物安全问题［C］//继承发展　保护管理——北京博物馆学会保管专业十年学术研讨纪念集．北京博物馆学会，2010．

［5］蒋文孝．试论出国外展中的文物安全问题［J］．博物馆研究，2002（2）．

高校博物馆临时展览文物安全管控的思考

杨　伟（西南大学档案馆）

文物是不可再生的文化资源，临时展览是博物馆活跃的灵魂。积极开展临时展览，提供丰富多样的精神文化，并在展览中保护好文物等展品，传承好历史文化血脉，事关博物馆职责与形象，需要严肃对待和探索思考。

一、研究问题和对象

文物安全是全程、全域的。2011年5月8日晚至9日间，故宫博物院与香港两依藏博物馆合作举办的"交融——两依藏珍选粹展"中的7件展品被盗，另外一件展品在盗窃过程中损毁；2019年，原定于5月28日早上进行拍卖的清代画家任伯年画作《澹黄杨柳带栖鸭》，在5月26日预展上遭到毁坏。由上述事件可以看出，临展中文物安全问题不容忽视。

高校博物馆临时展览过程中的在馆展品，一般分为在馆未展、在馆在展两种状态。前者是到馆等待布展、布展到位但尚未开放或者撤展等待运输，后者是处在开放展览状态，可能是裸展或者柜展。从时间长度上看，多数公共博物馆和高校博物馆的临时展览展期是3个月，当然也有个别的采用因展而别的灵活周期（见表1）。作为文化教育和传承创新单位，高校博物馆每年都会举办很多临时展览，比如2018年，清华大学艺术博物馆19场，中国人民大学博物馆11场，武汉大学万林艺术博物馆12场，西南大学档案馆13场。无论展期多长，只要在馆、在展，展品安全问题都不可等闲视之。

表 1　部分高校博物馆临时展览及展期

展览单位	展览名称	展期
清华大学艺术博物馆	花开敦煌——常书鸿、常沙娜父女作品展	2019.07.16—09.15（62 天）
	我本自由——刘绍荟从艺六十年艺术展	2019.01.15—05.05（111 天）
四川大学博物馆	璀璨的文明，碰撞的火花——成都平原与两河流域青铜文明对话展	2018.10.21—11.21（32 天）
	"重帘——古代绘画、刺绣互文展"暨"借镜观形——博物馆艺术项目邀请展"	2019.05.18—07.10（54 天）
西北大学博物馆	戊公牟怀斌教育书法传承展	2016.03.18—06.18（93 天）
	有毒危险生物灾害科普展	2017.07.09—09.20（74 天）
	敦煌文化艺术展——敦煌壁画艺术精品高校公益巡展	2017.10.14—11.15（33 天）

但是，不得不正视的一个问题是，高校环境看似相对独立，容易给人安全无虞的错觉，实际上进出校门较为容易，来到校园之后进出高校博物馆，常常只需要刷一下身份证或者人工登记，即可入馆参观。相当多的高校博物馆没有入馆安检设备，甚至不是专业安保人员值守，只有像清华大学艺术博物馆、浙江大学艺术与考古博物馆、四川美术学院美术馆、西北大学博物馆、上海交通大学钱学森图书馆等场馆条件较好的高校博物馆有安检设备和安保人员。从场馆环境和设备建设来说，高校博物馆很难按照公共博物馆的建设标准来投资建设，运行要求也相对宽松，所以难免存在安全隐患。

二、临展文物安全保护基本维度

临展文物的安全保护，首先要明确保护的主体，按照职责范围、责任角色有序协同，严密开展保护的系列工作，并形成合同或协议约束，规范执行。

(一) 主体责任分析

站在展览所在博物馆的角度，博物馆承担的角色可以分为主办、承办、协办。

在博物馆主办的展览中，主要是基于博物馆功能和文化艺术价值导向，主动策划展览，具有较强的选择性和主导性，包括主动借展、引进巡展等。毫无疑问，此时馆方需要全面负责文物展品的安全，那么在场馆管理、设备条件、安保方案、人员调度等方面都需要全面确保文物安全。当然，作为多主办主体的临展是需要协商的。

从高校博物馆承办的情况来看，常常是所在高校作为主办单位，其他主办单位的二级单位共同作为承办单位办展。承办博物馆作为展览具体事项的办理单位，需要根据学校与其他主办方商定的原则性分工，由馆方与其他承办方具体沟通，分工协作。但是作为校内单位，在校内情况掌握和协调方面有便利，原则上会更多承担校内交通、保卫、室外宣传的协调，并负责馆内安全管理等工作，博物馆作为承办方的时候，因为校内其他二级单位也有配合协作之责，所以协调反而比较便利。

当高校博物馆作为协办方的时候，主要是提供场地设备支持、公共管理、物业服务、情况汇集和通报等，关联性不强，过于专业的展项、部分被动的巡展，博物馆都可能作为协办方。协办时可以由申办方主要负责安全，以便明晰安全责任主体。

(二) 安全环境条件管控

临展场馆及设备条件是做好临展文物保护的基础，尤其是控制物理、化学、生物危害因素及防盗抢安全防护离不开设备辅助。

临展场馆建设和维护中，必须注意文物等展品的基本安全保障。保证天地墙和展览设备的清洁度；管控好空气质量如粉尘、异味、刺激性气体，控制好污染源头如装配场地、垃圾桶、卫生间、存放间等；严格管理楼宇震动，在布展、开放和撤展期间应该严禁产生较大震动的施工等活动；根据展品情况，应该将噪声源头排除，展览期间从保护展品和维护参观环境的角度来说也不适宜有较大的噪声；做好临近的下水管道、空调管道、消防水管等的渗漏检查，防止屋顶雨水渗漏；控制清洁用水量，及时通风除湿；通过细水雾喷淋等消防设备保证大环境防火安全；通过展厅防盗报警、视频监控来保证整体环境的可控。

借助技术设备可以对临展空间进行宏观调整和微观调控，创造内外相协调的安全微环境。严格检查和消除有害生物如老鼠、蚂蚁、蟑螂等，适时检测霉菌等微生物群落情况；根据藏品材质相应控制展柜内的温湿度，个别裸展的大型器物，应该考虑整个展厅环境的温湿度是否适宜；通过管控自然光源，选择和调控人工光源，比如选择低紫外线的灯具、明暗有别的照射范围、适度照度、调节照明时长如感应控制等，来减少光照对文物的损害；通过购置防光、防爆、可控温湿、密闭性好的展柜，可根据需要充入保护气体、放置防霉除湿剂、配置视频镜头监控，来保证柜展文物的安全。

作为高校临时展厅，环境和固定的配置可能不够完善，需要根据展示的文物等级及材料属性来临时调拨或者添置设备，当然这些设备也可以作为其他展览的展具，保证通用性。可以采用一些方便移动和安装的专业安保设备，比如移动侦测、红外检测、人脸识别等来提高安全性。

从综合操作角度考虑，具体指标可参考《博物馆建筑设计规范》（JGJ-2015）中相关参数，《博物馆和文物保护单位安全防范系统要求》（GB/T 16571-2012）也具有重要的规范指导价值。

（三）安保制度的规范管理

从制度规范上，应拟定临时展览管理制度，从申报主体、程序、展品、周期等方面进行规范，确保展览管理有序、资料完善、依据充分。比如武汉大学万林艺术博物馆制订了《临时展览申办程序》，要求展览方提供展陈大纲和展品清单明细，文物类展品需提供文物真实性和来源合法性的证明，提交申请并审核通过才能办展；临时展览应该制订针对性的安保方案，根据展览文物等级、展览周期、馆方的不同职能角色等作出安保安排，并合理控制安保方案知晓范围，对安保人员及其联系方式、值班时段、安保手段、巡查线路等合理保密；制订展品安全管理制度方案，应该根据职责分工，合理确定直接接触展品人员范围和掌握展品信息深度。

（四）安保人员的合理组织

人防始终是安全的最大保障。除了公共安全管理之外，还要有针对性地安排临展值班，内围安排学校或馆内聘用人员值守，外围可以是申办方人员或其聘用人员。如果只是提供场馆支持的临展，可以由申办方自行安排，全权负责临展厅的安保；在开放接待中，还可以是专业人员和志愿者、管理人员，互相交错安排，交替巡查。要检查巡查人员是否执行到位，安保巡查要形成完整的交接和情况记录。

三、组织安全要素，有机协同，高效运行

文物安全管控涉及多种因素，有客观的场馆设备、组织机制、人员的纪律性和思想意识等问题。要切实认识到文物安全管控的复杂性和多样性，真正重视并落实到每个环节中，将这些因素纳入综合考量和管控之中，互相配合，有机协同。"对待文物安全，相关人员必须从思想上高度重视。文物安全不分等级，从业人员应始终牢记文物安全的重要性，对每一件文物都时刻心存敬畏。"（朴树志，2018）

（一）布展方式要安全，以专业化操作保证布展和展出中的安全

要请有资质的公司，安排经过文物布展培训的人员来做布展施工，做好必要的安全防护如轻拿轻放、防止污损、易碎品的固定及托衬、展品和展具的适当隔离等，布置好展厅装饰和展具之后再放置展品，严禁边施工边搬运边放置展品；严控私接水电管线，严控使用大功率电器；封闭式布展，严禁无关人员进入现场；布展中要求使用专业器材，如瓷器固定使用透明塑料线而不是其他化学黏合剂，不使用易掉色的衬布和易融的泡沫材料；展品下可以使用弹压机关、附近设置移动报警装置等确保展品位置固定。

（二）做好"三查"，完善安全管控环节

布展完成后，开展之前要做展前检查，预想可能的失误与特殊情况，如小朋友攀爬触碰、好奇触摸，人员拥挤时保证必要宽度的参观通道，吸引力强的展品、互动性的展项要分散，避免拥堵在一处等。"我们的展品不是放到展室就万事大吉了，在开放期间，库物管理人员、展览设计人员、展览传播人员都要经常有意识地到展室进行展品的检查，及时发现在展出过程中的各种问题"（邱伟坛，2014），以便发现和处理文物展品的异常；展中安保和管理人员要定时巡查，并与讲解员、志愿者等交错，在时间段上形成交叉，便于及时发现和处置安全隐患；做好展后复查，对展品完好情况做检查，及时发现问题并查看视频监控等；撤展和布展对展品安全一样重要，封闭式撤展，只能有办展人员在场清理、核对、移交展品；做好展品装箱，做好固定及托衬，绑扎牢固，及时入库待运；做好监控视频保存等，防止安全线索遗失。

保险制度是安全的额外补救，保险只是事故之后的经济安全，是任何方面都不希望使用但是需要做的，只要有条件，都应该办理文物展品的保险。

（三）安全管理临展运行场馆范围、时间和信息

要设置临展展品专用存放库房，要安排库区管理人员严格看护，由申办方中的一人和馆方一人共同管理临展库房钥匙；展厅、馆门、通道门的钥匙，原则上由馆方管理，临展厅内展柜的钥匙，原则上由申办方管理。

临展场地与博物馆其他场地很难从物理空间上截然分开，多数只是通道和楼层的空间划分，实际上还是连通的。所以为保证临展的安全，需要全馆统一开馆、闭馆时间，严格控制例外时间。这也便于安全检查和内务管理，便于调度统一的安检设备与安保人员。因为连通性，安保检查等级要求与馆内展品最高等级需要相适应。

做好保密工作。除非展示和传播需要，文物信息详细情况需要控制传播范围，尤其是文物清单。安保值班排班表、安保设备、安保方案、馆内文物运输人员、跟车押运人员、运行线路、布展人员等安排，都要做好必要的保密，防止被居心叵测之人利用。

（四）做好开放中的安全疏导

限制人流，对拥挤进行动态疏导，可用检测设备提醒方式来控制参观者和文物的安全距离；在参观准入规则方面，禁止携带尖锐锋利物品、轮滑、平衡车等入馆，禁用闪光灯、三脚架、自拍杆；要求行动不便者及老人和儿童须有监护人陪同、酗酒者不予接待等；设置必要的管理提示，如"您已经进入视频监控区域""请勿触摸""请勿涂画"等，以便减少安全事故。

结语

文物安全是重中之重，按照文物保护法规定首先是"重在保护"，其次才是合理利用。在保护中应该预防为主，除了思想意识上的警醒，还需要制度和条件的保障。在整体建设框架下，争取条件分期分项建设，以质胜不以量胜，以临展推动建设，以成果助推建设，努力克服场馆条件、安保力量、安保设备、运行经费及资源、运行方式等限制，以场馆设备条件为基础，以安保人员为根本，将影响安保的要素

有机协同管控，高效运行，才能保证临展文物的安全。

参考文献

［1］郭一信. 故宫失窃：博物馆安全不仅是缺钱，每年因安防事故导致众多展品损毁，业界呼吁出台博物馆法［N］.21世纪经济报道，2011-05-12.

［2］价值超百万古画被撕毁 展品安全问题引关注［N］.文化艺术报，2019-05-29.

［3］朴树志. 从文物临展工作谈对文物安全的把控［J］.中国文物科学研究，2018（2）.

［4］邱伟坛. 名人故居流动展览展品的安全性问题［J］.现代妇女（理论前沿），2014（3）.

对外展中文物估价与文物安全风险控制的思考

田二卫（徐州博物馆）

博物馆作为文化服务机构，多为公益类事业单位，其设立目的是收藏、保护、研究、展示重要的历史见证物，并以适当形式服务于人类精神文化活动。国有博物馆作为国有文物的主要收藏、保管与展示研究机构，是当前举办文物展览的主体。基本陈列与临时性专题展览是博物馆服务于人民大众的主要形式。当前国有博物馆的展览主要分为三类：通史性基本陈列展览，主要以展示地域文明与地方历史传承为目的；政策性临时展览，是以进行公益宣传或文化接待类活动为目的的专题性展览；营利性临时展览，主要是以创收、营利为目的的专题性展览。

博物馆行业顺应时代要求，在加强国内不同地域间馆际交流的同时，积极响应国家号召，配合新时期"一带一路"倡议，不断跨出国门，举办出入境展览，在国内外引起重大反响，取得了一系列重要成果。

随着展览数量增加，文物出境展出的密度与频率也不断提高，与之伴随的文物安全风险也在增加。在外展中如何控制文物风险，是广大文博从业者需要不断思考与应对的重要问题。

一、当前外展中文物安全控制存在的问题

（一）对文物安全风险预估不足

当前，行业内为境内文物展览购买保险的动力普遍不足。一方面，因国内相对安全的展出环境，出现文物被盗抢的风险较小，参与文物包装运输的人员皆为经过

培训的专业技术工人，参与布撤展的人员多为博物馆专业人员，在人员保障上和技术经验上基本可以保障文物的安全。另一方面，举办展览的主体主要是国有博物馆，参展文物的所有权属于国家，展览双方皆有国家信用背书。即，当文物借出方要求为参展文物购买保险时，文物借入方会以国有单位的信用作担保，请求免除该项费用支出，借出方一般会碍于人情作出妥协。但这种做法存在风险，若文物出现险情而事后追责时，"未为参展文物购买保险"可能会作为一个主观过错而被追责。

（二）由成本原因导致"不为文物购买保险"的现象普遍存在

展览的成本主要包括：文物的借展费、运输费、保险费，展览的设计费、制作费，参与人员的人工费、差旅费等。外展展品中一般会有部分文物是珍贵文物，对该类文物估价的多少直接关系到展览成本的高低。如果按照珍贵文物在公开市场的价格，一般会很高，会显著增加展览成本。

目前行业内出展文物的运输费用一般按照"运输公里数×每公里单价"的方式进行计算，保险费则按照文物总估价的 1%~3% 收取。其中运输费用是相对固定的，弹性较小，而参展文物估价与保险费用直接相关，且弹性较大。参展的珍贵文物，尤其是一级文物，是业内认可的高价值文物，如果按照其真实价值估算，保险费用就会很高。例如，2005 年 7 月 12 日在伦敦佳士得举办的"中国陶瓷、工艺精品及外销工艺品"专场拍卖会上，元代"鬼谷下山"青花瓷罐拍出 1568.8 万英镑（约 2.3 亿元人民币）的高价，刷新了中国瓷器最高成交价纪录；2006 年 10 月 8 日在香港苏富比举办的"佛华普照——重要明初鎏金铜佛"专场拍卖会上，一尊"明永乐鎏金铜释迦牟尼佛坐像"以 2.36 亿港元的价格落槌。[①] 如果按照这样的价格进行估价，仅文物保险费用就会达到百万元。一般博物馆的展览预算不多，若再加上高昂的保险费用就会使展览无法举办。

二、外展中文物估价的问题

文物借展双方为保证文物安全抵达外展场地，也为对冲潜在的安全风险，需要为这一过程提供一个利益保障。通行的做法是：为展品的包装与运输服务购买意外

---

① 人民网. 明永乐鎏金铜释迦牟尼佛坐像拍出 2.36 亿港元创纪录 [EB/OL]. http://culture.people.com.cn/n/2013/1010/c22219-23144456.html?isappinstalled=0.

保险，以最大限度地维护文物借出方的利益。而保险公司在选定保险产品前，会对其中存在的风险及展品价值进行综合评估，并将相对模糊的文化价值转化为可以进行直观量化评估的经济价值，因此需要对参展文物进行准确评估。

（一）文物估价缺少指导性规范

行业内文物估价还处于"自由定价"阶段，即对出展文物的估价弹性较大，主要表现为同一件文物在国内展览与出境展中的估价差距大。此情况在现实中是可以理解的：国内展参展单位主要是业内同行，双方都是国有公益事业单位，有国家信用背书，同时文物属于国有资源，因此估价低有利于缩减展览成本，即使遇到安全问题，后期可以相互协商解决。出境展时，文物借入方一般是外国机构，本质上与国内博物馆不是紧密的利益共同体，此时对参展文物的估价就应十分慎重。估价过低则借展单位存在政治风险，估价过高则展览难以达成，通过展览以加强对外传播中华文化的效果就会大打折扣。因此需要权威部门制订相关规范，以指导外展文物估价工作。

（二）文博行业内对文物价值的评估方式

业界认定的文物价值是由历史、科学、艺术等方面价值共同构成的，文物鉴定专家依据以上三方面的价值综合其品相、珍稀程度等因素，给予相应的等级评定。被评定一、二、三级的文物，无疑是所在领域的代表作。但此类相对模糊的描述方式，无法对外展中文物估价给予直接影响。

当前文物保险行业迫切需要对参展文物进行准确的经济价值衡量，在没有切实解决途径的情况下，借鉴公开市场上同类文物的价格是一个相对可行的权宜之计。

虽然国有文物不能用经济价值进行衡量，但若迫于现实需要必须为其制订一个价格的话，就需要将其视为一件商品，在市场中进行买卖，以得到一个价格体现。在市场中的交易价格可以作为同类文物估价的参考标准。在没有更好标准参考的情况下，展览运输保险合同中参展文物的价值，可以参考公开市场上类似的文物价格进行评估。

（三）公开市场中的文物价格

文物交易市场有公开与非公开之分，前者主要为拍卖市场，后者主要为地下非法交易市场。前者因经过多轮竞拍，其价格更易接近其真实价值；后者因卖家急于脱手，其价格一般较低，不能客观反映文物的真实价值。公开市场中影响文物价格的因素主要有：年代与数量；本身完整度与体系完整度；材质的稀有度、工艺的精美程度；名人效应及传承序列；社会环境与文化心理；市场炒作等主观行为等。文物的价值由众多因素决定，需要综合考虑后才能给出相对合理的估值。同时，时代与社会环境在变化，文物的估值也应该是一个动态的过程。从长远来看，文物的估值是逐渐走高的。

（四）公开市场中文物价格存在的问题

1. 对文物的历史与科学价值认识不足

一般对同类文物来说，其年代越久则价值越高，反之就越低。但在公开市场上，文物一般是按照艺术品被看待的。在市场利益的驱动下，人们多注重"名人效应"，轻视文物本身的历史、科学价值。如对于书画类作品，注重作者的名气大小、绘画技法高低等因素，而其时代远近对存世量的影响则被放在次要位置考虑，甚至被忽略。又如新石器时代的精美陶器，其历史年代虽比瓷器远为久远，但其市场价格比明清官窑瓷器要低很多；新石器时代的玉器估价比明清的玉雕作品低很多；甚至具有上亿年历史的三叶虫化石，其市场价格却极低。

2. 存在价格虚高现象

人是参与市场活动的主体，因人产生的主观因素也直接影响着公开市场中文物的价格。因个体对文物的认识程度，或购买目的不同，尤其是市场炒作等行为，使公开市场中文物的价格存在虚高现象。传媒大亨纽豪斯曾以1700万美元的价格买下约翰斯的作品《闪耀开始》，震惊了当时的艺术界和收藏界，因为业内认为该作品并非物有所值。纽豪斯花如此高价购买这件作品的目的，是要在公开市场形成一个新的价格预期，从而使他所收藏的约翰斯其他作品的价值成倍上涨。因此在进行文物估价时，应尽量剔除其价格虚高因素，给予相对理性的估值。

三、外展中文物安全风险的对策

（一）制订安全预案，强化主体意识与责任意识

保障文物安全是对文博行业每一位从业者的基本要求。

首先，组织学习文物保护相关法规，提高文物保护意识，制订安全预案，明确责任主体。根据《中华人民共和国文物保护法》第四十八条规定：馆藏一级文物损毁的，应当报国务院文物行政部门核查处理。《国家文物局突发事件应急工作管理办法》规定："国有文物事业单位应当在知道突发事件发生后或者应当知道突发事件发生后 2 小时内，向所在地县级以上文物行政主管部门报告。""县级以上文物行政主管部门应当在接到报告 2 小时内，向同级人民政府和上级文物行政主管部门报告，并同时向国家文物局报告。"

其次，在具体实践过程中，应强化人的主观意识，按照合理程序做事，最大限度降低安全风险。在日常工作中渗透安全意识，经常进行安全操作演练，做到人人保持安全意识、熟悉操作流程，切实降低安全风险。若文物一旦出现风险，应按照预案与预定程序进行处置，并将详情及时准确地报告相关部门。

（二）建立专业的国内外鉴损机构

外展文物出现安全事故后，展览相关方一般会本着解决问题的态度进行磋商处理。如果展前对参展文物进行过估值，并购买了保险，就按照约定价值进行索赔。若事先无文物估价且未购买保险，则借展双方对文物价值的认定与修复成本的估计就可能会有偏差，对后续的索赔与文物修复工作造成重大影响。因此，需要探索建立专业的鉴损机构，为展览接洽提供支持。

1. 构建中立的国内外仲裁机构

对文物受损程度与修复成本的估算认定是需要专业能力的，需要专业人士进行评估。有必要组织建立具有专业权威、受广泛认可的机构对文物受损程度进行鉴定，作为该类案件协商处理的价值依据。

国内方面，可由国家文物局协调、组织国内的行业专家成立鉴损委员会，为国内展览提供咨询保障。国际方面，可由国际博物馆协会出面协调、组织行业专家，协商成立文物鉴损顾问委员会，为出境展览提供咨询服务。

2. 建立出展文物应急修复保护基金

文物安全事故出现后，当务之急是对涉险文物进行紧急保护处理，阻止可能出现的后续危险。随后应尽快制订文物修复保护方案，一般修复工作需要方案设计、申报、审核、论证、批复等程序，并等待专项资金到位，然后组织专业人员进行文物修复工作。该过程需要较长的时间，甚至可能旷日持久，对涉险文物的修复保护工作不利。

2018年4月12日，陕西省文物局新闻发言人、副局长周魁英表示，赴美参展的受损兵马俑及同批次的一百余件（组）参展文物，已于4月初悉数回国，陕西省文物部门已在制订修复方案，待报国家文物局审批后正式进行修复工作，努力让受损的兵马俑手指恢复如初。因此，有必要建立外展文物应急修复基金，当外展文物出现破损时，先期申请使用应急修复基金资金，进行及时修复保护。后期外展涉险文物专项修复保护资金到位后，再按照已经使用的资金额度归还应急修复基金。

（三）细致严谨的展览安排

1. 审慎选定外展合作对象

文物出境展览涉及不同的国家和地区，因国情与文化不同，不同国家的民众对具体文物的认知程度不一致，对文物价值的认定区别很大。因而，文物出境展览时，区分处于不同法律体系下的文物借展对象十分重要。

世界法律体系主要分为大陆法系与英美法系，前者主要依据成文法的规定进行判决，后者主要依据以往判例并结合陪审团的意见作出判决。后者因为有陪审团的个人情感因素，案件容易出现对文物借出方不利的审判结果。在选择合作伙伴时，应优先选择"大陆法系"的国家，对在美国及英联邦等"英美法系"的国家举办展览的问题上，国内文物机构应十分慎重。

典型的例子就是美国男子迈克尔·罗哈纳折断并偷走中国秦始皇兵马俑手指一案。事发当日，一尊价值450万美元的中国秦兵马俑塑像在费城富兰克林科学博物馆展出，观众迈克尔·罗哈纳折断并窃取了此塑像的一段拇指。警方破案后，迈克尔·罗哈纳在法庭上承认折断并盗走了该塑像的手指。然而对"25岁的迈克尔·罗哈纳是否犯有盗窃和藏匿文物罪"的问题上，法庭陪审团意见不一，经过长达11个小时的讨论后，判定为流审。陕西省文物交流中心随即成立应急小组，积极处理相关事宜，要求美方立即采取得力措施，确保此次展览圆满结束。陕西省文物交流中心根据《展览协议书》相关条款，要求美方严肃追究安防责任人的责任，依法严惩肇事者，并启动索赔程序。因此在赴美国及英联邦国家举办展览的问题上，国内文博机构应十分慎重。

2. 制订严密的借展合同及风险控制约定

在展览商谈阶段，制订严密的协议，聘请专业的法律顾问对协议逐条逐字分析，杜绝可能存在的法律漏洞。对可能出现的文物安全问题进行约定，如果出现文物安全事故，双方可按照约定进行赔偿。

3. 审慎选取展品

首先，展品选取应严格遵守现行法规，切实保证珍贵文物尤其是一级文物中的孤品和易损品安全。展品选择时，严禁选取国家限制出境的文物。《中华人民共和国文物保护法实施条例》第四十九条规定：一级文物中的孤品和易损品，禁止出境展览。

2002年国家文物局发布了《文物出国（境）展览管理规定》，规定包括：文物出国（境）展览组织者的资格、项目的审批权限、工作人员的派出、罚则等内容。其中规定了禁止出国展览的文物：历代出土古尸；宗教场所的主尊造像；质地为象牙、犀角的文物；元以前书画、丝作品；宋、元有代表性的孤品瓷器等。同时国家文物局先后发布三批禁止出境展览文物目录，对禁止出境展览的国宝级文物作出明确界定。

其次，是对同质文物的选择。文物的品相是文物价值的重要衡量尺度，完整的文物与残损修复后的文物价值相差巨大。有鉴于此，在选定外展文物时，如果存在相似的文物，应在保证展览效果的前提下，尽量以修复后的文物出展，从而最大限度地保护珍贵文物。

4. 周密的安全保护措施

在借展商谈阶段，对文物展览环境应提出严格要求。强化对展场的安防消防检查，确保展场达到安全标准，防止文物在展览过程中出现被盗或被人为损毁的危险。另外，展览中应极力避免文物裸展。如确有裸展必要，应采取充分的安全隔离措施，设定安全观展距离，并设置醒目的安全提示。同时，加强展场微环境的监测与检查，保证展柜微环境清洁、无毒，确保满足文物的温度、湿度与光照要求。

5. 强化对出展文物的全流程监控

为保护文物并加强对出展文物的风险管理，文物借出方应对文物加强监控。具体做法是：在借展前对目标展场的实地考察；运输期间对文物位置的实时监控；展览期间对文物的临时检查；利用现代科技手段对展场重点文物的实时监控等。后者需要文物借入方开放展场的安防监控系统接口，文物借出方可临时提出，或在预先约定的时间通过现代互联网手段实时查看展品状态。

展览安全研究

文物展览安全浅谈

周燕群（上海博物馆）

改革开放40多年来，承载着中华民族悠久历史和灿烂文化的中国文物展览频频走向世界，在国际文化交流的舞台上绽放绚丽的光彩，成为我国外交事业中一张不可替代的金色名片。同时，我国博物馆的建设在国家经济持续向好和文化政策大力支持的形势下，得到了高速发展和空前繁荣，举世瞩目。国外博物馆和艺术文化机构也因此纷至沓来，为中国观众带来了世界各国的文化艺术瑰宝。我国博物馆在这些国际文化交流合作中得到了提升和拓展，为弘扬中华优秀文化、传播人类文明、丰富人们文化生活发挥了积极的作用。

以上海博物馆为例，1978年至2018年，博物馆共举办或参与各类出国"境"文物展览130多场，展品达6300余件（次），展地遍及亚洲、欧洲、美洲、大洋洲等27个国家和地区的70多个城市、100多家文博机构，并从国内外引进或合作举办各类文物或艺术展览121场，与亚洲、欧洲、美洲、大洋洲等22个国家的39个城市、60多个文博单位以及国内20多家文博机构开展了合作和交流。

然而，展览安全始终是博物馆人关注的焦点之一，在展览的策划、组织和落实等任何一个环节都不能有半点懈怠。只有这样，才能确保每一场展览都能顺利进行，并取得圆满成功。

一、展览合作伙伴的安全

在正式开始合作展览项目洽谈之前，首先应对合作伙伴的资质进行认定和甄别，博物馆与博物馆的直接交流与合作是最为理想的，尽量避免中介机构或个人的介入。如果中介的参与不可避免，则应通过签署正式的法律合同来限定参与各方的权利和义务，以避免中介机构或个人为获得其经济利益不计后果，而使展览的相关事务无法落实，展品安全受到威胁。对从未合作过的博物馆或文化机构，更应开展全面的考察，了解其硬件条件、专业水准和合作意图。笔者认为，国家文物局对出国（境）展览的相关规定，及在审核中通过国家外交途径对合作方进行认定是十分必要的，为出国（境）文物展览把好了第一道关。

二、展览环境的安全

在每一份合作展览协议中，出借方应对展览的展陈环境和设施（包括不同材质展品的相应保护参数及其展陈使用的展柜、装饰材料、灯光、温湿度等）提出明确的要求和条件，并保留其对办展方在展览中实际实施情况的监管权。而办展方则应履行承诺，切实按要求做好展览的展陈工作、落实展品的防护措施，为出借方保留并提供相关监控数据，以作备用。

上海博物馆曾在2018年1月至2019年2月成功举办了"千文万华：中国历代漆器艺术展"。众所周知，古代漆器是较难保存和展示的文物，为了让从各地借展的出土漆器文物有一个稳定、安全、洁净的存放和展览环境，减缓文物老化，达到预防性保护文物的目的，上海博物馆文物保护中心的专业人员花了几个月的时间，为这些借展文物精心挑选并测试环保的展陈材料，设计制造恒温恒湿、安全环保的展存盒，确保展品在借展期间始终处于一个比较稳定并受到保护的环境之中，为展览的圆满成功立下了汗马功劳。

签约前，出借方应对办展方所安排的展览场地、安全设施（包括人防、技防的实际情况）进行实地检查，切实了解、核查办展方提供的展场设施报告中所涉及的方方面面。对第一次举办中国文物展览的国外博物馆，实地考察就更有必要，及时发现并解决在展览中可能会出现的安全隐患。

在实地考察的基础上，出借方应根据办展方的实际能力和硬件条件调整选定借展文物，需要时还可为办展方提供必要的展陈技术和业务支撑，确保展品陈列的安全。特别是在落实国家"走出去"项目时，应充分了解当地的办展条件和习惯，为展览项目做好必要的展陈服务，确保展览的成功。

三、展品的安全

（一）展品的挑选

为展览挑选展品是策展过程中最为重要的工作之一，展品的精彩与否在一定程度上可直接影响展览的成败。但这并不意味着因此就可以一味地追求展品的精美而忽略展品的安全。在挑选展品时，策展人或组织者应注意避免选用那些已被列入不可出境的孤品和有严重现状问题且难以维护和修复或濒危文物。从展览主题的实际需要出发，以最合适的文物来诠释展览的主题，降低展览因一级品文物过多而可能发生的安全风险。根据国家文物局的现行规定，一个出国（境）文物展览的展品规模不能超过 120 件（组），其中一级品数量不能超过总数的 20%。

同时，对于那些易受环境影响的国宝级文物展品（如古代书画、丝织品等），除了制订特别防护措施以外，还可以采取国际通用的办法，在展期内对国宝级展品进行轮换，兼顾这类文物的保护和展示。

此外，展品来源也是与展览安全直接有关的原则问题。所以，当我们有幸参与国内外多家文物收藏机构提供展品的大型展览时，应要求主办方提供一份含有所有展品的展览清单及其合法来源证明，以防非法收藏或赝品通过展览途径"转正"，或一些私人收藏达到其商业目的。国家文物局在受理出国（境）展览申请时，也同样要求申请方提供这份清单和证明。

（二）展品的保险

为文物展览办理保险是国际惯例，目前国家文物局对出国（境）展览保险的险种也有明确的要求，即"钉到钉"或"墙到墙"的一切险，或有类似功能的国家赔偿，以挽回或弥补文物在展览过程中意外受损或遗失的经济损失。所以，展览合约或协议中相关保险的条款十分重要，需要逐字逐句推敲和研究。如有条件，博物馆请法律专业人士对相关条款及整个合约进行核审，也十分必要。故宫博物院、上海博物馆等大规模博物馆都相继成立了法务部门来解决这方面的问题。

在几年前一次出国（境）展览协议签订过程中，我们曾就受损或遗失文物获理赔后的归属问题，与办展方展开了激烈的讨论。我馆认为，在任何情况下，不管发生的是部分还是全额的赔偿，文物永远归属于原收藏单位，这个原则必须坚持。保险理赔只是一种赔偿行为，而非变相买卖。我们的这个表述最终写入了展览协议的保险条款中。

另外，对成套文物中某一件缺/受损的理赔，应涵盖该文物的单件价值和整套减值部分。对修复过的文物在展览中再次受损，则按实际情况而定。如果是原修复处的脱胶，可以采取重新黏合的修复措施，文物拥有者对修复方法和所使用的材料有绝对的话语权，环保并可逆性材料常为首选。但如果受损部位不在原修复之处，应要求赔偿修复和文物的减值部分。因此，出发之前对所有参展文物，特别是考古文物进行清理和修整，稳定文物现状，也是确保展品安全不可缺少的步骤。

（三）展品的点交和运输

展品的点交工作通常是在展品离开其收藏单位，抵达展览场馆后的布展前进行的。这是借展双方对展品现状的认定过程，关系到展品保管责任的移交和展品的保险。为此，出借方应事先制作好一本包括所有展品现状的文字描述和相应图片的点交簿，一式两份。点交时，由双方代表根据现状记录，逐一清点、签字确认完成。

展品的运输一般委托专业艺术品运输公司或团队承担。招标过程中，委托方应更多地考量该公司或团队的文物运输经验和能力、可提供服务的项目和范围及其专业的服务水平。该公司或团队与海外运输合作伙伴的沟通能力和把控能力对出国（境）展览来说尤为重要，这是确保整个展品运输过程的顺利并安全的关键。而展品出借方则享有监督展品运输全过程的权利。

四、展览的人员保障

人是决定任何工作成败的主要因素，文物展览工作也是如此。以上所述展览安全的方方面面，无一不需有相关专业知识的人员来完成。展览的策划、组织、洽谈、联络、点交、搬运、布撤展等，都有一定的操作规律和办法。所以，博物馆应拥有一支相对稳定的专业团队来做这项工作，临时参展的工作人员也应具有一定的专业能力。特别是展览的布撤展人员，一定要熟悉所有展品的状况，并掌握文物包装运输的基本知识。虽然现在许多展览的包装运输工作是委托专业艺术品运输公司来做的，但工作人员仍然需要熟悉相关业务，才能做好监管，并及时发现和解决问题。因此，把出国（境）展览的出差当作福利，指派不相关或不熟悉业务的人员去做，也是一种展览安全的隐患，应尽量避免。

总之，文物是不可再生资源，是人类文明的遗产。我们只有确保文物的安全，才能呈现更多更好的文物展览。

临时展览中的文物安全把控

李爽谷（四川博物院）

博物馆是文化事业传播中的重要一环，走进博物馆成了人们日常生活中的一项活动。为了满足人们的观展需求，为观众带来各地的文化瑰宝，博物馆间的交流不断增加，以临展的形式将异彩纷呈的各种展品呈现给各地观众。然而文物具有不可再生性，相关单位从业人员在工作过程中必须严格执行《中华人民共和国文物保护法》等国家法规。文物安全是博物馆的立身之本，从展览筹备的第一时间，就要牢记文物安全的重要性，保证展览文物的万无一失。

文物是人类祖先遗留下来的宝贵财富，博物馆展览是过去与今天交流的重要纽带，虽然博物馆十分重视安全问题，但近年来相关事故仍有发生。2018年2月，在美国举办的陕西兵马俑展览中，一件兵马俑雕像的拇指被掰下盗走；2018年9月，巴西国家博物馆突发大火，博物馆的主体建筑除了外墙之外，全部被烧毁，2000万件收藏品中，除了本身耐高温的陨石以及保存在钢制柜子里的古生物样本以外，多达90%的藏品被破坏。这些安全问题为文物相关部门工作敲响警钟，博物馆的安全问题不仅会对本地的文物造成影响，也可能波及其他地区和国家的文物安全。

一、文物临时展览工作现状

在博物馆交流活动中，文物临时展览（简称"临展"）是一种普遍的展览形式。首先出展和借展双方要确定合作意向，其次经过现场评估、达成共识并签署协议，接着是后续实施的文物点交、包装和运输、布展、展出、撤展和点交归还等步骤。

临时展览涉及馆际合作，过程中包含很多细节，细节决定成败，在这个过程中如果遇到突发问题，很可能会对文物造成不可逆的损害，给博物馆和国家造成无可挽回的损失。

近年来，我国博物馆之间的交流日渐增加，国家对于文物安全工作越发重视，借展和临展工作井然有序地推进，有关的操作规程也日渐完善。但目前单位及相关工作人员在文物借出过程中仍然有所欠缺，如制度不完善、操作流程不规范等，而这些问题也是容易被忽视掉的文物安全因素。目前国内文博行业对合同内容缺乏统一规范，这容易导致一些条款的约定权责不明，一旦发生问题无法进行追责，从而使文物安全从源头得不到应有的保障。当然，国内也有一些博物馆这方面做得比较好，其文物借展合同条款内容相对比较完整、规范，非常值得文博同行借鉴。

相比较之下，国外不少博物馆在这方面的规章就显得更为严谨一些。不管是借展还是对外的输出展，在合同签订前，需要借方提供相关信息，例如展出模式、展柜材料、展厅柜内相关检测数据、安保方案等。为了防止文物在展出期间受到损害，各环节均被确认无误后才会签订合同。以美国为例，博物馆界有一个通用的评价标准，在文物正式借出前，借方必须按要求如实填写一份评估报告。该评估报告内容包括文物借入方的基本信息、建筑结构布局与维保、环境、消防、安全、常规操作与包装、保险、借展历史、附加信息、核查与责任等方面，共141项相关内容。文物展出单位必须严格如实填写上述内容，并将其提交给文物输出单位，待输出方完成综合评估后，才决定是否出借文物。

另外，国外还有部分博物馆要求文物借方在布展前对展柜内部使用的有机材料采用ODDY法，用银、铜、铅试片参考美国ASTMD 1304及《石油产品铜片腐蚀试验法》（GB T5096-91），在实验室里花一个月左右的时间，对玻璃展柜内部有机材料样品做安全性检测。如果检测结果为1级则为可用，2~3级为短期内可用，>3级为不可用，或者参考美国ASMD 3241及SHm 003-90《喷气燃料银片腐蚀试验法》，若检测结果<2级为可用，2~4级为短期可用，>4级为不可用，用腐蚀标准色板进行确定。这个硬性规定，对于那些对挥发性气体特别是对酸性气体敏感的文物来说，无疑会得到良好的保护，这也是保护文物的一个好的举措。

二、产生安全隐患的原因

安全隐患分为两种，第一种是自然灾害，如火灾、地震等无法预判的安全隐患；第二种是其他因素，比如设备设施故障、人为偷盗或故意损坏文物等。

自然灾害和博物馆的建筑结构有一定的联系。就我国而言，由于大多数博物馆为回廊式结构，其优势在于空气流动性强，能让参观者减少憋闷等不适感。但因为安防、陈展需求等各方面的原因，不得不在内部设置很多管道竖井，比如通风道和电缆井等。如果发生火灾，空气的流通会加速火势的蔓延，引发不可控制的后果，而很多时候出于展品原因，临展会修改展厅内的走线，可能会增加火灾蔓延的风险，造成观众伤亡和文物损毁的双重事故。

其他因素的安全隐患，可分为以下几种。

电器设备存在问题。应对电器设备进行相应的检查和完善，特别是对电器线路上的问题进行严格的把控。

消防设备的问题。一座博物馆在开始建设的时候，防火等安全设计就是重中之重。各种设施在投入使用后，为预防博物馆火灾等情况发生，首先需要做好消防设备工作。虽然各级文物行政部门都会定期巡视检查，但我国当前一些古建筑博物馆、中小型博物馆和小型私人博物馆，由于收入不够维持、完善消防设备，加之工作人员疏于管理，非常容易忽视火灾安全隐患。

博物馆参观者素质问题。博物馆临展应尽可能采用玻璃展柜展览的方式，极个别重量、体积过大的文物实行裸展，展台附近一般会设置提醒，告知参观者文明参观，禁止吸烟，禁止触摸、损坏文物。但部分古建筑类型的博物馆，陈列室分为很多单间，不少单间之外直接就是户外，部分参观者走出陈列室就开始吸烟，烟蒂随手扔进干燥的垃圾箱、枯叶堆等，极易被引燃，成为火灾隐患。另外，参观者很多时候怀着好奇心，文物裸展的情况下，有时警戒带距离不足以限制参观者或者没有安保人员监管时，即便标上了"禁止触摸"的字样，仍会有人去触碰文物，更有胆大者直接损坏文物并将其带走。

施工方面的问题。施工通常会用到工程工具，从人字梯、单梯等升高作业设备到电气设备等。展厅内应禁止使用电气焊、电锯、电刨等加工工具，严禁使用明火，易燃易爆物品及放射性、有毒性、腐蚀性物品。在施工照明和电器方面，不得私自搭接电线，并且应按照规定负荷接线，严禁超负荷用电。

三、解决问题的方法

首先，展览在合同准备过程中，需要明确以下几点。

（1）拟定详细的展品清单，其中包括文物名称、年代、材质、数量、级别、尺寸、文物保险估价等信息，将清单作为合同附件列出。做好这一步，有利于购买相应的运输保险、艺术品保险等，便于借展双方熟悉情况、点交文物，并在后续的布撤展中做好相应的措施。

（2）在协议内确定好借出展品的时间、展品展出的微环境、包装和运输、文物点交、布撤展、双方的权责、遭遇意外情况的条款，以及对不可抗力的约定。

（3）提前商定好借出和归还的时间很重要，现行《中华人民共和国文物保护法》第40条第4款规定："文物收藏单位之间借用文物的最长期限不得超过三年。"比如借展期限是3个月，而出借方到期不愿意主动归还，在超出的借展时间内如果发生问题，责任就该由双方共同来承担。

（4）在展品展出的微环境方面，"人们不仅普遍认识到湿度过高或过低，会导致如皮革、竹木、纸张、织物等有机质地文物的霉烂虫蛀、褪色、开裂变形等极端危害，促使青铜器、铁器、陶瓷器等无机质文物发生锈蚀、形变、崩裂、粉化等严重危害，而且进一步认识到藏展环境相对湿度频繁而较大幅度波动变化对文物所构成的危害，以及湿度在促使其他环境因素如污染物、光、温度、菌虫等影响文物老化中的重要作用"。但如果在协议中对所有借出文物的微环境，如温度、相对湿度、光照度、紫外线、VOC（挥发性有机化合物）、展陈方式（裸展还是展柜）、安全保护措施等作出详细约定，能在很大程度上避免给文物带来不必要损害。

（5）文物包装、运输和押运等。文物运输一般采用为陆运、空运和海运，国内运输出于安全考虑，使用陆运的概率更大。文物包装要符合减震、稳固、环保原则，对于无法避免的跨省长距离运输，需要先确定安全行车路线，选择具有良好安全防控措施的大型博物馆作为车辆和艺术品夜间停留的场所。展品的陆地运输均采用车况良好的文物专用厢式海关监管车，配备有温控装置、气垫防震装置、照明装置、消防灭火器材、尾部有自动电子升降板、内部电子监控设备，厢门必须上锁。所有艺术品运输每部车辆都配备双司机，装有展品的卡车必须保证随时有人值守（人不离车)。

(6)文物的点交。在运输的文物开箱后,相关工作人员在点交过程中必须一丝不苟,双方点交人员在现场共同检查完残情况,拍摄照片和录像,以文字和图片共存方式进行记录,点交完之后在点交单上签字确认,并将点交单作为合同附件。值得注意的是,合同签署时,借出与归还点交工作可能并未发生,因此,往往容易被忽略。但从法律角度来说,这并不影响它作为出借合同的附件,只要在合同附件中列明即可,点交工作完成,点交清单即发生法律效力,后续如发生任何问题,也可做到随时追溯。双方点交负责人、协议签订人应持有单位法定代表人的授权委托书,同时也作为出借合同的附件,这一点和其他类型合同的做法相类似。文物点交清单一式四份,要有双方主管领导、部门负责人、经手人签字,最后加盖双方单位的公章。

(7)布展和撤展。在布展前,安全保卫人员会根据进场人员名单和布展人员的入场工作证或工作牌识别出入展厅,没有上述证件的人员一律不允许进入展厅区,以免发生文物被盗或受损现象。布展期间,陈展工作人员根据文物不同材质和大小,使用不同的布展方法。纤维、书画、服饰类型的文物除了保持原有的温湿度以外,不可以直接用手触摸,布置在展台前要先检查展台上是否有尖锐的凸起,这容易刮伤文物,必须先排除掉才能布展。木器类、泥塑类文物也比较脆弱,布展时需要做好内外部软支撑。陶瓷、青铜类文物要避免滑落和被锐器划伤,在必要的情况下,定做合体的支架。首饰、金银器类文物体量通常较小,极易发生滑落丢失的情况。所有的文物尽量减少移动位置的次数,从而减少对文物的磨损。在布展结束确认无误后锁好柜子。

(8)明确文物出借双方的权责。文物在布展结束后,借展方应一如既往加强巡逻。出现危及文物的紧急情况,哪怕文物出借馆代表不在场,借展方工作人员也可采取必要的抢救保护措施,同时注意留存摄影或摄像资料,并及时通知文物出借方。之后,视实际情况由双方代表共同出具书面报告。在文物展出之前和借展期间,出借方有权派人员赴借展方检查展览场地和文物安全。

(9)文物遭遇意外情况的条款约定。文物在展览期间如遇灭失或损坏严重以致不能修复时,借展方应按照合同中出借方文物的估价,在约定时间内向出借方做出全价赔偿,不过损坏的文物仍然归出借方所有。对于丢失的文物,以后若能找到,借展方须无条件送还给出借方,此时出借方视文物有无损伤、伤情程度,将赔偿金全部或部分退还给借展方。文物如有损伤但能修复时，一般由双方组织专家评估损伤程度，并根据评估和展品单项估价确定合理的索赔金额，借展方将据此向出借方进行赔偿。一般情况下，赔付事宜须在展品丢失或受损事件发生后三个月内完成，不宜拖得太久。

（10）对不可抗力的约定。借出双方如遇不可抗力情况，包括但不限于地震、风暴、水灾等自然灾害，导致文物运送推迟、文物受损等意外，此时不应视作违约，但应当在不可抗力事件发生后尽快通知对方，否则应按违约处理。

其次，在设备设施管理方面，应做到以下几点。

（1）完善博物馆内的消防设施。在应对火灾问题时，首先要考虑博物馆内的消防设施问题。要不断完善博物馆内的消防设施，对于消防设施进行严格的监察控制，加大对于博物馆装修材料的检查力度。对于如电器老化等现象进行及时整治，加大资金投入，替换掉陈旧的电器设施，进一步完善博物馆内的消防设施。

（2）整治博物馆的周边环境。对于博物馆的周边环境要做到严格治理，对于明火烟头等做好相应的提醒与防范措施。

（3）加强内部管理，加大监管力度。要做好博物馆内部的问题，就必须大力加强内部管理工作。建立健全相关的消防安全管理措施，按照相关的措施流程进行监管，同时对于博物馆的相关人员进行消防知识培训，不断提高其消防意识和责任意识，博物馆要根据实际情况建立相应的消防安全责任体系，加大相应的监管工作力度。

综上所述，博物馆对我国文物的保护和传统文化的传承具有非常重要的作用，博物馆人作为"历史的卫士"需要担负起这份责任，不断完善博物馆内部的管理工作，从各方面出发，保护好我国传统文化的承载物，以弘扬中华民族悠久的传统文化为己任，持续推进博物馆文化的发展。

参考文献

[1] 杜树志. 从文物临展工作谈对文物安全的把控 [J]. 中国文物科学研究，2018（2）.

[2] 王琦. 试论博物馆的防火措施及安全管理 [J]. 山东工业技术，2018（9）.

[3] 陈元生，解玉林. 博物馆文物保存环境质量标准研究 [J]. 文物保护与考古科学，2002年增刊.

浅谈抗战类纪念馆临展中的文物安全问题

——以中国人民抗日战争纪念馆为例

苏 杭（中国人民抗日战争纪念馆）

抗战类纪念馆作为记录、展示我国抗日战争历史的场所，有着无可替代的历史和现实价值。它们的题材、地域、类别及年代虽然各有不同，但都是通过揭露惨烈的抗日战争，警示后人要"牢记历史、珍爱和平"。为充分发挥抗战历史在社会中的教育传播作用，各地抗战类纪念馆都在积极开发利用馆藏文物资源，进行国内外馆际交流，举办各种专题性临展和各地巡展。

2017年国家文物局拟订的《抗战文物保护利用导则（征求意见稿）》，向各省、自治区、直辖市文物局（文化厅）征求意见。该意见稿明确了抗战文物的认定、保护、利用、管理等。其中提到，抗战文物应在全面评估和有效保护的基础上，分类进行适度的合理利用。虽然意见稿中所提的抗战文物特指在中国境内遗存的与中国人民抗日战争和世界反法西斯战争有关、受国家保护的不可移动文物，但笔者认为，这些保护利用的方针也同样适用于各地抗战类纪念馆中收藏的可移动的抗战文物，特别是在举办临时展览的过程中，提高防范意识、增强防范技能、保证文物安全，是我们文博行业从业者义不容辞的责任。

一、我国抗战类纪念馆的功能及现状

截至2018年底，全国博物馆总数达到5354家，馆藏文物数量约为4330万件/套。其中，"全国拥有重点抗战文物186处，已建成137家抗战类博物（纪念）馆，藏品达 163.32 万件，其中珍贵文物 34068 件"。抗战类纪念馆的主要功能是承载历史记忆，记录历史真相，影响教育后人，传播正确理念。按照题材与功能划分，其场馆类型大体可分为历史事件展馆、历史人物展馆、历史遗址展馆和军史类题材展馆等。

让文物"活起来"，就要提升抗战类纪念馆的展览质量、提高馆藏文物利用率，积极推进各地抗战类纪念馆相互交流，联展、巡展，提高馆藏文物展出率，逐步形成文物资源共享机制。

各地抗战类纪念馆都在积极开发利用馆藏文物资源，充分发挥其社会传播作用，为社会公众服务。抗战类纪念馆在办好固定展览的同时，一大批临时性的主题展览也相继涌现。

以中国人民抗日战争纪念馆（以下简称抗战馆）为例，2019 年先后举办了如下展览。为纪念全民族抗战爆发 82 周年，"为抗战吹响号角——中国共产党与抗战文化"主题展；为纪念中国人民抗日战争暨世界反法西斯战争胜利 74 周年，与多家单位联合举办了"大爱生命 追求和平——约翰·拉贝在中国三十年事迹展"；在第六个南京大屠杀死难者国家公祭日，为缅怀在伟大的抗日战争中献身的先烈们，悼念南京大屠杀死难同胞的"正义的审判——纪念东京审判宣判 71 周年专题展"；为迎接中华人民共和国成立 70 周年，纪念世界反法西斯战争胜利 74 周年，与桂林博物馆联合"伟大贡献——中国与世界反法西斯战争文物图片展"。近年来，由抗战馆派出专人精心拍摄了与台湾同胞抗日历史相关的遗址、遗迹近 400 处。台湾同胞抗日遗址遗迹摄影图文巡展，先后在北京、上海、合肥、重庆、东莞、大连等地进行。

在举办临时展览和巡展的过程中，不可回避的是文物安全问题。如何减少或避免文物在展陈过程中受损率已引起大家的高度重视。文物保护工作也是提高国家文化软实力的一部分。没有充分的保护措施，让馆藏文物"活起来"就是空中楼阁。

二、文物交流中的安全问题

文物安全是文物展览的底线，要守住这条红线和生命线，就要全面贯彻落实中央《关于加强文物保护利用改革的若干意见》和《关于实施革命文物保护利用工程（2018—2022 年）的意见》，推动中央决策部署落地见效；要以《国务院办公厅关于进一步加强文物安全工作的实施意见》为指导，加强文物安全工作，包括文物展览过程中的各个环节，进一步促进、改进文物展览安全的人防、技防及消防工作。

（一）内部出入库安全

要解决纪念馆文物出入库的安全问题，对文物的技术检查手段和检测依据尤为重要，方法为完善文物的管理制度和提升文物保护的技术手段。纪念馆一方面要完善管理制度，有需要的纪念馆可以在馆里设置专门负责文物出入库管理的部门，让文物的收藏保管部门和出入库管理部门分开，分责而治。另一方面提高技术手段，购买先进的文物检测设备，对出库的文物进行高精密的物理检测，并将检测数据存储起来，对出库文物建立技术特征档案，在文物归还时重新检测对比检测数据是否发生变化，从而避免文物被替换的可能性。从管理制度和技术防范手段入手的成功做法，值得业内学习和借鉴。

（二）包装运输安全

文物在搬动和运输过程中最容易受损，纪念馆文物临展和馆内文物展出存在很大差异，不仅要将常规文物进行出库和布展，在长时间的运输中，影响文物安全的因素也会增加，此时纪念馆临展文物工作就要将包装和搬运工作重视起来。应按照文物形状进行文物收藏囊制作，对每个收藏囊予以标记，保障工作人员可以快速定位展品位置，防止反复查找状况出现；对每件文物都要进行多次软包装，然后放入藏箱内，最后再放置在转运箱对应位置上，按照文物特性上轻下重，每个转运箱也要相应做好标记，将文物牢固、精准地镶嵌在转运箱体中，防止搬运阶段因为晃动而受损；拆封时一定要保证安全，有序进行拆封，遵循轻拿轻放的原则；包装箱一定要坚固牢靠，具备防潮和防震功能，文物包装入箱后使用封条打口，完成交接之前切勿打开；文物运输时一定要选择正规运输单位，由专人押运。

抗战馆的主要藏品是抗战时期的文物，下面结合抗战馆实际列举几种常见文物的包装工作流程加以说明。

1.陶瓷器的包装

抗战馆藏品中有艺术家捐赠的关于抗战题材的陶瓷艺术品，陶瓷类文物包装最先进的包装技术是"仿形橡胶包装"，这也是目前国内外最先进最安全的包装技术，但是并未普及，日常用得最多的还是填充包装法。陶瓷器质地较脆，包装时要格外小心。注意要将箱子内侧四周都放上合适长度与厚度的泡沫板，起到固定的作用，瓷器与瓷器之间也要放，并保证塞紧不留空隙。这样，即使箱子在运输过程中不慎发生翻转或倾倒，也不至于因位置改变而损坏箱内文物。已装好的瓷器全部固定，不会晃动（哪怕是很小的晃动），这一点非常重要。瓷器包装不怕紧，就怕松，这也是下箱和填箱的原则。一般要用软囊盒，对其包裹绵纸后放入囊盒，填囊时一定要小心，要轻拿轻放，以免碰坏瓷器。放填充物时要充分考虑到文物的各个着力点，不能疏忽遗漏任何角落。比如器物的底部周围、圈足的内面、器物的颈部等都要填充到，以起到缓冲减震的作用，这样才能保证器物的安全。

2. 金属器的包装

抗战馆的金属类文物主要是铜器或铁器，这类文物一般质地坚硬，可以采用包裹法直接包装后填囊。有些器物带有附属物，可用绵纸揉团轻轻填充到附属物间，避免摩擦。总之，一定先把小细节处理包装妥善，然后再入箱。带盖的器物，要把盖和器物本身分别包装，并放入同一囊盒，以免丢失。对于文物的活动部件如提梁、链等，应采用捆、扎、顶、垫、塞等方法进行必要的固定。在包裹金属器物时还要特别注意这些文物上有无特别标记或手迹，在包装过程中要格外小心，不要因为疏忽而损毁了文物上的遗存。

3. 字画的包装

抗战馆藏品中还有艺术家捐赠的关于抗战题材的字画艺术品。字画如果是卷轴的，可以装入狭长的囊匣，用绵纸对其进行包装。在囊匣的使用过程中，应注意的是：用于囊匣中的填充物应选择经消毒处理的天然棉花，不要使用海绵，因为这种材料会与投放的化学防虫药物发生化学反应，变成黏（油）性豆渣状物质（目前对这种反应机理尚不清楚），既失去海绵原有的弹性，还会污染文物。字画有些是片状，且夹在有机玻璃里面的，那么就要连玻璃一起包装，这类情况可以用两块 EPE 板将其夹住，并用绳子捆绑，这样可以起到保护作用；带有边框的，要将其直立放置，在画的表面覆盖绵纸保护，使得画表面的包装材料与边框平齐，然后再包裹捆绑。

（三）清点交接安全

文物出馆临展或借展时，抗战馆的工作人员都会亲临现场，对临展环境和相关人员的技术水平以及场地设备等进行实地考察。文物顺利运抵目的地后，随后进行文物的拆封和布展，全程要由本馆专业人员来执行。文物清点和交接工作是临展中最为重要的一环，根据大纲和展陈要求将文物放入对应展柜当中，待双方负责人进行文物点交，并在点交册上注明每件文物取拿时要注意的问题，指明由多种部件组合的文物，如何连接、如何组合、如何拆分；文物品相及何处有裂纹等。在布展、撤展时要特别注意文物附件，万一文物有损伤要及时拍照、记录，双方签字认可，确认无误后锁好展柜。展柜钥匙最好由负责保卫的第三方保管，再次开启展柜时，交、接、保卫三方都应在场。如果出现个别文物暂不需要展出的情况，要在双方领导同意的前提下进行再次打包封存，和对接工作人员一起办理入库手续，将这些文物放置在库房内精心保管。

（四）陈列设计中的安全考量

1. 恒温恒湿

抗战类纪念馆在临展中展出文物因质地不同，对陈列设计的环境要求也不同。展出文物可以分为平面文物，如照片图片、纸质文物、书画等；立体文物，如各种质地、大小形体的实物，如印章、瓷碗、皮包、枪支、炮、车等。在展览的陈列设计中，要对各种文物的陈列环境做好温度、湿度控制，借助恒温恒湿等检测设备进行管控，特别是地域跨度较大的展览，温湿度差异明显，这些设备必须在陈列设计的过程中加以考虑，全面覆盖。

2. 光源选择

要注意合理利用光源，不能片面强调展示效果，为了烘托氛围而忽视光源与文物的安全距离和光源类别的选择。在光源的选择上，应以光色和显色性需要接近人工光源为前提，以不改变或尽可能少地改变文物置放环境为原则，最大限度消除眩光和镜像反射造成展品显色不真实。注意防紫外线、红外线光，减少对文物展品如纸质、纺织品的损坏。展览用光设计应在展示效果、实用照明和文物保护间找到合理的平衡点。

3. 陈列方式

抗战类文物陈列方式的选择也应以安全为重。现在一些展览在文物展示中，为了拉近与观众的距离，与传统展示方法把文物置于展柜中不同，将藏品直接裸露于展厅或室外。因参观者的素质不同，造成文物被随便触摸、攀爬、拆卸，文物被汗渍和不良气体包围以及零配件丢失损坏，对文物造成不可逆的伤害，也给安保人员的工作造成很大压力。

4. 防震加固

当地震发生时，除了严重威胁馆舍和人员安全外，对文物不可逆的破坏也极其严重。陈列设计时要做好文物的防震工作，抗战类纪念馆也不例外。因为一旦发生地震，文物从展台上易位，甚至展柜倾倒，都会对文物造成巨大的损坏。但是大部分临展中，因为时间预算、场地等诸多条件受限，陈列设计只能因地制宜，在地震频发地区可以对部分藏品进行丝线固定，防止其在地震中受损。

早在20世纪90年代，地震多发的日本就开始研制开发各种用于文物展柜（台）的隔震装置，防震展台及展柜应运而生。汶川大地震后，我国许多博物馆也引进、安装了国内外生产的防震装置。如雅安市博物馆2014年安装了由中国航空规划建设发展有限公司等单位联合研发的具有我国自主知识产权的防震装置，在四川乐山金口河5.0级地震中，防震装置自动打开了防震保险锁，有效保护了展柜内的文物安全。

由中国航空规划设计研究总院有限公司、上海博物馆等相关单位完成的"博物馆文物防震关键技术创新与应用"项目，编制了《博物馆建设标准》《馆藏文物防震规范》《馆藏文物防震装置技术要求》，建立了我国博物馆文物防震完整的规范标准体系。对文物的保护，不仅应该对展出的藏品陈列设计进行防震处理，更应在展览选址时就选择防震标准较高的建筑，减少对展品带来的意外伤害。

（五）临展展厅布展安全

1. 防火

近年来国内外文物火灾事故频发，2019年4月，国家文物局通报了涉及四川、福建、江西、浙江等6起文物火灾事故。法国巴黎圣母院、巴西国家博物馆也先后发生火灾。纽约曼哈顿唐人街区的美国华人博物馆遭遇火灾时，博物馆馆藏有8.5万件记录中国早期赴美移民历史的藏品，博物馆员工和志愿者3天内从失火楼宇内搬出约700箱馆藏品和珍贵艺术品，其中约有80%在救火时被淋湿，庆幸的是大部分可修复。这次事故再次为文物防火安全工作敲响了警钟。

从这些文物火灾事故来看，安全主体责任、监管责任和直接责任不落实，是火灾事故频发的症结；电气故障、生产生活用火、违规燃香烧纸和施工用火，是火灾主要诱因；消防基础薄弱、设施设备维护不到位、乱堆乱放易燃可燃物品以及应急处置能力弱等，是火灾突出的隐患和问题。

抗战类纪念馆的展厅基本是多媒体展厅，对消防要求有严格的规范。展厅如要吊顶，室内所有的喷淋口一定要露出吊顶一定尺寸，而且要保持水平。如果展厅隔出了新的空间，必须增加单独的烟感器。展柜等进场后，强弱电走线需要随着展示位置一并安装到位，不能乱拉乱放，布线中所有需要穿管的线必须用钢管，而不是常见的PVC管，并且要请专业人员安装，严格按照消防规范执行，才能通过消防验收。

2. 防盗

抗战类纪念馆中的各类文物和古代文物的价值是不同的，它背后的故事更多承载了印证历史、缅怀英烈、警示后人、教育人民、服务大局的作用。

随着科技创新理念逐渐深入人心，抗战类纪念馆对文物防盗监控系统的需求日趋多样化，近年来高科技犯罪率不断上升，加上常规的技术防范手段存在的误报率高、易破坏等缺陷，已经不能满足展厅日益增长的安全需求。现在物联网防盗技术日趋成熟，它将无线射频技术、无线传感技术、数字视频技术等相结合，通过实时感知文物本身的位置、姿态、运动状态、环境因素等变化，提供快速反应、实时报警、多方式通知等功能，实现对重要文物的直接主动式保护，为防盗报警市场开辟了一片崭新的领域，是对传统安防手段的有益补充。

新型文物防盗系统具有稳定耐用、误报率低、布展快速、可重复利用、破坏难度大等特点，适用于对展馆内外的长期监测，也可用于临展活动对展品的保护和快速盘点。其功能可以排除人为因素干扰，直接对文物状态进行监控，保证资产安全；实现了文物与身份卡防拆卸绑定，通过刷卡，使用预先注册的手机、手机短信等方式，可以控制整个系统的设防和撤防状态；不同的工作卡可分别控制不同区域、不同文物监控状态，实现了分区设防。

结语

综上所述，抗战类纪念馆临展文物安全保护工作涉及面广，内容繁多，每一个细节都要做到位。文物安全保护工作是纪念馆一切工作的前提，文物保护人员一定要有责任心和使命感，要不断学习先进知识，树立文物保护意识，提升工作积极性和主动性，从多个方面保障文物安全，从而促进纪念馆临展工作顺利进行。

随着新技术的发展，应创新文物利用形式，加快馆藏文物数字化步伐，使更多的人足不出户就能欣赏精彩的展览。藏品数字化能减少对文物原价的提取频率，减少提取、外借、运输对文物的损坏。相信未来以"互联网+"为平台，加快运用高科技手段建设智慧抗战类纪念馆的步伐，才能不断满足人民群众对抗战方面的精神文化需求。

参考文献

［1］博物馆文物防震关键技术创新与应用［N］.中国文物报，2016-12-09.

［2］［加］Nathan Stolow.博物馆藏品保护与展览（包装、运输、存储及环境考量）［M］.宋燕，卢燕玲，黄晓宏等译.北京：科学出版社，2010.

［3］李永馨.阻隔包装设计［J］.中国包装，1997，17（1）.

［4］尹卫国.应加快抗战遗址申遗脚步［EB/OL］.中国社会科学网，［2014-09-04］.http://www.cssn.cn/lsx/slcz/201409/t20140905_1318352.shtml.

［5］朱成山.承载历史记忆 弘扬民族精神——中国抗战类博物(纪念)馆建设与作用一瞥［N］.人民日报，2014-01-16.

［6］苏小燕.通过文旅融合"让文化遗产活起来"［N］.光明日报，2019-11-14.

［7］胡玉花,张晓英.国内先进博物馆文物保护调研经验对我院藏品保护的借鉴［J］.群文天地，2016（1）.

［8］霍尘扬.谈如何做好博物馆临展工作中的文物保护［J］.博物馆学，2019（12）.

关于陈列设计与布展中文物安全的思考

刘迎九（吉林省博物院）

博物馆藏有多少件文物，博物馆人做了多少藏品研究，观众并不一定能真实、具体了解。观众只能通过陈列展览这个窗口，了解博物馆的收藏和科研。从这个角度来说，展陈设计得越成功，观众对博物馆的内涵了解得越多。陈列设计师在设计方案中，不仅要把陈列内容从文本转化为视觉形象，还要想办法留住观众，让观众对展示内容产生兴趣。在设计过程中，设计师经常会遇到一个需要取舍的问题，那就是当形式的"审美功能"和"实用功能"产生冲突的时候，应该怎么去处理？文物安全是陈列设计中首先要考虑的问题，当陈列效果和文物安全需要"取舍"时，我们首先要保证的是文物安全。

文物安全在陈列展览的全过程都要优先考虑，而不仅仅是在布展过程中。下面笔者主要从陈列展览实施的三个方面来进行分析。

一、文物安全在陈列设计阶段的思考

在陈列设计阶段，涉及文物安全的主要是藏品的选择和围绕藏品在展厅中的陈列设备设计。

首先，藏品的选择是内容设计阶段要考虑的问题。在文本撰写的过程中，内容设计要做到对文本所涉及的藏品心中有数，对要使用的展厅的具体参数心中有数，如恒温恒湿的条件、灯光照明的条件、展柜的安全性能、展厅的安保条件等。充分了解之后，对藏品作出合理的选择。一般情况下，设计者对本馆的展厅相对来说还是很了解的，如果是交流展，馆内文物去到兄弟馆展出，一定要对对方的展厅实际参数充分了解，方可选出符合陈列文本的展品。例如本院的张大千画展要到台州博物馆展出，因台州博物馆是新建馆，展厅还未使用过，本院的李刚院长对文物的安全很重视，特意派笔者到台州博物馆对展厅进行考察，各方面参数达到画展的要求，才拍板决定张大千画展到台州博物馆展出。

其次是陈列设备设计，这是形式设计需要考虑的问题。涉及文物安全的陈列设备包括台托、展墙、展柜等，设计师要考虑文物的三维尺寸及重量，决定采用何种展出形式，是摆放、悬挂还是垂吊；根据文物的体量和珍贵程度，决定是重点展出、一般展出或是裸展；根据文物的材质来决定照明的照度，如果是对光不敏感的石材文物，照度可以宽泛到 300 勒克斯，如果是对光极度敏感的纸本文物，照度要控制在 50 勒克斯以内，同时还要考虑把紫外线和红外线的伤害降到最低。在设计阶段，设计师考虑得越是周全，陈列展览中文物出现问题的概率就越小。例如笔者曾负责和意大利的一个国际交流展，展览中有许多大理石的雕塑，造型优美，视觉震撼。制作公司根据惯例使用高密板和排钉制作台托，笔者考虑到几百斤重的石雕，高密板的台托肯定无法承受，会造成严重的事故。因此，笔者对方案进行调整，提出做双层的台托，内部加上方钢骨架，使台托更为坚固，解决了安全隐患。

二、文物安全在运输阶段的思考

文物运输可从两种情况考量。第一种是馆内的布展，即从文物库房到展厅的运输。此过程中需要考量的主要是"软件"和"硬件"问题。"硬件"是博物馆的建筑划分，从库房到展厅要有专属通道，此通道既不与对外的观众区域连接，也不与对内的办公区域连接。这就要求库房区要有单独的门位和展厅区对接，在相关区域内要有视频监控布网。"软件"是布展人员运输过程中要有专业的工具，方便运输体量各异、重量悬殊的文物，不能仅靠原始的"抬箱"来运输，避免藏品在运输过程中受到损害。

第二种是交流展的布展，即馆际运输。与第一种情况不同，需要重视的问题有二。一是藏品出入库时，对文物的自然情况点验要更为细心，完残情况要清楚仔细，避免后期纠纷。二是馆际运输的形式，以往由于交流展的运行经费有限，多半采用博物馆人员随身携带文物前往布展的办法，此办法有诸多隐患，出问题则后果严重。

现在的交流展多用专业的文物运输公司进行藏品的运输，安全、高效、专业。需要考虑的问题是如何选择文物运输公司，主要从公司资质、运输费用、安保条件及理赔保障等方面进行对比，择优选用。

三、文物安全在布展阶段的思考

此阶段的文物已经进入展厅，进入陈列实施的最后环节，绝不能掉以轻心，要把好文物安全在陈列实施过程中的最后一个关口。

首先，布展要有总体设计师或者策展人进行协调，安排参与布展人员的具体工作，点交藏品、藏品运送、藏品定位等工作要井然有序，参与布展人员各负其责，以免忙中出错。

其次，将整个布展的流程梳理清楚，布展前要对展厅做最后的隐患排查，如果是书画类的展览，要对通柜的展墙进行检查，有无以前展览遗留的大头针、小钉等。例如有一次笔者和同事在某馆进行书画的交流展，布展人员分两组戴上手套，对展墙进行两轮详细的摸索式隐患排查，找出肉眼难以辨识的大头针数只，排除了隐患。接下来就是进柜顺序，如果通柜进深大，可以先把相关的陈列设备进柜定位，通柜进深小，则要藏品和台托同步进行，定位一个台托，马上跟进放置藏品。需要注意的是，通柜布展要从中间向两侧布展，而不是从一侧向另一侧布展。

最后，在布展完毕后，要对展线和布展后的藏品拍照存档。这项工作对于交流展尤为重要，是撤展时文物状态的重要依据。在交流展中还有一项重要工作，就是布展结束时要在展柜的锁孔处贴封条。展厅相当于展出方的临时库房，封条在展览期间对双方起到制约和保障的作用。

当然，除却以上三点思考，陈列展出前的文物在库房中的安全问题和陈列展出后在展厅中的安全保卫工作，也属于重点考虑的问题，但这些问题属于藏品部门与保卫部门的具体工作，故笔者不在本篇研究中作过多论述。

文物出入境展览相关规定解析

李海勇（中国海关博物馆）

近年来，随着我国综合国力和中华文化的国际影响力持续增强，文物出入境展览日益增加，各级各类博物馆在办理文物临时出入境手续时，不可避免地与文物行政管理部门、海关打交道。因此，熟悉、掌握文物临时出入境相关规定及工作流程，了解当前全面深化改革背景下海关对文物出入境监管的重点，对于高效顺畅办理通关手续、提高通关效率至关重要。本文拟从文物临时出入境的法律法规和职责分工、作业流程、海关全面深化改革背景下的关注点等方面对这一问题进行梳理，并结合文物进出境工作中常见问题对文博机构提出相关建议。

一、法律法规和职责分工

为规范文物临时出入境事宜、打击文物走私违法犯罪行为，近年来，国家出台了相关法律法规，国家文物局、海关总署也制订了配套的部门规章，明确文物行政管理部门和海关的职责任务、作业流程和具体要求。

（一）法律法规

2017年11月4日，第十二届全国人民代表大会常务委员会第三十次会议修正的《中华人民共和国文物保护法》第六章"文物出境进境"，是文物出入境领域最基础的法律，为文物出入境提供了基本遵循；2003年5月18日国务院令第377号公布，2013年12月7日、2016年2月6日、2017年3月1日三次修订的《中华人民共和国文物保护法实施条例》第六章"文物出境进境",进一步阐明了文物出入境的规定和要求。除此之外,国家文物局、海关总署也分别制订了部门规章,明确了文物出入境的具体要求。

1. 文化、文物部门

自 2007 年 7 月施行的《文物进出境审核管理办法》对文物进出境审核机构的设立、管理、职责、任务以及文物出境审核标准、文物进出境审核机构与海关的配合机制等做了详细的规定。

国家文物局《文物出国(境)展览管理规定(试行)》分为"总则、文物出国(境)展览组织者的资格、文物出国(境)展览项目的审批、文物出国(境)展览的人员派出及其他、罚则、附则"六章二十五条,《文物入境展览管理暂行规定》分为十四条,对国家和省级文物行政部门在入境展览方面的职责、审批程序和时限要求、展品进境和复出境手续、罚则等做了明确规定;《出国(境)文物展览展品运输规定》则进一步细化了对出国(境)文物展品运输的要求;《国家文物局关于规范文物出入境展览审批工作的通知》《国家文物局关于印发〈文物进境展览备案表〉等有关事项的通知》则对新形势下进一步规范文物出入境展览工作提出了新的要求。

2. 海关系统

就海关而言,制订出台文物出入境的专门规定不多。其中,《海关总署关于对出境文物凭国家文物局颁发的〈文物出境许可证〉验放问题的通知》一直沿用至今,明确了海关对出境文物凭文物部门颁发的《文物出境许可证》及火漆印(电子标识)验放的要求;《海关总署 国家文物局关于优化综合保税区文物进出境管理有关问题的通知》则对综合保税区文物进出境作业流程和管理规定进行了优化,便利文物进出综合保税区以及保税区内企业开展文物出区展示等。海关对文物进出境的管理,主要是依据《中华人民共和国海关暂时进出境货物管理办法》。

(二)职责分工

根据上述法律法规,对文物行政/执法部门、海关在文物出入境监管方面的职责任务进行初步界定。

1. 文物行政／执法部门

负责审批文物出入境展览（由国家和省级文物行政部门负责）；负责审核临时出境文物（复入境）和临时进境（复出境）文物，标明文物出境标识、发给《文物出境许可证》或标明文物临时进境标识、登记（由各省级文物进出境审核机构负责）。

2. 海关系统

负责监管文物进出境（含申报、担保、验核、加封、放行等）；负责查缉文物走私违法犯罪活动。

二、作业流程

根据上述法律法规的相关规定，笔者分别梳理出文物入境展览、文物出境展览的作业流程及相关注意事项。

（一）文物入境展览

文物入境展览作业流程包括展览审批、报关查验、文物进境审核与登记、展览延期、文物复出境和展览结项六个环节。

1. 展览审批

展览项目实施前向省级文物行政部门申请，经其初审同意后，于实施前3个月报国家文物局审核。

申请材料包括：

A. 文物入境展览申报表（包括文物入境展览展品目录及展品登记表）；

B. 展览协议书草案（包括展览的名称、时间、地点、展品目录及展品安全、保险、点交、运输、知识产权的使用与保护，境外来华人员、展览相关费用等，双方的权利和义务）；

C. 文物提供方出具的证明文物真实性和来源合法性的法律文件；

D. 展览举办各方的有关背景资料、资信证明。

其中，文物入境展览展品涉及《濒危野生动植物种国际贸易公约》所规定的濒危物种制品的，申报时应当附具国家有关部门的批准文件。

省级文物行政部门初审意见应当包括：展览缘由，主（承）办单位，展览名称、时间、地点，展品数量，展品保险估价，筹展及人员费用，入境口岸等内容及联系人、联系方式。

多个单位承办同一展览的，各单位分别向所在地文物主管部门备案后，交由文物进境地办展单位统一办理文物进出境手续。

2. 报关查验

经国家文物局批准，持其核准文件，向海关申报文物临时进境。海关验核国家文物局的核准文件后，对临时进境文物加盖关封。其中，对暂时进出境货物、暂时进出境展品的监管有所区别。

（1）暂时进出境货物。

ATA单证册持证人、非ATA单证册项下暂时进出境货物收发货人，可以在申报前向主管地海关提交《暂时进出境货物确认申请书》，申请对有关货物是否属于暂时进出境货物进行审核确认，并且办理相关手续；也可以在申报环节直接向主管地海关办理暂时进出境货物的有关手续。

其中，ATA单证册持证人应当向海关提交有效的ATA单证册以及相关商业单据或者证明材料，由中国国际贸易促进委员会（中国国际商会）向海关总署提供总担保；非ATA单证册项下暂时进出境货物收发货人向主管地海关提供担保。

（2）暂时进出境展品。

境内展览会的办展人以及出境举办或者参加展览会的办展人、参展人可以在展品进境或者出境前向主管地海关报告，并且提交展品清单和展览会证明材料；也可以在展品进境或者出境时，向主管地海关提交上述材料，办理有关手续。

申请海关派员监管的境内展览会，办展人、参展人应当在展品进境前向主管地海关提交有关材料，办理海关手续；海关派员进驻展览场所的，经主管地海关同意，展览会办展人可以就参展的展品免于向海关提交担保。

未向海关提供担保的进境展品在非展出期间应当存放在海关监管作业场所。因特殊原因需要移出的，应当经主管地海关同意，并且提供相应担保。

3. 文物进境审核与登记

文物进出境审核机构查验海关封志完好无损后，对每件临时进境文物标明文物临时进境标识，并登记拍照。

4.展览延期

暂时进境货物、展品，应自进境之日起 6 个月内复出境。

海关规定：因特殊情况需要延长期限的，持证人、收发货人应当向主管地海关办理延期手续，延期最多不超过 3 次，每次延长期限不超过 6 个月；国家重点工程、国家科研项目使用的暂时进出境货物，以及参加展期在 24 个月以上展览会的展品，在规定的延长期届满后仍需要延期的，由主管地直属海关批准。

文物行政部门规定：展览文物在境内滞留时间超过 6 个月的，由原申报文物进境的单位申请办理文物延期出境手续；展览进境后临时延长展期或者增加展地的，由提出需求的单位征得原申报文物进境单位同意后，报所在地文物主管部门备案，由原申报文物进境的单位按规定办理文物延期出境手续。

5.文物复出境

文物行政部门规定：临时进境文物复出境时，应向原审核、登记的文物进出境审核机构申报。文物进出境审核机构确认文物临时进境标识无误后，标明文物出境标识，发给《文物出境许可证》；然后向原进境口岸海关申报，海关验核文物出境标识后，凭《文物出境许可证》放行。

6.展览结项

展览结束之日起 2 个月内，举办单位将展览结项备案表、结项报告及相关音像资料，报省级文物行政部门审核，并报国家文物局备案。

（二）文物出境展览

文物出境展览的作业流程包括展览审批、文物包装运输、文物出境审核与登记、报关查验、人员派出、展览延期、文物复进境、展览结项八个环节。

1.展览审批

展览主办单位向省级文物行政部门提出项目申请，审核、认定合格后于 6 个月内报国家文物局。其中，主办单位是国家文物局直属单位的，直接报国家文物局；经国家文物局审核后报文旅部［展品在 120 件（套）及以内或一级品占 20% 以下的］或国务院［展品超过 120 件（套）或一级文物超过 20% 的］审批；经批准后，由国家文物局审批展览的协议书（草案）、目录、估价单。

主办方应提供以下申报材料。

（1）合作方的有关背景资料、资信证明、邀请信。

（2）双方草签的展览意向书或协议书草案。

其中，协议书内容包括：

A. 展览举办单位、机构、所在地及国别；

B. 展览的名称、时间、出展场地；

C. 展品的安全、运输、保险、赔偿的责任和费用；

D. 展品的点交方式及地点；

E. 展览代表团、随展人员的安排及其费用支付情况；

F. 展览费用的支付方式；

G. 展览印刷品照片的提供及利益分配。

（3）展品目录和展品估价。

展品目录按国家文物局颁发的统一表格填写，并附清单，填写内容包括：

A. 文物的名称、年代、级别、尺寸、质地、来源；

B. 展品展出和发表情况；

C. 展品照片；

D. 展品的状况。

展品估价必须按文物自身的价值进行，不得根据对方的要求随意更改。

2. 文物包装运输

须遵守《出国（境）文物展览展品运输规定》《出国（境）文物展品包装工作规范》（其中，国家文物局对展品包装、展品承运人的资格认定已取消）。各出展单位必须指定专人负责包装工作，确保文物安全；委托专业运输公司承担文物出境的国内、国际运输。

3. 文物出境审核与登记

国家文物局核准后，在文物出境前填写文物出境申请表，报文物进出境审核机构审核。经审核允许出境的文物，标明文物出境标识，发放《文物出境许可证》。

4. 报关查验

向海关申报，海关查验文物出境标识后，凭《文物出境许可证》放行。

5. 人员派出

文物出境展览，必须配备专人随展组监督协议执行情况。其中，代表团的组成应以文物部门人员为主，必须包括具有文物保管工作经验的人员。大型文物展随展组组长应由具有副研究员以上职称的业务人员担任。

6. 展览延期

文物出境展览不得超过一年，一般不予延期。确需延长时间的，应在展览结束前 3 个月经国家文物局报原审批机关批准，延期不得超过一年。

7. 文物复进境

临时出境文物复进境时，海关凭《文物出境许可证》验放；由原审核登记的文物进出境审核机构审核查验。

8. 展览结项

展览结束后 2 个月内，主办单位将展览结项备案表、结项报告及相关音像资料报省级文物行政部门审核后报国家文物局备案。

三、全面深化改革背景下海关对文物进出境监管的重点

党的十八大以来，海关总署认真贯彻落实党中央、国务院决策部署，坚持全面深化海关改革、建设中国特色社会主义新海关，相继推出通关作业无纸化、"双随机、一公开"、全国通关一体化、"关检融合"、两步申报等重大改革举措，提高通关效率，打造具有国际竞争力的海关制度。

（一）全国通关一体化

2017 年 7 月 1 日起，全国海关实行通关一体化，实现了"全国如一关，一关通天下"。

模式：属地申报、口岸验放。

效果：一是便利企业、提高通关效率，"无纸化通关＋通关一体化"，足不出户即可向属地海关申报；二是增强执法统一性，全国海关按照同一种标准执法，降低了执法随意性。

（二）"关检融合"

根据《国务院机构改革方案》，出入境检验检疫队伍和管理职责划归海关总署。

自 2018 年 4 月 20 日起，各地出入境检验检疫人员统一以海关名义执法；8 月 1 日起，报关报检手续合二为一，大幅精简进出口报关单申报项目，实现"1 + 1 > 2"的效果。

模式："风险防控局 + 税收征管局"，风险布控—下达布控指令—现场查验—反馈查验结果—放行。

效果：申报统一、系统统一、风控统一、指令下达统一、现场执法统一；实现了"1 + 1 > 2"的效果。

（三）两步申报

2019 年 8 月 24 日，进口"两步申报"试点正式启动，并逐步向全国推广。第一步概要申报，企业向海关申报进口货物是否属于禁限管制、是否依法需要检验或检疫、是否需要缴纳税款。应税货物，企业需提前向注册地直属海关关税职能部门提交税收担保备案申请。概要申报完成，企业凭提单信息即可提取货物。第二步完整申报，企业自运输工具申报进境之日起 14 日内完成完整申报，办理缴纳税款等其他通关手续。

模式：概要申报—提取货物—完整申报，办理相关通关手续。

效果：大幅提高进口通关效率、压缩通关时间。

企业可以自主选择"两步申报"或按照传统的"一次申报，分步处置"方式。

上述改革的初衷在于推进通关便利化，优化口岸营商环境。就大环境而言，世界银行《2019 年营商环境报告》显示：中国营商环境全球排名由第 78 位提升至第 46 位，其中跨境贸易领域由第 97 位上升至第 65 位；世界银行《2020 年营商环境报告》显示：中国营商环境全球排名第 31 位，其中跨境贸易位列第 56。国务院通过《优化营商环境条例》，印发《国务院办公厅关于做好优化营商环境改革举措复制推广借鉴工作的通知》等，着眼于优化营商环境。

海关作为对外贸易和交流的窗口、国家的守门员，以促进跨境贸易便利化为己任。党中央、国务院将压缩通关时间的重要任务交给海关总署，协同各部门提高通关速度海关责无旁贷。截至 2019 年 5 月，进出口通关时间分别比 2017 年压缩了一半。

就文物出入境而言，审批展览、颁发许可证、审核确认文物是文物行政 / 执法部门的职权，企业凭文物行政／执法部门颁发的上述材料向海关申报，海关验核后予以放行。需要强调的是，文物进境需要提供担保；但通过 ATA 单证册、由海关派员驻场监管的展览会展品可免予提供担保；中央国家机关所属的博物馆，可由其上级主管部门向海关总署申请以担保函的方式担保，由海关总署批转进口地海关执行。未提供担保的暂时进境货物，按规定应存在海关监管场所，确保不会灭失。

此外，建议企业充分学习《海关总署 国家文物局关于优化综合保税区文物进出境管理有关问题的通知》。该文件有两个关键内容：一是已办理临时进境审核登记手续的文物由综合保税区进入境内外，除按要求办理海关手续外，无须向文物进出境审核机构申报；二是支持符合条件的区内企业采取关税保证保险、企业增信担保、企业集团财务公司担保等多元化税收担保方式开展出区展示，缓解企业资金压力。

四、文物出入境办理报关手续的相关建议

（一）真实性

真实有效性是报关的生命。文物出入境，海关与文物部门分工合作，对于海关而言，属于涉证不涉税的事项。无论是企业还是博物馆，只要如实向海关申报并提交文物部门核准的上述文件材料，基本不会受到阻滞，可望迅速放行。

（二）时效性

如前所述，通关效率是当前海关重点关注项。文物进出境时，一定要及时申报，尽快办理相关手续，以免因通关时效不高而影响文物进出境项目的整体进度。

（三）主动性

强化监管、优化服务是中国海关的不懈追求目标，为社会提供优质高效服务是海关的职责。文博机构和进出口企业，尤其是进出境展览业务比较多的文博机构，要主动与海关对接，办理报关业务前主动咨询所在地海关，阐明自己的诉求，了解清楚海关作业流程，力争以最佳模式办理报关手续，在互动中实现双赢。

（四）规范性

建议涉及文物出入境业务的文博机构，指定专门的机构或人员负责文物出入境业务，相对固定的人员在负责其他工作的同时，具体负责本机构的该项业务。如此则能够紧密对接，及时了解海关的最新要求。若每个部门分头办理、各自为政，则很可能影响下一单文物出入境申报、查验、放行手续的办理。

出境文物展览中的安全问题及对策

钱 卫（中国文物交流中心）

近年来，随着我国文博事业的蓬勃发展，举办文物出境展览已经逐渐成为展示中国形象、增进国家互信、促进文明交流互鉴的重要活动。据中国文物交流中心的不完全统计，2000年至2019年，我国举办出境文物展览累计900余个，接近前50年举办出境展览总数的7.5倍。展览举办场次、涵盖城市数量、参观人员数量、累计展出时间等统计指标均大幅提升。展览交流活动日趋频繁，各类文物出境巡展、与境外联合办展等，让大量的博物馆馆藏文物走出国门，目前已成为文博事业发展的新常态。在博物馆筹备这类展览时，馆藏文物在包装、运输、点交、布展、撤展及展示过程中的安全问题越来越受到社会的广泛关注。

笔者长期从事出境文物展览工作，出境展览中的文物安全问题，一直是我们工作中的难点和重点。下面笔者将就如何完善文物展览中的安全防控体系，加强文物预防性保护，避免工作中出现文物安全隐患，谈谈自己的认识和思考。

一、组织出境展览过程中的文物安全风险

国际文物修护学会（IIC）将引起文物损坏的因素归为十大类，包括机械损伤、偷盗和破坏、火灾、水灾、保管疏忽、生物因素、化学因素、辐射因素、不当温度、不当湿度。在组织举办出境文物展览的过程中，上述十大因素造成文物损坏的案例屡见不鲜。概括起来，文物受损主要集中在筹展过程的以下几个阶段。

（一）文物点交阶段

文物的点交过程大多是在博物馆内进行的。虽然《馆藏文物展览点交规范》中对文物展览点交的必要条件、点交人员、点交环境、点交流程以及点交操作规程都有明确的要求，但有些收藏单位仍然把点交场所设在条件不适宜的地方，如在凌乱的库房，甚至在户外。文物在境外点交时，经常有文物展出方把点交场所设在施工尚未完成的展场。这些行为都给文物的安全带来极大隐患。

参与点交的人员一般是博物馆从业人员，但点交时不按《馆藏文物展览点交规范》操作、责任心不强的情况也时有发生。如保管员在点交书画时不戴手套、口罩，导致指纹、唾液污染书画作品。此外，参与文物点交的工作人员穿戴也是需要注意的。比如点交时工作人员不能佩戴手表、戒指等。在境外点交文物时，发生过穿着民族服装的外方工作人员，其宽大的袖袍把文物碰倒的极端案例。由此可见，在境外进行文物点交前，事先向对方提出我方的工作要求是十分必要的。

（二）文物包装及运输途中

为了保证出境展览的文物在国际、国内运输过程中的安全、准确、快捷，国家文物局制订了《出国（境）文物展览展品运输规定》。对承运人资格进行了规定，对展品运输提出了要求。然而，出境展览中文物受损的主要原因仍是包装不善和运输途中的颠簸。文物出境展览都是临时性展览，文物收藏单位提供的文物尺寸、重量等信息误差较大，或者文物调集时预留的包装时间不足等原因，会直接影响文物包装的质量。文物包装人员在操作过程中，因工具使用不当，也会导致文物发生意外，尤其书画类文物，在使用胶条、记号笔时须格外小心谨慎。此外，在国际运输过程中，转机、装卸环节缺少监管，也是造成文物受损的直接原因。

（三）布展、撤展工作

文物展览筹备过程中的布展和撤展，是直接接触文物的重要环节，更不能掉以轻心。从以往案例来看，由于出境展览的布、撤展工作是在境外进行的，且外方对中国文物不够了解，文物在布展摆放、撤展取出过程中，展架、展具接触文物，极易导致文物受损；文物在取出、放入囊匣时，手法过重亦容易造成文物损伤。在展陈手段上，由于国外的展陈设计师对中国文物的特点缺乏足够的认识，展示方式过于注重观众的观感，而忽略了文物的安全。如制作的展具、展托坡度过陡，一些脆弱文物采取悬挂方式展示，这些不恰当的展示方式给文物安全带来很大隐患。此外，还存在诸如不适合裸展的文物裸展、裸展文物防护不到位、书画类文物照明不符要求等不利于文物安全的情况，我方工作人员应及时提出，予以纠正，最大限度地避免文物受损。

（四）展览展示期间

举办出境文物展览时，境外展览场地条件各不相同。虽然在展览合作协议中对展场条件有明确要求，而且举办展览前，按照国家文物局的有关规定，对近期（五年内）没有举办过中国文物展览的场地事先都会进行展场考察，但是有些境外展场条件依然不是很理想。特别是欧洲许多博物馆是利用古建筑的旧址改造，一般没有足够的符合文物展览要求的展柜，或者由于是临时展览，准备仓促，所提供的展厅微环境常常达不到恒温、恒湿。在安防、消防方面，境外的设备、设施一般能达标，但在人防和管理上出现问题的现象却屡见不鲜。如陕西秦俑在美国费城展出时，被人为损坏并盗走手指的事件，引发了世人的广泛关注，馆方的工作失职令人痛心。

二、应对措施

（一）加强文博队伍建设，开展文物安全培训

加强对专业技术人员的文物安全操作培训，提高博物馆等文物收藏单位从业人员素质，是保障文物展览安全的重点环节。开展文物安全培训，特别是对举办出境文物展览过程中，文物在点交、包装运输、布撤展各个环节的工作进行规范化、系统培训十分必要。建议文博机构定期聘请该领域相关专家进行授课，并根据国家文物局发布的《出境展览文物安全规定（试行）》，以及《馆藏文物展览点交规范》《馆藏文物出入库规范》《文物包装运输规范》等行业标准的相关要求，设计有针对性的课程内容，明确文物在点交、布撤展、包装运输期间的基本要求和学员需掌握的专业技能及相关安全规定。培训内容不仅限于理论学习，还应和实操训练相结合，确保一线人员熟练掌握安全知识和技能，以适应文物展览工作的需要。

（二）完善安全管理制度，安全岗位责任到人

加强展览各环节的文物安全管控，特别是在文物遴选、点交、包装、运输、布展、撤展及展出各环节的严格规范管理。各文博单位可依据《中华人民共和国文物保护法》《中华人民共和国文物保护法实施条例》《文物出境展览安全工作规定》《文物行政处罚程序暂行规定》等有关法律法规，并结合本单位实际情况，制订行之有效的文物安全管理办法，规范文物安全事故的责任认定和调查处理，落实责任追究制度，确保安全制度落到实处。坚持"谁主管、谁负责""谁在岗、谁负责"的原则，明确安全责任部门和人员，通过逐级签订文物安全责任书等形式，对任务进行分解，逐一落实文物安全责任人，并形成长效机制。文物出境展览的承办单位对文物安全负全责。在落实文物安全责任制的同时，要加强对职工的安全教育，提高安全责任意识。努力把安全工作做到统一领导、分工负责、权责统一、责任到人。

（三）细化展览工作流程，加强监督指导机制

实施精细化管理，细化筹展流程中每一个环节的安全管理，做到监督到位。首先，在选择境外合作方时，要加强对合作单位办展资质和条件的评估论证，优先选择境外具有丰富办展经验和较高办展水平的知名博物馆。展览举办前，检查即将办展的展场安保设施，对不符合要求的地方向承办方提出整改意见，并强调文物安全。确保展场建筑设计、藏品防护（温湿度、防潮、防水、光照、防烟尘、防有害气体、防虫、防鼠、防盗、防雷、防火等）设备设施、陈列方式设计等符合中国参展文物陈列、展示、保管的安全要求。拟定参展文物清单时，须在保证文物安全的前提下，选择契合展览主题的文物，注意不能选用保存状况不佳及禁止出国（境）展览文物参展。对清单中的文物进行安全评估，根据评估报告的意见修改或重新拟定参展文物清单。文物点交时应严格遵守《馆藏文物展览点交规范》，对文物点交人员、点交环境、点交流程、操作规程等要按照要求执行。文物点交记录的文字应尽量用词准确、标准统一、逻辑严谨，不仅要包含文物基本信息和伤况，还应注明文物损伤修复情况以及操作注意事项等。文物运输前，对包装运输公司的包装方案和运输计划进行严格审核，在评审文物包装运输方案时要重点审查文物安全预案、重点文物的包装运输和安全保障措施。布、撤展工作团组派出前，要强化出境展览工作组行前会制度。通过行前会强调工作组成员的责任意识和文物安全意识，布、撤展工作组开展工作前须准备详细的工作流程，展品交接时要严格按照收藏单位对不同展品

陈列的具体要求认真落实。

与此同时,在筹展过程中,对文物点交、包装、运输、布撤展等环节仍需加大监督力度。可聘请文博单位长期从事文物保管、修复工作的老同志作为安全顾问,参与文物遴选,避免脆弱易损文物参展;对文物状况进行评估,提出保证文物安全的意见;指导文物包装,提出合理的包装建议。安全顾问全程监督、指导文物展览工作,对文物遴选、点交、包装环节进行严格把关,避免存在安全隐患的脆弱易损文物出展,为保障文物安全增加一道防线。

(四)建立健全应急预案,减少突发事件影响

制订应对蓄意破坏、意外损毁、丢失以及自然灾害、政治冲突等突发事件的文物安全应急预案。文物在境外展览时,要有针对性地根据展览国家和地区自然环境、社会现状、展场设施情况等,与展览合作方共同制订文物展出期间的安全预案。成立突发事件领导小组,由单位领导和相关项目负责人作为成员,直接掌控突发事件的进展和处理。突发事件领导小组,应在知道突发事件发生后2小时内向所在地县级以上文物行政主管部门报告,综合前方信息和上级指示,作出处置决定。展览期间遇到火山喷发、地震等自然灾害或战争、动乱、游行、示威、静坐等不可抗拒力威胁展览安全的事件,展场内发生的意外事件,展览派出团组人身安全问题等各类突发事件,应及时了解情况,有序启动应急预案,做好应急处置工作。

(五)充分利用科技手段,完善文物预防性保护

长期以来,使用老化的文物囊匣和不当的包装是文物受损的主要原因之一。针对这一问题,进一步研究和探讨使用文物包装新材料和新方法,专业化定制文物包装,减少文物在保管、运输过程中受损,势在必行。目前,行业内已开始就此课题展开研究。在包装材料方面,如研制使用抗压缓冲效果更好的、耐腐蚀、保温性和密封性好的材料制作包装箱;在包装箱的结构上,创新设计,采取箱体凹凸咬合的外箱结构,便于叠放和运输。这些都是今后文物包装箱改进发展的趋势。

以文物安全为出发点,对运输过程进行全方位的监测亦成为新的趋势。文物运输安全监测系统俗称"黑匣子",可实时监测运输途中文物所处环境的温度、湿度变化;实时监测运输车辆振动情况,并可追溯运输途中的剧烈振动;实时监管车辆运输的路线和速度以及在运输途中货车车厢、文物包装箱是否开启等情况,数据呈

现内容包括运输信息、实时数据、设备状态及报警信息等。通过实时获取这些文物运输环境及物理状态数据，规范文物运输行为。

运用科技手段进一步完善文物保存环境监测系统，对文物运输途中及展出、存放过程中的微环境进行调控，为珍贵文物配置环境友好型囊匣，提升文物的预防性保护藏展能力、文物养护手段、防震抗震、科技保护能力，完善文物保存环境监控管理机制。这些新技术在文物包装、运输、存储、展出过程中的应用，为探索维护文物安全开辟了新的途径。

（六）合理安排文物保险，减少文物理赔风险

从国际经验来看，文物艺术品保险是目前针对文物艺术品风险管理最为有效的风险转移系统。文物保险不仅是为出险的标的提供理赔，更重要的是能为文物做好风险防范，从多个层面提升文物保障的能力。

文物保险首先要选择合适的保险公司。一般来说，任何一家财产险保险公司都可以承保文物保险。目前国内承保文物艺术品的保险公司越来越多，一些境外的保险公司也开始承保国内的文物艺术品保险。由于在承保方面越来越同质化，因此在选择保险公司时建议考虑下面几方面因素：保险公司的内部管理情况，人员是否变化频繁，以往承保同类项目的经验，以及理赔服务水平。内部管理混乱可能造成遇事推诿扯皮，人员变化频繁容易造成工作衔接出现问题，文物保险不同于其他项目的保险，数量少，金额高，责任大，关键是要看理赔服务是否高效、准确。

其次，在给文物投保时不要单纯考虑保险费率的高低，而应综合考虑。一般来说，费率高，所承保的保险责任范围就大；费率低，保险责任范围就小。对于保险公司的保险方案不仅要看费率，关键还要看保险的责任范围，列明的责任范围是否与所投保的文物所处的区域相匹配，例如：该承保地区是否处于地震带？政局如何？是否需要投保地震、罢工、骚乱、盗抢，以及其他有可能发生的意外事故或自然灾害，避免该需要投保的险种没有投保，不可能发生的意外或自然灾害却在投保范围之内，这样就没有最大限度地达到保险的目的。

文物是宝贵的历史文化遗产，是不可再生的珍贵资源。我们必须从对国家、历史和子孙后代负责的高度出发，把行之有效的安全保障措施贯穿到展览工作的各个环节、各个阶段中去，坚决预防和遏制展览工作中的文物安全事故的发生，切实做到防患于未然，从而更好地为弘扬中华优秀传统文化，建设社会主义文化强国服务。

参考文献

[1] 中华人民共和国文物保护法[M].北京：中国法制出版社，2017.

[2] 中华人民共和国文物保护法实施条例[M].北京：中国法制出版社，2017.

[3] 中华人民共和国国家文物局.出国（境）文物展览展品运输规定[S].2001.

[4] 中华人民共和国国家文物局.出国（境）文物展品包装工作规范[S].2001.

[5] 中华人民共和国国家文物局.文物出境展览管理规定[S].2005.

[6] 中华人民共和国国家文物局.馆藏文物展览点交规范[S].北京：文物出版社，2009.

[7] 中华人民共和国国家质量监督检验检疫总局，中国国家标准化管理委员会.文物运输包装规范（GB/T 23862-2009）[S].北京：中国标准出版社，2009.

关于文物出境展览安全风险控制的几点认识

马静娟（徐州博物馆）

党的十八大以来，习总书记就传承中华优秀传统文化、让文物"活起来"做了一系列重要论述，国家及省、市也相继出台了一系列的措施推进相关工作的开展。其中举办高质量、内涵深刻的出境展览，让其他国家和地区的观众欣赏，从而大力宣扬中华文明，是文物展览相关工作的重要内容之一。

然而，出境展览需要报关和文物清点、包装、运输以及确定境外博物馆的安全质级等环节，这些环节对于文物的安全都存在不同程度的影响。如何保障出境展览文物的安全，是本文探讨的主旨。

一、文物的不可再生性使文物安全尤为重要

文物安全是出境展览的根本。文物一旦走出去，就必然面临很多风险。因此，出境展览的首要任务就是做好安全风险控制。文物是历史文化珍贵的遗存，不可再生。如果在出境展览中稍有不慎，就有可能造成文物的重大损失。在这方面，我国赴境外的展览也多有深刻的教训。

案例一，1983年，兵马俑在日本展出时，一位游客突然越过栅栏，敲碎防护玻璃，直接将一具高1.92米、重300公斤的陶俑推倒，造成严重破坏。

案例二，1993年，越王勾践剑运往新加坡参加文物展，成为此次展览的重头戏。但这次展出却让这把稀世古剑遭到损坏，因工作人员在拆除展览设施时，不慎将一块有机玻璃柄板卡在勾践剑的剑刃上，导致剑刃留下一道长0.7厘米、宽0.1厘

米的伤痕，令人痛心。这件事情当时传回国内引起很大反响，被认为是一桩文物的悲剧事件。后来专家出来澄清，称勾践剑只是受到轻微损伤，但这次事件影响了文物出国（境）展览的政策，包括越王勾践剑在内一批国宝级文物被禁止出境展览。

案例三，也是最著名的例子，2017年12月21日，在美国费城富兰克林学会博物馆举办的"秦始皇和兵马俑展"中展出的一个兵马俑，被一名美国男子折断了左手拇指并盗走。庆幸的是，被盗拇指已找回，文物的修复以及相关的善后工作都在进行中。据有关部门的调查披露，该博物馆在举行一个晚间聚会时，这名男子偷偷溜进已经关闭的展厅，与兵马俑自拍之后，折断兵马俑的左手拇指放入口袋，从容地离开了展厅，直到数日后才被发现。

历史是有记忆的，历史的记忆就是今天的文化情感。文物经过我们的手出境，无论在哪国受到损坏都是对历史的不尊重，是文物工作者的失职。要给文物以尊严，确保出境展览文物万无一失，是出境展览工作的重中之重。

二、徐州博物馆出境展览安全风险控制的主要做法

徐州博物馆（徐州市文物考古研究所）作为徐州对外文化交流的重要窗口，近几年统筹规划、重新定位，创新外展模式，通过独立组织、联合举办或参展等形式，馆藏精品文物在欧美等近十个国家展出，受到各国好评。作为一个地市级博物馆，徐州博物馆在外展特别是出境展览文物安全方面取得了不俗的成绩。

成功举办一个出境展，保障文物安全是最主要的任务，恰当的展览主题、组合有序的精美文物、严密系统的宣传推广可以说是锦上添花。为了规范文物出境展览工作，国家出台了一系列法律法规，如《中华人民共和国文物保护法》和《中华人民共和国文物保护法实施条例》，国家文物局2005年《文物出境展览管理规定》，2012年《关于规范文物出入境展览审批工作的通知》（文物博函〔2012〕583号），2013年《出境展览文物安全规定（试行）》等，为文物点交、包装、运输等方面规定了严格的行业规范。

在出境展览文物安全的具体操作中首要的是严把质量关，在合同签订、文物点交、包装、运输、布展等方面绝对不能出现任何问题。保障展品安全是出境展览必须的、唯一的标准。笔者认为，要做好文物出境展览的安全防控工作，除了严格按照相关法律法规、政策文件制订缜密、周全、严格的境外展览方案和措施并实施外，

还需要注重以下几个方面。

（一）严选外方办展单位

文物安全是基础，是生命线。随着中华文化在世界影响力持续扩大，中国文物也越来越受到国外博物馆、美术馆、艺术馆的关注。秦始皇帝陵博物院、故宫博物院等知名单位对外展览应接不暇，即使一些较有特色的中小型博物馆，其中的文物及展览也受到外方青睐。然而国外的博物馆与国内博物馆体制不尽相同，国外有些博物馆的安全措施、专业队伍素质也并不是想象中的令人满意。因此，为了确保参展文物安全，实地考察外方博物馆极其重要和必要。首先要考察和评估承办展览单位是否具有健全的安全制度体系及应急预案，是否有合理的安保队伍、完善的安全防范设施。其次要考察和评估展厅的安全等级是否符合中国文物陈列的要求，是否具有保证文物温度、湿度、霉变等达到标准的控制设备等。最后要考察和评估展柜展具的安全，展柜是否牢固、是否有抗震措施，灯光是否符合陈展要求等。此外，外方安全管理的水平与能力至关重要，不能忽略中方文物的特殊性及对展陈设施、环境的具体要求，特别是对具有重要历史和艺术价值的文物和艺术品的展出，要有足够的技术手段。只有各方依法完备各项安保措施，避免安全方面的任何疏漏，才能确保境外展览文物的安全。

（二）严把安全陈展方案关

2012年《关于规范文物出入境展览审批工作的通知》中强调，"对拟举办的文物出入境展览组织专家评估论证，重点针对展览方案和展览大纲、文物清单、安全保障、境外合作单位资质、展览协议草案、文物保险估价等提出明确意见"。但在执行过程中，专家的安全评估更多的是侧重于文物本身的状况是否满足运输以及展览的要求，因展陈方式不当造成的文物损毁事件，在世界各地的博物馆时有发生。特别是裸展，文物没有展柜和玻璃罩等防护，安全系数低，更容易出现问题。例如，2013年8月，一名美国游客在意大利佛罗伦萨旅行时，触摸博物馆中14世纪的圣母雕像，掰断了雕像的手指；2006年1月，一位游客将英国剑桥菲茨威廉博物馆中三个中国康熙时期的大花瓶打碎，原因是展陈条件粗漏——展陈空间仅是一个楼梯间低矮的窗台，周围未加任何防护。因此，在展览举办前，对展陈方案的严格审核尤其必要，容不得丝毫疏忽，对陈展方案中有可能造成文物安全危险的具体内容要严格把关，以免疏漏为患。

徐州博物馆出境展览的展品以汉代文物中的玉器、陶器、青铜器为主，文物质地比较脆弱。特别是兵马俑、玉衣等文物，是由几个组件拼合形成一件完整的文物，不仅价值连城，而且极易受到震动等影响；彩绘陶器特别是北洞山彩绘陶俑，更不适合触碰，否则会造成彩绘划痕。为此，徐州博物馆在审核出境展览对方展陈方案时，严禁采用裸展的形式陈列汉代文物珍品。除了严格限制裸展方式的使用，避免观众触摸文物原件的安全底线外，也要考虑展品的空间布置是否合理，展厅的大小是否与展览的规模相适应，避免发生文物安全事故。

（三）注重解决布展中出现的具体问题

文物展品的放置方式、方法，同类或者不同质地文物的组合方式，这些虽然只是展陈中的具体问题，却直接关乎文物的安全。如有的博物馆因展柜玻璃自爆造成文物受损，也有编钟从钟架脱落造成文物受损的情况发生。展橱以及辅助展具是否满足文物安全要求，能不能起到紧固、支撑、隔离作用，同样是关系文物在展览期间安全的大事情。在境外展览中，我馆都选派专业素质高和具有丰富布展经验的专业人员参与布展和撤展全部过程。文物如何摆放最安全，展具和灯光的使用如何既突出展出的文物而又不影响文物安全，最有发言权的应是最熟悉这些文物的人。

有时候，某些文物的展具加工难度大，或者外方根据图片和文物尺寸不能做出合格的展具。比如狮子山楚王陵出土的骑兵俑，其四条马腿、马身、马头、骑兵分开烧制，组装拼接时，马腿与马身之间拼合站立的难度非常大，为此专门制作了托架托起马身，保证组合之后的稳固性。徐州博物馆馆将类似这种专用展具带给外方博物馆使用，如此一来，既避免了现场制作展具耗费大量时间，影响布展进度的问题，也从根本上解决了文物在展览期间的安全问题。

（四）加强展览期间的交流沟通和监管

文物出境展览，一般是由中方博物馆派人员布展，待展期结束时再派人员进行撤展。展览期间的文物安全完全依赖外方，不少人认为签订安保协议后，展览期间的安全责任在外方，出了事情由外方单位负责，但是忽略了中方单位的监管责任。

文物是珍贵的不可再生的文化资源，出于责任心和使命感，徐州博物馆在展览过程中保持与外方博物馆的密切沟通，定期了解和询问展览情况，及时掌握文物展陈状况，发现问题及时处置，信息得到及时反馈，从而与外方人员共同保证参展文物的安全。

习近平总书记提出"构建人类命运共同体"的概念，世界，各国、各民族之间的沟通、了解和认同正成为大的趋势。文物出境展览，就是让世界了解中国，认同中国及中国优秀的历史文化，进一步提升中国的文化影响力。每一个文物工作者都应该坚持自己的职责，恪尽自己的义务，扎扎实实地推进文物出境展览工作，为中华民族的伟大复兴添砖加瓦。

关于文物外展安全问题的探讨

张建民（河南博物院）

近年来，随着人民群众对文化生活的需求日益增长，馆际文物展览交流合作数量剧增，这就对文物藏品在展览期间的移动、包装、运输等过程中的安全问题提出了更高的要求。

一、现场作业前对包装运输企业的要求

在现场作业前，包装运输企业的项目负责人应根据展览项目的特点及要求，制订项目的具体操作计划，包括项目操作人员、运输车辆、时间进度等安排，并将该计划报送博物馆方进行相应沟通。在得到博物馆方确认同意后，按照计划准备并执行。现场操作人员应选用有多年相关工作经验的技术人员组成项目团队，并保证所有人员具有严谨负责任的工作态度。

现场工作的前一天，现场负责人或者小组长应召集全体组员召开项目启动前的例会，布置第二天工作内容。要讲清楚项目情况、项目负责人及博物馆方要求，具体工作落实到人。工作正式开始时，小组长、项目负责人和博物馆工作人员应进行现场沟通，协调当天工作内容及要求，根据前一天会议安排的人员及工作内容作出适当的调整。组员领取材料及工具后开始工作，如有不清楚的地方，要与小组长、项目负责人及时沟通。

在工作正式开始前，项目负责人应准备好点交台或操作台，用以文物的点交或操作小件展品。包装展品前，应仔细观察展品（了解作品完残状况、拍照、可以接

触的部位、着力点、重量、易碎位置、是否分体等），并与博物馆方沟通了解展品状况。展品点交时，必须将展品放置在点交台或操作台上，不能手递手进行交接。

在布展工作开始前，项目负责人与博物馆方沟通拆包装、布展次序等流程后，应对实施布展的操作人员安排合理的工作流程、步骤，并把承诺的服务内容及服务标准向操作人员进行详细说明，让每个操作人员都清楚自己的工作内容，做到人人心里有数。布展前要先检查展台、展柜的牢固程度，并确认展品放置方法。如有展台及配件出现不适宜摆放展品的情况，应根据实际情况向博物馆方提出更换展品固定件，并拍照留证。如固定展品必须使用金属件，则要使用相应的防护材料，使金属件不直接接触展品。此外，全体组员在工作时应穿着运输单位统一的工服，服装要干净整洁。

二、现场作业中对运输企业的要求

现场作业是整个包装运输过程的重中之重，这一环节包括包装和拆包装工作流程两个部分，每个部分又包括若干操作步骤，每个操作步骤都要求极致的细心。

在现场作业前，运输企业要根据展览提供的展品资料和博物馆方的要求，制订出科学合理、安全稳妥的包装方案和工艺要求，并得到博物馆方的认可。同时还应准备好包装箱、包装材料、搬运设备、包装工具、五金耗材等，如需使用电动、液压工具的，应预先充电并检查，保证在工作中能正常使用。在进入包装现场前，工作人员应将身上或衣服口袋中所有的物品（工具带、工具、首饰、钢笔、手表、名片等）取下，以免损坏或刮伤展品。

现场作业时，要选择好可用于展品包装的工作区或工作台，且其表面应保持干净、整洁。工作台应安全稳固，不会倾斜翻倒。如果到现场包装的人员较多，应根据包装物品的大小，选择多个工作台。展品点交、交接时，必须将展品放置在点交台或操作台上。小件展品必须在点交台或操作台上进行包装，并做好标识。大件展品如果只能在地板上进行包装，应先擦净地板，并铺垫合适的衬垫后再进行包装。操作过程中应戴上干净的防滑手套，避免手上的汗液沾染到展品上，或手滑损坏展品。拿取展品前，应先取得展品负责人的许可，然后在确定好展品的受力点、拿取位置及拿取方法后方可拿取。

展品的包装方式要简单、容易拆包，易碎的物品及附带小配件的展品需要在内箱或囊匣上进行标注，以便查找。包装特殊器物展品时，需要至少两人讨论确定包装方案后方可开始工作。包装大件及较重的展品时，不可以一人自行操作，应有两人及两人以上同时操作，以确保文物安全。应尽可能使包装箱靠近展品，若两者距离较远，需要移动时，应移动包装箱而非展品。

包装好的展品要轻拿轻放，放置在安全位置，贴封箱签，如发现异常应开箱检查。当天包装完的囊匣当天装箱，封箱入库并拍照。搬运囊匣时应一个一个地搬，不能一次搬运多个。

拆包装前应取得装箱单及前期的包装方案，了解包装箱、包装内容以及包装方法。打开包装箱应先观察展品在箱内的情况，做好标识再动手拆包装，如展品有异状，应及时通知现场博物馆方及项目负责人。展品取出后，应将包装箱恢复原样，将箱子原有的螺栓、螺母等放回原箱中或原位上。在拆装箱过程中，要注意保护好包装辅材，有需要补充和更换的包装材料要及时补充更换，以便再次使用。

在拆包装时，当天没有拆开的内箱和囊匣应装入外箱，并封箱入库拍照。同一包装箱（囊匣）的展品由一人完成，并记录展品编号。根据展品数量、尺寸和重量进行试装箱。装箱时，应核对展品数量，做好装箱清单，同一尺寸的尽量放在一层，重且尺寸大的展品装在下面，小的、轻的、易碎的展品放在上面。每装完一层要做标记或拍照，画好装箱位置图并封箱贴签。若一件展品由多个部件组成，装箱时尽量放在一个外箱里，如需分开装箱的，应在外箱做好装箱记录，以便开箱时找到展品。展品装箱时，展品的重心尽量靠下、居中。

装箱完毕后，要测量外箱尺寸和称箱子重量。装卸车是现场作业的收尾工作，在展品装车前，要根据展品的材质特点、重量、形状以及外包装箱尺寸，提前设计制作出科学合理的装车图，确定好每一个包装箱在车内的位置，以使装车后车辆整体重心平稳，保证行驶中的安全，同时避免因事先计划不周导致多次装卸对展品造成损害。

在搬运展品前，应确认沿途没有障碍物，对于不平路段以及需要保护的场馆地面，要铺上垫板或采取其他相应的保护措施。对于体积不大的包装箱，在移动过程中采用人工推四轮小板车运输；对于重量、尺寸偏大，不宜用人工搬运的包装箱，用手动或电动液压运输车搬运。无论采用何种移动方式和工具，在搬运过程中都须有足够人员在展品旁加以辅助保护。对于不能用人工手动工具操作的大件展品，可使用液压叉车、龙门吊车、汽车吊车等机械设备装卸。

对于尺寸超过 250 厘米、重量 200 公斤以上的包装箱，车内必须准备轮撬、木方、地牛及板车。搬运展品外箱时，须佩戴线手套，同时轻拿轻放，尽量降低箱子的悬空距离，松开包装箱把手时，不能出声音。包装箱放入运输车内后需用板带加固，加固板带时，根据天气、温度等情况，箱体与车体间要用木方或 EPE 隔开。

一般项目摆放，箱子堆放两层，按照体积和重量，大且重的摆放在下面，小且轻的摆放在上面。对于扁平的画箱，应靠墙码放，用支架支起，找专人来扶，尤其画箱需要增加带子。装卸操作时，包装箱的倾斜度不能超过 30°。车厢内若装载展品，要关好车厢门并用一次性锁具锁好，收起尾板；若无展品，只需关好车厢门，收好尾板。

运输之前，运输企业应先制订包括运输路线、运输车辆信息、押运人员信息等在内的运输方案并提交给博物馆方。要选择路况好、安全且运距较短的运输路线进行操作，同时制订出备用路线，以备在出现特殊情况时选用。运输方案在得到博物馆方确认后才能实施。如找不到目的地，需将车辆停放在安全位置再咨询路线，如遇运输有超大或超高的展品，需提前探路、询问路线，或者找当地车辆带路。

到达目的地卸车前，应先找好存放货物的场地并进行清理，准备好卸车工具。若需要多人搬运一件展品时，要一起拿一起放，保证展品的安全。堆放外箱时，箱号朝外，以便查找，如现有条件做不到，应在箱子外面标明箱号。装卸车完毕后，清点核对数量，做好交接手续，填好交接单。作业完成后向博物馆工作人员再次汇报，并要求确认。

三、运输过程中的紧急预案

在运输前要制订好紧急预案，以及时应对运输过程中的各种突发状况。具体事项如下所述。

（一）成立应急工作小组

应成立应急工作小组，成员包括组长、副组长、应急通讯人、后勤救援保障人员等。其中，组长要对各类业务紧急情况及安全事故的应急措施、救援工作统一决策，并统一调配救援设备、人员、物资、器材、车辆。副组长的主要职责是协助组长进行各项工作。应急通讯人要做到准确了解事故的性质和规模等初始信息，保证迅速、准确地向报事故人员询问事故现场的信息；在接到事故通知后，应迅速向组长及相关后勤救援保障人员发出事故通知，以采取相应的行动。后勤救援保障人员的职责是具体制订并实施防止事故扩大的安全防范措施，迅速查明事故的性质、类别、影响范围等基本情况，制订救援方案，待组长审定后实施；统一指挥施救队伍，组织指挥现场抢险救灾、伤员救治及转送工作；负责应急救援所需的各种设施、设备、物资以及医药等后勤保障。

（二）应急处理程序

在事故发生后，现场工作人员应迅速采取措施，组织自救，抢救受伤人员和所载展品文物，并及时疏散事故危险区域人员，控制事态发展，最大限度地减少人员伤亡和经济损失，同时应立即将紧急、突发情况或事故情况报告给博物馆联系人及应急通讯人。应急通讯人接到事故报告后，立即向组长、副组长报告，并通知后勤救援、保障相关人员。组长得到报告后，启动应急救援预案，组织救援组立即赶赴事故现场；同时根据事故特点、性质和严重程度，紧急协调有关部门、单位人员到事故现场。参加现场救援的人员必须严格按救援方案实施救援，负责现场指挥和维护秩序，带领人员处理险情，抢救伤员、疏散人员等工作。

（三）平时应急准备

各部门除了应具备突发状况的应急处理能力外，平时的工作中就应制订安全事故及紧急情况应急预案，并监督落实。各部门要对各种安全隐患登记造册，按时进行自查，及时对隐患进行整改，确保隐患整改率。加强对全体职工进行安全教育和职业培训，建立并完善安全生产责任制，严格执行国家有关生产安全和交通安全方面的法律法规。组织各部门应急救援演练。所有应急工作小组成员必须保持手机处于 24 小时开机状态。

（四）运输过程中的紧急方案

如突遇雨、雪、雾、霾、大风等恶劣天气，运输车队应首先降低安全车速，如路况不适合行驶，需停靠在安全地带后，向博物馆联系人及应急小组汇报情况，待应急小组同博物馆方沟通确认后，可选择如下方式解决：

A. 就近选择最安全区域停车等候，待天气好转后继续行驶；

B.在停车等候期间,需注意观测驾驶室内的温湿度显示器,如出现异常要及时予以调整;

C.在可行的情况下,改变行驶路线;

D.如恶劣天气持续时间较长,继续等待影响博物馆项目进程,在可行的情况下,改变运输方式;

E.其他安全且博物馆方认可的方式。

如遇车辆突发故障,运输车队应先尽可能将车辆停在紧急停车带或安全区域,按交通法规在安全距离设立警示牌;及时向博物馆联系人及应急小组汇报情况,待应急小组同博物馆联系人沟通确认后,可选择如下方式解决:

A.自行检查故障原因,使用随车携带的工具进行检修;

B.如不能自行排除故障,就近呼叫交警救援,车辆修好后继续行驶;

C.在检修车辆过程中,需注意保护展品安全;

D.如车辆修理所需时间较长且修理过程会产生震动和倾斜,则需更换车辆;就近联系小组负责人提供适用车辆;

E.其他安全且博物馆方认可的方式。

如遇交通管制,运输车队需了解清楚管制的具体情况后,及时向博物馆联系人及应急小组汇报,待应急小组同博物馆方沟通确认后,可选择如下方式:

A.如管制时间不长,待管制解除后继续行驶;

B.如管制时间较长,或分路段管制,可选择改变运输路线;

C.其他安全且博物馆方认可的方式。

如遇交通事故,运输车队需将确切情况及时向博物馆方及应急小组汇报,待应急小组同博物馆联系人沟通确认后,可选择如下方式:

A.运输车辆发生交通事故,在不影响正常行驶的情况下,立即检查展品情况,同时负责人要及时下车与交警讲明情况,待查验完毕后可留下证件尽快启程;

B.如车辆损毁影响继续行驶,报警维修车辆或更换车辆,如事故已造成或有可能造成展品受损,应及时向保险公司报险并根据要求取证记录;

C.其他安全且博物馆方认可的方式。

如遇到以下情况,运输车队应及时向博物馆方及应急小组汇报,待应急小组同博物馆方沟通确认后,改变行驶路线:

A.途中修路,无法通行;

B. 路面损坏、颠簸严重、路面过窄或过陡、桥梁限高或限重、电线过低；

C. 其他影响安全通行的状况。

结语

近些年来，文物展览的整体运作逐渐市场化，文物展品的包装运输环节却并未出台一套系统的、规范的、科学的管理措施，这就要求我们要进一步加强引导和监督，促进文物包装运输配套服务行业健康成长，使各类文物藏品包装运输单位有规可循，不断提升职业操守、专业技能和服务水平。

运输安全研究

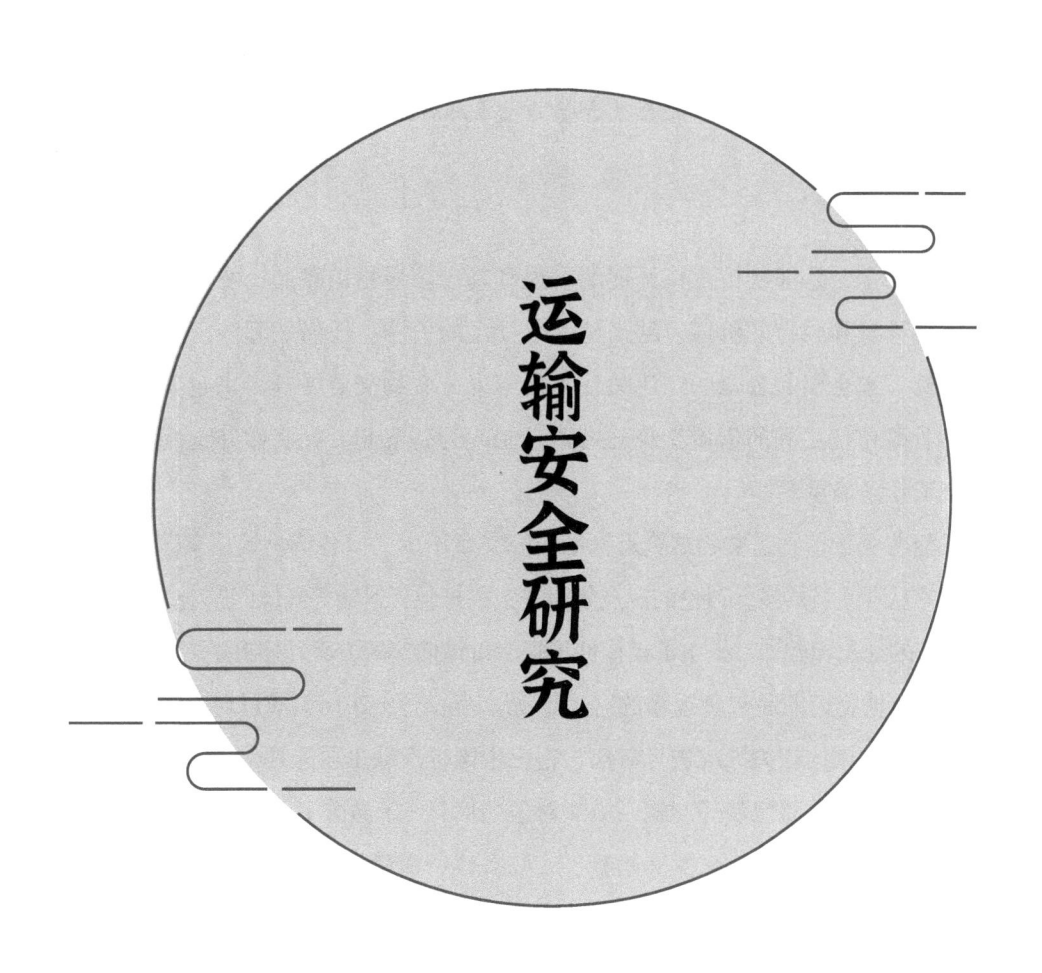

从博物馆安全管理看文物展览运输安全

何中源（宜昌市文化和旅游局）

藏品安全，是博物馆工作开展的前提和基础。博物馆藏品，特别是藏品中的文物，因其珍贵和独特的价值，越来越引起社会的关注。任何一起涉及文物的安全事故或案件，都会引起公众的广泛关注。近年来，文物交流展览越来越多，特别是国有文物收藏单位之间的借展交流已由审批制改为备案制，扎实做好交流展览中的文物安全工作愈显重要。

目前，关于博物馆文物展览运输的研究文章不少，以各博物馆从事藏品保管、文物运输的从业人员居多，讨论的焦点集中在文物打包、运输等具体问题上，很多亲历者根据自己的经验和教训，提出了操作性很强、可供借鉴的方案。还有学者撰文介绍了美国、法国等博物馆藏品包装运输的有关情况。李春玲（2016）通过对中国、欧洲在文物运输包装领域的相关标准进行对比，指出中国标准缺少风险评估、包装人员的要求以及文物卸载和重新包装等问题，虽然对包装信息等有规定，但亦不十分具体。有学者就文物展陈运输的专业化发展趋势、文物现代物流建设等提出了自己的看法。

一、问题的提出

当谈到文物展览运输安全时，大家往往把注意力集中在如何包装、运输、点交等具体细节上，却忽略了从博物馆整体安全的宏观角度来考虑问题。文物运输安全只是博物馆安全的一部分，不应该也不可能将二者割裂开来讨论。如果博物馆的安全管理本身存在漏洞和风险，如何能保证文物展览运输中不出现文物安全问题。比如，因为博物馆的安全管理问题，馆藏文物被调包，再好的安全运输也没有用。如果这种文物调包问题不能在运输前被及时发现并终止，还被安全运输上柜交流展览，更加说明这种文物运输环节也是有漏洞的。

2011年，故宫博物院一级文物宋代哥窑青釉葵瓣口盘在进行无损分析测试时，因人为原因受损。2016年，国家文物局通报的荆州博物馆和瑞安市博物馆展柜玻璃自爆造成文物受损、四川博物院编钟从钟架脱落造成文物受损、中国文物交流中心组织出境展览在运输中发生文物受损等馆藏文物安全事故，都向博物馆安全管理工作敲响了警钟。这些安全事故都是依程序上报并对外公开的，那么未上报的受损情况存不存在？国家一级博物馆都存在这些安全问题，未定级国有博物馆能不能保证就不会出现这些问题？所以，要认真做好文物展览运输的安全工作，一定要敢于承认、面对博物馆安全管理方面存在的问题，要站在博物馆整体安全的角度来思考问题。

二、安全风险分析

（一）安全防范重外轻内的风险

作为文物收藏单位的国有博物馆大多是一级风险防范单位，地方政府在建设国有博物馆时也往往会投入大量的人力、物力、财力，坚持物防、技防、人防相结合的综合防范措施。博物馆人常常会形成一种固定思维，即博物馆的安全主要是防止外人偷盗、破坏馆藏文物，所以"三防"的措施更多的是针对外部人员。比如展厅要安排更多的安保人员，展厅的监视设备要求更高频次检修等。而库房的监控能否做到全覆盖无死角，现有的内控制度能否杜绝文物自盗或调包风险等，则不被重点关注。

对于博物馆安全风险防范来说，内外同等重要，甚至对内应该严于对外。因为博物馆内部人员可以直接接触文物，对博物馆的情况更了解，相较于外部人员而言，偷盗难度较低，如果技防、人防措施不到位，更加大了监守自盗的风险。"李海涛监守自盗案件"充分说明了国有文物收藏单位内盗的可能性和严重危害性，其利用职务之便采取涂改文物档案、以下一级文物顶替上一级文物、以非文物的工艺品顶替文物等，共盗窃馆藏文物及部件200余件，连续作案10年，最终因为所盗文物在拍卖时被专家发现才东窗事发。据不完全统计，自1995年至2004年，全国文物系统发生内部人员盗窃文物案件17起，丢失文物510件。随着社会治安的持续强化和国有博物馆安全防范水平不断提升，馆藏文物被盗被抢案件已鲜有耳闻。

（二）制度执行不够严格的风险

为做好馆藏文物的保护工作，国家出台有《中华人民共和国文物保护法》《中华人民共和国文物保护法实施条例》等法律法规，国家文物局也先后制订了一系列的规章制度和行业规范，如《文物复制拓印管理办法》《国有馆藏文物退出管理暂行办法》《馆藏文物出入库规范》（WW/T 0018-2008）。从某种意义上讲，这些法律法规、制度规范的某些规定，主要是防止馆藏文物被盗，确保文物安全。

比如《中华人民共和国文物保护法》第三十八条规定："未经批准，任何单位或者个人不得调取馆藏文物……国有文物收藏单位的法定代表人离任时，应当按照馆藏文物档案办理馆藏文物移交手续。"如果此规定严格执行，可以及时发现馆藏文物被盗情况，不至于被动发现曝光，致使文物部门处于不利地位。又如《文物复制拓印管理办法》第十一条规定："为陈列展览、科学研究等用途制作的文物复制品、拓片，应当予以登记并妥善保管，不得挪作他用。"如果博物馆在未经文物主管部门审批的情况下，擅自复制馆藏文物，并不登记备案，就会给别有用心之人以可乘之机，出现用复制件替换原件的风险。

针对文物借展交流，《中华人民共和国文物保护法实施条例》第三十一条规定："国有文物收藏单位未依照文物保护法第三十六条的规定建立馆藏文物档案并将馆藏文物档案报主管的文物行政主管部门备案的，不得交换、借用馆藏文物。"如果博物馆不认真执行此规定，擅自将未登记入藏的文物用于借展交流，即使造成文物遗失也无人知晓，更无从查起。现实工作中，由于文物保管人员素质参差不齐、财政经费投入有限等原因，县级国有博物馆藏品档案记录不规范、文物出入库手续不齐全、文物借展复制未履行相关程序等问题普遍存在，极大地增加了馆藏文物受损被盗风险。

（三）监督管理不够完善的风险

一是博物馆文物管理处于相对封闭的环境，外人很难接触，以自我监督为主，缺少外部监督。若博物馆相关管理制度不健全、执行不严格，那么极易造成文物受损，甚至被盗。而一旦发生文物受损被盗情况，如果博物馆不主动公开，公众根本无从知晓。如2011年故宫博物院文物受损事故，是最先被某微博曝料再得到故宫的证实。

二是主管部门监管不严，目前对博物馆文物的外部监管主要来自文物行政主管部门。一方面，文物行政部门在日常安全检查时往往将重点放在博物馆消防安全、安防设施设备运行上，忽略了对文物出入库程序是否规范、文物借展交流手续是否齐全、文物复制品保管是否安全等内容的检查。另一方面，即使发现国有博物馆存在制度执行不严、手续履行不规范的问题，碍于情面、心存侥幸，文物行政部门往往只是口头责令改正，而督促整改力度不够，博物馆文物管理工作仍然没有大的改观。因此，缺乏有效的监督只会让博物馆安全管理的风险长期存在。

三、解决对策

如前述分析，博物馆文物管理方面存在种种风险，这些风险有的直接涉及文物展览运输的安全，如文物出入库制度规范执行；有的又与文物展览运输的安全紧密相关，如文物内控制度是否健全。只有对照这些潜在风险，直面问题，认真反省，整改完善，再结合文物运输的具体要求，文物展览运输安全才会更有保障。

（一）健全文物安全内控制度

一是要制订风险内控制度。国家文物局制订出台的规章办法具有宏观性和原则性，各文物收藏单位都应该认真学习、严格执行。但是由于地理位置、馆藏文物、人员配备、资金投入等不尽相同，各博物馆应该认真分析本馆在文物管理方面存在的具体风险，针对存在的潜在风险制订有针对性的风险防范内控制度，并在实践中不断完善。例如县级博物馆专业人才不足，不能鉴定借展返还的文物是否真品，可以要求借入单位返还时提供三位以上专家的鉴定意见，并随文物密封返还等。

二是加大对博物馆工作人员的培训，增强职业素质。文物管理工作是一项神圣光荣的事业，相关从业人员应该以高度的责任感，对文物心存敬畏，认真学习内控制度，熟练掌握，坚决严格执行，才能避免因个人主观原因造成的文物安全事故。

三是要严惩违反安全内控制度的行为。这也是督促博物馆工作人员严格执行有关制度和规范，如果因自己工作疏忽致使文物受损或被盗，仅仅给予调离岗位的处分，显然起不到惩戒作用，也起到了不好的示范。应当加大处罚力度，并与职称评定挂钩等。

（二）主动接受社会公众监督

国有文物收藏单位收藏的文物属于国家所有，主动接受社会监督合情合理。由于馆藏文物的特殊性，文物不可能像普通商品一样，全部展示在公众面前接受监督，但是这也不能成为不接受社会公众监督的理由。随着科技水平的提升，应该创新监督方式，通过技术手段实现社会监督。

应从国家层面考虑，建立全国国有博物馆馆藏文物管理平台，这个平台既是文物信息数据库，同时也包括文物借展、调拨、复制审批管理平台。这个数据库可以充分利用第一次全国可移动文物普查成果，所有数据包括名称、质地、来源、图片等全部对公众免费开放，接受社会监督。比如，公开来源信息，捐赠者和移交者可以随时查询自己捐赠或移交的文物是否登记入库，防止出现司法、考古等移交文物未登记入库的问题。另外，所有的借展、复制行政审批手续在平台办理并对公众开放，亦接受公众查询监督，可以及时发现国有博物馆是否按照程序履行相应审批手续的问题。

建议有限制地允许公众通过文物管理平台申请、调取一定数量的馆藏文物至展厅参观，既可以调动公众参与的积极性，又可以随机抽查馆藏文物的保存情况，大大增加文物自盗被发现的风险，使别有用心之人不敢擅自偷盗馆藏文物。同时，文物行政主管部门要经常组织开展抽查检查，重点对馆藏文物管理、制度执行是否规范等问题进行检查，对出入库、借展、复制等不规范行为进行严惩，直接与免费开放资金、专项补助资金申请等挂钩。

各国有博物馆有了针对文物展览运输风险的内控制度，并选择责任心强的工作人员认真执行，文物运输安全将得到有效保障。同时，以技术手段加强对文物展览运输过程的全程监管，即使发生安全事故也能快速查明原因并进行解决，给公众满意的交代。

参考文献

[1] 武俊玲.现代化博物馆藏品包装运输专业化发展的趋势［J］.中国博物馆，2007（4）.

[2] 汪俊枝，汪培梓.文物物流特征分析与体系构建［J］.物流科技，2011（5）.

[3] 侯小迅.从李海涛文物盗窃案看博物馆防内盗[EB/OL].中国文物信息网，2012-6-27（7）.

[4] 杨斌.文物运输安全的文化探索［J].艺术百家，2013（7）.

[5] 李春玲.中欧文物运输包装规范对比研究［J］.中国文化遗产，2016（5）.

[6] 范景锐.浅论文物的包装和运输［J].洛阳考古，2017（2）.

文物展览运输安全问题研究

张　正（陕西历史博物馆）

陕西历史博物馆（陕西省文物交流中心）负责经办陕西省文物出境展览已有近40年的历史。在文物展览运输安全方面，对出境展览有丰富的经验和较为深刻的认识。本文以陕西省文物局出境展览为例，简要介绍文物出境展览的全过程和影响其安全的相关因素，着重从操作层面阐述涉及文物展览运输安全的一些注意事项和目前亟待解决的问题，以及对文物展览运输安全问题的一些思考。

一、文物展览运输全过程

文物运输分为去程和返程，返程是去程的反向操作。以陕西省文物出境展览为例，在展品启运前，我方必须取得国家文物局的展览批文，且外方必须购买我方同意的展品保险，完成在西安海关的报关手续，取得国家文物局进出境审核陕西管理处的文物出境鉴定证明。一般要求外方博物馆在展品从西安启运日及从对方博物馆启运日至少两周前，向我方提供展品运输计划，包括时间、地点、车辆、航线、航班、押运及全部相关的工作人员信息。

以单程运输为例，陕西省文物出境展览运输包括七个阶段，即展品从各收藏单位到陕西历史博物馆集中库房的陆运、西安—北京的陆运、在北京机场的操作、北京—对方国机场的空运、对方国机场的操作、对方国机场—对方博物馆的陆运及在对方博物馆的操作。每个阶段的工作内容概述如下。

（一）展品从各收藏单位到陕西历史博物馆集中库房的陆运

这一阶段的基本工序为：

（1）根据展览开幕日期倒排展览总体工作时间表，经同国外举办展览的博物馆协商，制订各项分解工作时间表。

（2）陕西历史博物馆通过招标公司，确定一家专业的艺术品包装运输服务公司承担展品的包装运输工作。

（3）向公司提供展品信息和照片，公司制作展品包装囊盒和外箱，陕西历史博物馆完成外箱的熏蒸手续；对于公司需要进一步了解信息的展品，陕西历史博物馆安排公司人员到收藏单位现场查看展品尺寸和保存现状；对于需要进一步修复加固的展品，由陕西历史博物馆安排相关技术人员完成。

（4）根据陕西历史博物馆制订的工作时间计划表，同各收藏单位联系，协商确认最终的工作时间表。

（5）经过协商，同公司制订展品运输计划。

（6）按照已经确认的工作时间表，去各收藏单位点收、包装、运输展品至陕西历史博物馆的文物库房。

（二）西安—北京的陆运

应在陕西历史博物馆完成展品装车，车辆为公司安排的专业艺术品运输车辆（海关监管车），展品经西安机场海关查验后对车厢门进行铅封，运载至北京机场的海关监管库暂存，全程由安保公司随车押运。由于路途遥远，从安全角度考虑，车队一般在位于郑州的河南博物院里的停车场停放一晚。其间，车辆空调继续工作，安保人员在车辆周围警戒。

（三）在北京机场的操作

运载车辆经北京机场海关查验铅封无损后剪掉铅封，文物包装箱卸车，经机场安全检查和卫生检疫后入库等待装上飞机。在起飞日，执飞的飞机到达停机坪后，由机场操作人员将文物外箱从库房装上飞机货仓的平板，用扎带将外箱牢牢地固定在平板上（这个过程俗称"打板"），再用机场的升降车将平板送入飞机货仓，最后将平板固定在货仓地面。

（四）北京—对方国机场的空运

由于文物安全及保险的原因，全部展品一般至少分为两个架次空运。机型由航空公司安排，大体量的文物由于外箱尺寸的原因，一般选择货机。陕西历史博物馆一般要求：能直飞不转机，如果必须转机，则尽量减少转机的次数。航线途经空域，尽量选择社会治安及政治环境较好的国家和地区。

（五）对方国机场的操作

飞机落地后，货板被移出飞机货仓，送至停机坪地面，由机场工作人员用叉车运送至海关监管的航空公司货栈库房，等待收货单位（国外举办展览的博物馆）提货。该博物馆委托的艺术品包装运输公司办理完毕提货手续后，在机场的航空公司货栈库房，将文物外箱装入公司的卡车。

（六）对方国机场—对方博物馆的陆运

公司的卡车为专业的艺术品运输卡车，运输过程有博物馆的安保人员随车押运。

（七）在对方博物馆的操作

车队到达对方博物馆后，在博物馆专门的卸货场地卸下外箱，由包装运输公司工作人员用地牛和小平板车推送到文物暂存库房，等待海关人员及中方工作人员现场查验。之后，开箱，拆包装，查验展品现状，展览上陈布展。

二、涉及文物展览运输安全的因素分析

从文物安全的角度考虑，文物展览运输安全的核心任务是确保被运输的文物的安全，即文物从其收藏地经过妥善包装，经装箱、装车、卡车陆运、临时库房存储及飞机空运，到达展出地，再经卸车、拆箱及拆包装后，其现状没有发生变化。展出结束后，再从展出地经过同样的程序和操作，运回到其原来的收藏地，这是一个往返的过程。文物单程运输，形成文物存储地理位置的转移和存储环境的变化。

决定文物运输安全的因素很多，这些因素都来自与文物展览运输有关的单位和部门：文物展品收藏单位、艺术品包装运输公司、公路运政机构、机场、海关、航

空公司、安保机构、国外举办展览的博物馆等。在这些因素中,既有可控因素,也有不可控因素。可控因素主要包括:文物展品自身现状(整体结构坚固度、延展性、表面彩绘、锈蚀牢固等);相关单位的日常工作制度;运输计划的制订;文物展品在运输途中存储环境的温湿度控制和安保条件(国内文博单位文物库房、国外举办展览的博物馆、运载的卡车和飞机、临时存储地及机场海关监管库);文物展品包装方案;文物展品包装技术;包装箱和包装材料的质量;道路现状;运载设备(地牛、小平板车、叉车、吊车、卡车和飞机)的维修保养情况;工作人员(项目负责人、包装人员、司机、飞行员、安保人员)的责任心和情绪;工作人员的岗位技能和随机应变能力;保险保障。不可控因素则包括:突发的天气变化;突发的道路交通事故;临时执行的政策(道路封闭、戒严、航班取消等)。所以,确保文物展览运输安全,就要积极、扎实地控制好各种可控因素,提早预防各种不可控因素,并将不可控因素造成的影响限定在最小范围之内。

三、对文物展览运输安全问题的思考

(一)加强对文物展品自身本体的保护

第一,文物收藏单位加强对出展文物的日常养护。文物展品自身本体的状况,对文物展览运输安全很重要。如果文物展品自身本体存在结构性的问题,例如质地酥脆、粘接处松动、表面彩绘开片起翘等,那么其经过长途运输的颠簸震颤及多次的包装和拆包装,发生粘接处松动甚至断裂、彩绘脱落是大概率事件。所以,在库存文物未列入展出计划时,就应该加强对其日常的检查和养护,及时发现问题,及时解决,而不是在发生现状变化后才去粘接、加固、修复。

第二,联合文物保护机构和包装运输公司展开科研攻关,解决文物展览运输中的文物保护问题,这是当前亟待解决的事项。一是陶制文物粘接牢固度的测定。许多陶制文物是用环氧树脂粘接而成,而环氧树脂理论上的粘接有效期是50年,对于接近理论有效期的粘接部位,如何得知其当前的粘接牢固程度,是决定陶制文物能否参展的重要依据。二是外箱牢固度的检测。从节约办展成本考虑,文物外箱一般会反复使用,特别是装大体量文物的外箱,更因为制作成本较高而"舍不得扔掉"。对于这种外箱,其牢固程度如何检测,能继续使用的依据是什么,这些都是能否继续使用某个文物外箱的重要依据。三是减少在运输过程中因地理气候变化而导致的展品损伤。文物展品从收藏地到在国外展出地的运输途中，因为地理位置的变化，所处的气候带发生变化，相应所处的气候环境也产生剧烈的变化，即温湿度和光照度发生很大的变化。通常情况下，展品到达国外博物馆后，馆方都会让展品在文物库房里静置24个小时，以使其逐渐适应新的环境下的温湿度。受这些变化影响最大的是青铜器、纺织品、字画、木器等类文物。在整个运输途中，一般总有几个环节的温湿度是很难控制的，例如进行装车和卸车的库房室外、机场监管库、机场停机坪、机舱。这些变化都会对文物自身状况产生一定的影响。因此，应该搜集运输过程中各相关地理位置的气候条件，制订相应的对策，例如用塑料地膜包裹外箱，尽量使其做到密闭，减少水分的侵入；在外箱内放入适量的干燥剂，使用更多层的包装纸包裹文物，减少气候变化对文物自身的影响。面对这些问题，需要博物馆、包装运输公司及文物保护机构事先做好数据采集、分析、试验等大量科研工作，只有这些机构通力合作，才能从根本上解决这些问题。

（二）做好文物展品包装是关键

展品包装得好，可以在一定程度上抵消运输过程中长途颠簸和震颤对展品现状造成的影响。做好展品包装工作需要注意以下事项。

第一，使用有资质的艺术品包装运输服务公司。成立于2001年的国际珍品运输协会（ARTIM），网罗了全球顶尖的珍品运输企业，这些企业的业务范围已经涵盖了涉及文物展览运输的各个操作环节——制箱、包装、运输、仓储、海关手续、检疫、安保押运、保险、机场操作，甚至是相关的人员服务等。使用这些公司的服务，是确保文物展览运输安全的一个重要保障。

第二，包装运输操作人员应加强对文物特性的了解。文物种类丰富多样，其所处的时代跨度动辄就是几百年。即便同一时代的文物甚至是同一出土地点的文物，因埋藏环境不同，其自身特性也不尽相同。所以，具体执行包装运输操作的人员一定要详细而准确地了解每一件文物的特性，除了时代、尺寸外，更重要的是文物的内部结构和保存现状。因此，作为包装人员，应该在仔细查验所有展品之后，再制订合理的包装和运输计划。

（三）各方加强协作，制订好计划

确保展品包装运输安全，不是说和包装运输公司签订了委托协议书，和国外博物馆签订了借展协议书后，我方单位就不用关心这项工作了。这不单单是包装运输公司和外方博物馆的责任，也需要我方单位的积极主动配合。一旦因为自身监管不到位、工作疏漏而导致文物展品受损，虽然保险公司可以做经济上的赔付，但文物受损对于文博单位来说，是无法弥补的损失。因此，需要文博单位、服务商和外方博物馆共同协商，根据实际情况来制订文物展品的包装运输计划。特别是对一些县区级的博物馆，因为其所处的地理位置偏远和工作经费有限，其能够提供的用于包装运输的条件也非常有限。例如，通往这些文博单位的道路崎岖狭窄、障碍物较多，点交包装场地狭小，甚至需要露天操作。这些困难的克服，都需要各方事先了解清楚情况，才能做好工作方案。

（四）多参与文物展览运输的全部过程，加强现场监督

如上所述，我方在同外方签订借展协议后，展品的运输安全责任就由外方博物馆承担，我方人员一般不再进行文物展览运输的现场监督，即不参与押运、不在机场监督操作，因而很少有人进入航空公司货栈、海关监管库、机场操作区、停机坪、飞机内部，甚至是乘坐货机押运。这实际上是放弃了我方现场监督的责任。同时，我方人员也因为不参与这些工作，而不了解这些操作的细节和基本要求。这些基本常识的缺失，会导致即便在我方参与现场监督的情况下，也不懂现场监督的要点，无法对不合理、不科学的操作及时提出并纠正。

（五）改善国内文博单位的库房硬件水平

文物展览运输的源头是从展品在国内文博单位的装箱、装车开始的。鉴于我国文博单位的实际情况，在工作经费允许的情况下，应该改善其库房的硬件水平，主要包括：建设有遮挡装卸货场地；监控摄像头覆盖装卸货场地；装卸货场地宽敞、平整；配备重载、空间宽敞的货运电梯。

（六）操作人员操作规范、细致，管理人员抓要点的落实，加强现场监督

在制订了文物包装和运输计划后，操作人员的操作应细致、规范。例如，针对

不同种类和不同保存现状的文物展品，选用不同的包装方法、不同硬度的泡沫板、不同材质的纸张布匹等包装材料；装车时除了考虑车载配重之外，还需考虑文物自身特点，如兵马俑人头和马头都朝前，可以避免紧急刹车时形成破损；对于破损而无法继续使用的外箱、囊盒，以及严重变形的包装材料，需及时更换。

我方管理人员应加强现场监督，狠抓操作要点的落实。在运输过程中应当注意：牢记使命，尽职尽责，坚持在操作现场进行全程监督；随身携带涉及展览与展品的全部资料：协议书、目录、估价单、批文、保单、装箱单、保险公司联系方式、运输公司联系方式、外方博物馆联系信息；及时指出不合理的操作；及时做好文字记录和照片拍摄；及时提出要求同相关部门沟通。具体的注意事项如下。

工作计划

了解时间、季节、路线、停车场、工作场所的现状和条件；

制订工作计划，特别是应急计划；

对于不具备条件的博物馆，做好计划和解决方案；

确保操作现场治安状况良好；

和当地交警部门联系，准备相关的工作证明文件。

陆路行驶

预先了解天气；

及时了解路况；

车辆消防、安全监控设备器材工作正常；

每车配备两名司机，坚持司机轮流驾驶：每名司机驾驶时间不得超过两个小时；

使用对讲机，保持内部通信顺畅，并保持和总部通信顺畅；

提前做好应急预案：临时变更的路线，需要紧急联络单位和人员；

押运的人员、装备和布防；

车辆行驶过程中对路况的监控，及时提醒车队成员小心谨慎驾驶；

及时汇报运输进展情况。

机场海关

‖ 监管库内的安防设施；

‖ 杜绝操作人员野蛮操作、不文明操作。

停机坪

‖ 注意个人人身安全。

国际空运

‖ 分多个架次空运，以降低风险；

‖ 根据飞行空域和落地时间选择合理航线；

‖ 随时和各单位保持联系，及时汇报情况。

装卸车

‖ 按照装车图装车；

‖ 检查扎带和顶杠，确保外箱不会在运输中水平位移、垂直震颤；

‖ 由我方人员保管货箱钥匙；

‖ 做好装车记录，确保展品无遗漏。

对方博物馆

‖ 查看门禁措施；

‖ 查看存放地点的温湿度和安防、消防状况；

‖ 是否便于工作；

‖ 查看从库房至展厅的道路平整情况、是否有障碍物、电梯的载重和维修记录。

（七）紧盯文物展览包装运输技术的世界前沿

随着科技的进步，新材料、新工艺、新技术、新设备层出不穷，文物展览包装运输行业的软件和硬件条件也在持续进步。GPS全球定位、车载导航、震动记录仪、温湿度记录仪、倾斜程度预警标签、车厢内部和车尾部监控摄像头、气垫减震系统、自动尾板、不同强度的扎带吊绳、支杠、小型航吊、液压叉车、地牛、滑轮组、无酸纸、低甲醛的多层板等技术、设备和耗材，已在国外的艺术品包装运输领域广泛使用。但震动记录仪、温湿度记录仪、支杠等设备，迄今还未在我国得到广泛使用。这需要馆方紧盯文物展览包装运输技术的世界前沿，根据实际情况及时升级观念、技术、设备和耗材。

（八）解决保险问题

为展品投保，是在展品发生意外时寻求赔偿的基本保障。目前国际保险市场上，针对文物展览运输的保险还处在探索阶段，对此没有专门的险种，投保单位多选择道路运输险或财产保险。但这两个险种都有多项免赔条款，难以从根本上保障文物的安全，而且在展品估价方面也没有统一执行的标准，因而免责条款和展品估价是目前两个亟待解决的问题。

1. 保险条款中的免责问题

例一，某保险公司《国内陆路货物运输保险》中的免赔责任条款内容如下。

下列原因造成的损失、费用，不论是在基本险还是综合险下，保险人均不负责赔偿：

（1）战争、敌对行为、军事行动、武装冲突、恐怖活动、罢工、暴动、骚乱；

（2）核反应、核辐射和放射性污染；

（3）行政行为或司法行为；

（4）保险货物本身的缺陷或自然损耗，以及包装不善；

（5）被保险人的故意或过失行为；

（6）全程为公路运输的货物遭受盗窃和整件提货不着。

例二，某保险公司《财产险》的除外责任条款内容如下。

由于下列原因造成保险标的的损失，保险人不负责赔偿：

（1）战争、敌对行为、军事行动、武装冲突、罢工、暴动；

（2）被保险人及其代表的故意行为或纵容所致；

（3）核反应、核辐射和放射性污染；

（4）地震、暴雨、洪水、台风、暴风、龙卷风、雪灾、雹灾、冰凌、泥石流、崖崩、滑坡、水暖管爆裂、抢劫、盗窃。

保险人对下列损失也不负责赔偿：

（1）保险标的遭受保险事故引起的各种间接损失；

（2）保险标的本身缺陷、保管不善导致的损毁，保险标的的变质、霉烂、受潮、虫咬、自然磨损、自然损耗、自燃、烘焙所造成的损失；

（3）由于行政行为或执法行为所致的损失。

这些免赔条款或除外责任所约定的事件，多为人力很难控制和人力完全无法控制的情况，这是可以理解和接受的。文物不是传统意义上的"货物"，而是人类历史文明的传承，是中华民族悠久历史文化的载体，是我们先民勤劳勇敢和聪明才智的结晶，一旦决定将文物借出用于在他国博物馆的展出，馆方就必须面对这些风险。但由此造成的文物展品的严重损伤甚至是灭失，是非常令人痛心的，也是无法用金钱来弥补的。

2. 保险估价

在国内，迄今没有对馆藏文物估价的统一标准，估价金额多由各主办单位自行拟定，金额单位在出境文物展览中用"万美元"。而在国内展出时是沿用出境文物展览的估价数额，还是简单将估价金额单位换成"万元人民币"？保险估价既决定了展品保费的金额，更决定了办展成本，还可能最终决定展览是否能成功举办。

（九）加强对外方运输计划的要求

对文物展览运输过程的了解程度，决定了我方对外方提供的运输计划的审查力度。完整而缜密的运输计划，应针对前述第一部分"文物展览运输全过程"中第二至第七阶段作出详细而周密的安排，并且包含至少一份备用计划。计划中的要素有：

（1）承运单位（资质、公司地点、联系方式）；

（2）时间（精确到年月日的分钟）；

（3）路线（陆运和空运）；

（4）运载工具（卡车型号、牌照号码，飞机机型、航班号码）；

（5）停留地点（地理位置、所属单位、温湿度控制、消防和安保措施）；

（6）相关人员信息（姓名、职责、证件复印件、个人联系电话、工作单位、职务）；

（7）联络方式（电话、传真、电子邮箱）；

（8）安保（公司信息、人员信息、人员配备、器材配备、安保方案）。

对于要素不全的计划，应责令外方博物馆尽快补足。而且外方博物馆应当在展品离开收藏地至少两周前提供给我方，以便留出足够的时间供双方协商，确认以最终的书面方式为准。

结语

总之，文物展览运输安全是涉及众多相关单位的系统工程。作为展览项目管理人员，需要同相关部门通力合作，不断提高自身工作素质，认真履行职责；还需要有吃苦耐劳、勇于实践的精神，参与更多的文物展览运输工作，才能不断发现问题、总结问题。此外，还需要不断地向专业人士学习和请教，及时了解国际上本领域工作的最新成果，并应用于自身工作当中。只有这样，才能不断提高文物展览运输的安全工作水平。

文物展览运输安全问题研究

——以上海宋庆龄故居纪念馆为例

符 朋（上海宋庆龄故居纪念馆）

展览作为博物馆实现公众服务、传播科学文化知识的重要途径，近年来备受业内重视。展览的数量、形式在不断突破，文物利用率也在不断提高。不管是馆内陈列还是馆外展出，都始终伴随文物的出入库，其中就涉及文物的运输环节。文物作为博物馆存在及发挥功能的基石，由于其本身蕴含的价值及不可再生的属性，文物展览运输环节中保证文物安全就显得极为重要。

上海宋庆龄故居纪念馆（下文简称"故居"）作为近代著名历史人物纪念类博物馆，近十年来围绕宋庆龄人物主题举办了30余场展览。展出地点从国内的上海、南京、重庆、广州等地延伸到国外的新加坡，运输文物数量总计达600余件，运输方式多以公路运输为主。多年来的文物展览运输经历，使故居文物保管部对于文物运输安全保障方面有了些许经验，笔者拟将这些经验作简要梳理。

一、明确安全责任

展览协议中明确运输安全责任至关重要，一旦出现问题可以追究到责任方，避免推诿发生，保障协议各方合法利益，这是文物展览运输安全保障的法律先决条件。通常博物馆作为文物借入方时，展览协议中往返文物运输环节的安全责任由借入方负责。若借入方将运输环节委托专业艺术品承运公司来做的话，运输文物的安全责任则可在与承运公司签的货运代理协议中写明由承运公司负责。只有在办理文物运输保险的情形下，承运公司才愿意承担运输安全责任。这是因为文物运输保险是加强文物在运输过程中风险防范的重要举措，同时也是其经济利益的重要保证。

文物运输保险协议的签订，通常有两种情况：一种是借入方直接和承保保险公司签订；另一种是借入方委托承运公司与承保保险公司签订。不管是何种情况，保险协议中和文物运输安全相关的条款项目，即险种、被保险人、保险期限、承保范围以及总保险金额，一定要协商明确。

险种类型包括一切险、航空一切险、陆运一切险、财产一切险及不计入免赔额附加险，实际操作中称为艺术品运输及展览保险或相应险种，若承保保险公司无相应险种产品，可以选择替代的对应险种。被保险人应是文物运输出现安全问题的保险理赔受益人，也就是为展览提供文物的馆方。保险期限应注意覆盖借入方负责展品安全责任时间，通常安全责任时间为文物借出方将展品点交给借入方，双方在交接册上签字的时间点，直至借入方将展品点还给借出方，双方再次在交接册上签字时。另外，如极端天气等特殊情况预计滞留的期限，也要考虑到保险期限里。承保范围是指在保险期间内，非保单除外责任所致的文物在运输和展览过程中所遭受的一切损失或灭失，包括由于第三方引起的损失或损坏，以及由物质损坏引起的贬值损失，主要指因意外事故遭受的实体损失或损坏。承保范围中的这条协议内容，不管是意外事故责任还是保单除外责任，具体情况都应罗列清楚，不可含糊。投保方在不熟悉的情况下，可委托专业的法务公司给予法律咨询意见，确保内容的合法合规。总保险金额的依据是，借出方或其委托的文物估价专业机构给出的投保的所有文物估价金额之和，同时，交付的保险费用也是根据总保险金额的一定百分比计算出来的。运输文物有了保险金额，出现安全问题才有理赔标准，才能操作落实。

保险协议中应明确的理赔分以下情况：（1）受保险文物的损失的赔偿金额，以该文物在保险明细列明的特定金额为限；（2）受保险文物受损后，如借入人不能将其修复到令借出人合理满意的程度，保险公司于本保险单下承担的赔付责任，按照以下方式确认，以核定金额低者为限：进行合理修复的费用外加价值减损；该受保险文物的特定保险金额。

无论是借入方与借出方的展览协议还是借入方与专业艺术品承运公司的货运代理协议，抑或借入方或其委托的专业艺术品承运公司与承保保险公司的文物运输保险协议，书面明确的文物运输安全责任都是文物运输安全的法律"护航"，也是文物展览运输前准备阶段中的重要一环。

二、制订部署方案

作为运输工作的指导性文件，文物运输方案的制订十分重要，一般交由馆内文物运输实际操作经验丰富的人员负责编写。由于故居文物保管部长期的文物展览运输操作经验，加之熟识文物出入库、点交、运输包装等文物保护行业标准及实际操作，所以方案编制的工作交由文物保管部负责。方案编制始终要以文物安全及其保护为首要原则，要全面、细致、可操作，通常需包括以下基本要素。

（1）运输文物的基本情况。包括质地、件（套）数量、尺寸、保存现状、级别，掌握文物基本信息，才能有针对性地、正确地制订方案。

（2）运输工作组织架构及职责分工。包括总负责人、现场指挥协调人及文物出入库、点交、包装、拆包装、装卸、运输、后勤保障、事务协调等各个具体环节的人员配备及责任范围。

（3）时间安排。以展览布撤展时间为依据，计划好文物运输行前准备工作时间以及往返运输时间。明确各个具体环节完成的时间节点，做到可控、精确。

（4）运输方式。根据运输文物的基本信息、路程的远近及去往目的地三个方面，从运输文物安全角度综合考虑选择运输方式。

（5）运输路线。一般为：借出方—借入方—借出方。

（6）文物运输行前准备、运输过程中需特别说明的重要环节，尤其是点交与点还、包装、运输三大环节中技术规范、安全操作注意事项等问题需要在方案中交代清楚。

（7）突发情况应急预案。如因天气、道路交通等不可抗力的因素，造成文物不能按时抵达目的地的应急处理措施等。

方案编制完成后，需要召开文物运输专题会议部署工作。由总负责人召集参与运输的全体人员，会上进行方案各要素的说明解读，明确人员分工和职责。会议上着重强调文物保护行业标准，文物出入库、点交、包装、运输等各环节的操作方式及注意事项，让运输各个环节参与者提高警惕。强调保密意识也十分重要，需告诫每一位参与者不要随意透露文物运输各个环节的信息，尤其是点交归还地点、运输行车路线等有关文物安全的重要信息要保密，以免给运输工作带来不必要的麻烦。同时，会上集思广益，听参与者的意见和建议，以便完善运输方案。

三、落实文物展览运输安全

文物展览运输由文物出入库、点交、包装、拆包装、装卸、运输等各个环节组成，只有每个环节认真、细致、合法合规，才能保证文物展览运输安全。

（一）文物馆外展出，运输前文物出入库操作

第一步，文物提用人（文物借入方）根据展陈目的，依据借入文物级别，办理文物提用报批手续。上海市文物局关于国有博物馆间举办展览借用馆藏文物的报批手续有以下规定：借用馆藏一级文物，应经上海市文物局审核后报国家文物行政部门批准；借用二、三级文物，应报上海市文物局批准；借用定级文物，报审的文物行政部门是借出方所属省份的省级文物行政部门，报批操作也依该地省级文物行政部门相关规定办理。批准后，借出方文物管理员入库提取文物。

第二步，借出方文物管理员与提用人（文物借入方）进行点交，由借出方文物管理员填写《文物出入库凭证》的出库栏目，双方确认后签字。

第三步，文物出库。

第四步，文物归还时，借出方文物管理员与提用人（文物借入方）依据文物借出时的《文物出入库凭证》清点文物，填写《文物出入库凭证》的入库栏目，并签字、存档。

第五步，文物入库。

第六步，若在归还时文物现状发生变化，借出方文物管理员必须做出"文物现状发生变化报告"，并同提用人（文物借入方）共同签字，上报相关负责人，按相关处理意见实施并存档。此环节十分重要，文物现状变化也就意味着文物发生了损毁、灭失或者部分损坏，即文物出现了安全问题。"文物现状发生变化报告"作为安全问题的重要佐证，也是追究责任方的最好方式。不管是保险理赔还是修复文物，这份报告都是重要的参考材料，一定要重视。

（二）文物馆外展出，运输展览点交的操作

第一步，提用人（文物借入方）向借出方出示相关的授权证明及提用文物详细清单。

第二步，借出方指派专人与提用人（文物借入方）进行文物点交，并作出详细记录。根据故居实际操作经验及教训，文物点交详细记录中点交影像资料一定要留存，每一件文物各个角度的点交照片双方都要拍摄，且移交、归还过程双方也要拍摄照片。一旦出现安全问题，双方可以依据照片与实物比对。而且照片资料比文字资料更形象、更具说服力，不可忽略此环节，它是追究安全责任的重要凭证。

第三步，所有文物点交结束后，由点交借出方经手人及提用人（文物借入方）在点交记录上签字。

当运输承运方为第三方专业艺术品承运公司时，点交操作变得较为特殊。故居作为文物借出方曾将文物借给广州市某家博物馆用于展览，展览协议中约定文物运输由对方负责。对方又将运输包装工作委托给专业艺术品承运公司。当时文物运输点交工作是在同一点交环境下，由三方同时展开的。操作流程是由故居文物管理员先与对方提用人做好点交，留了照片等影像资料，紧接着对方提用人便与承运公司进行了点交。归还时先由承运公司与对方提用人点还，再由对方提用人将运输文物点还给文物管理员，并做了点还文物照片拍摄。点交照片是在三方共同在场的情况下拍摄，经过三方认证的。在对方与我方点还时，对照实物与点交照片，发现一件木质茶几表面出现了新的磕痕，文物现状发生了变化。那么磕痕到底出在哪个环节呢？好在对方在文物运输到展厅布展时，在承运公司拆包装时也留存了木质茶几的照片，发现是有磕痕的。通过点交照片与拆包装照片比对，得出磕痕问题是出在承运公司负责的运输包装环节，追究到了文物安全问题的责任方。所以点交环节要求的操作，一定要按规矩来做，一步都不可遗漏。

另外，点交环节中要特别注意点交环境的安全，要保证点交工作在安防、消防设施、设备齐全的室内进行，室内保持安静、整洁、明亮、宽敞，以便于交接及文物区分摆放，除点交人员外无其他闲杂人等。点交工作区域内不要出现各类饮料和食物，更不能吸烟，它们对文物都具有潜在危险。放置文物的工作台应平稳、牢固、宽敞，且台面需铺有软垫，保证文物安全。

（三）文物馆外展出，运输包装操作

第一步，依据文物的质地、尺寸、形状，制作内包装箱（盒），包括制作箱体、箱内防震层等。制作内、外包装箱均应使用目前国际通用的复合木质板材，如多层板、夹心板等，同时木材、黏合胶应用符合文物保护行业标准的材料，不能释放有

害气体，以免对文物造成伤害。同时，禁止以未经高温处理的原木为材料。

第二步，文物表面可根据需要包裹一层绵纸或无酸纸、浅色纯棉制品等表面防护包装材料以保护器物表层。同时，在文物与内包装箱体内各面及内、外包装箱之间，应衬垫防震缓冲材料，缓冲材料应质地柔软，富有弹性，不易变形、虫蛀及长霉，通常选用高密度吹塑板及泡沫塑料，起到防震、防止移位的作用，不得使用报纸、牛皮纸等。也可根据文物对于包装微环境的要求，适当地在包装箱内不直接接触文物的合适位置，放置调湿、吸附、防霉、防虫等材料，为文物营造出运输过程的"舒适"微环境。不久前，故居将一批馆藏国务礼品外借展出，其中瓷器类、漆器类、油画类文物数量较多，这几类文物的包装防震要求很高，因为不管是瓷器、漆面还是画芯，对于震动、挤压、磕碰、摩擦等伤害的承受能力都不强。故居委托专业艺术品运输包装公司，为重要运输的文物量体裁衣，制作了质量上乘的文物囊盒（囊盒用木厚实坚固，内部防震衬垫选用埃及长绒棉制成的浅色棉纺织物，细密、柔软、弹性好），起到了很好的防护作用。

第三步，选用适当的包装方法将展品固定于内包装箱（盒）内。包装方法有悬空减震法、捆扎法、点式固定法、紧压法、镟挖法等，要依据文物大小及形状来选择。故居借出文物多为小件瓷器、金银器以及形状不规则的复合类文物，其包装方法通常采用镟挖法（依照文物的形状，在较厚的中密度板、海绵板上镟挖出凹槽，将器物放置其中）。这样可以避免移动囊盒时文物发生移动，安全系数很高。对于大件油画和家具，故居采用直接式外包装箱的包装方法，做好护角；对于屏风、梳妆镜等，镜面贴好防破裂胶带，外包装用木方作框架、横撑加固，家具与外包装件预留空间放置防震缓冲材料；大衣橱及床采用拆分为多个部分，依次做好标记进行包装，放置在一起。

第四步，内包装箱和封箱的表面显著位置做好文物序号标记，建议标记上印有文物照片，方便清点。

第五步，将标记好的若干个内包装箱（盒）码入外包装箱（盒）内，码放时按照较重文物在下、较轻文物在上的原则，依次码入外包装箱内。内包装箱不应与外包装箱直接接触，在各箱体间应留有一定的空隙，以便放置防震缓冲材料。

第六步，外包装箱内放入此箱文物清单，最后填实空隙，固定封条、封箱。文物外包装箱堆码不得超过两层，体量大的文物外包装件放置在下层，体量小的文物外包装件放置在上层。

（四）文物馆外展出，文物运输环节的操作

第一步，文物装车。将文物外包装箱从存放地点运至装载文物的车辆处，一般车辆应停在不远的开阔处，运输道路平坦宽阔，外包装箱的运输工具选择以保障文物安全为前提，开道人员、搬运人员配备齐全，轻搬轻放，车辆以选择带有液压装卸货物设备的封闭厢式货车为好。装车顺序根据文物的体积、重量、大小，整齐有序地摆放，并固牢。

第二步，车辆运输前的安全检查。司机及押运人员就位，驾照、身份证等各类证件及车辆备用零件确定有效，押运武器装备确认备好。文物运输途中需要停放在沿途大型博物馆内；等级高、价值大的文物需要公安机关或武警部队配合，或请求公安机关办理沿途免检，此时要确认已经拿到相关公函和批文。

第三步，运输过程。高速公路为首选路线，车速不应超过限速标准。对于运输时间较长的，应提前安排好运输人员吃饭、休息的地点和夜间住宿的场所。文物运输车辆应停放在大型博物馆内，以确保安全。停放妥当后，司机和押运人员再去休息。途中要时刻注意路况、天气和路标，如遇雨雪天气和交通事故等特殊情况，减速慢行，切不可急，如车上备有防滑链等装置，应及时安装，确保安全运行。因故停车时，车内一定要确保至少有两名押运人员，押运人员通过通信装备随时向相关负责人汇报行踪。

第四步，运达与交接。文物到达目的地时，应立即组织交接，交接双方核实文物外包装箱封条是否完整。确认后，核实文物外包装箱数量及外观有无破损。卸车时，按照顺序逐一挪搬，轻搬轻放，重量较大的外包装箱要借助液压升降设备卸车，千万不要硬卸。

另外，运输环节还需注意在公路运输时，连续驾驶不得超过 4 小时，一定要注意休息，夜间不宜运输。晚上驻地休息时，装载文物的车辆应停放在安全条件较好的当地文博单位，并留有专人值班看守。装卸作业时，文物包装箱的倾斜角不要过大，原则上不得超过 30°。

封闭厢式货车厢内如果可以安装温度、湿度控制设备，对文物保护十分有利，根据文物对于温度、湿度要求，控制设备范围。车厢内防火器材也必须备好。有些大城市如上海，对于大型运输车辆有运行时间限制，上海交警部门对 10 吨以下货运车采取办理通行证限行的管理措施，在申请审核的前提下，颁发货运车通行证，并规定在限定的范围和时间内使用。所以一定要事先了解目的地交通规则，再制订

运输计划。委托的专业艺术品承运人及文物拆包装公司承担运输包装任务的，国家有关行政部门根据相关规定会认定并颁发资格证书，委托人需要提前审核相关资格证书。

结语

文物展览运输安全的保证是一项复杂且需要经验、技术支撑的工作，并非只是做好包装、运输某几个环节就可以了，而是需要人员、技术、法律制度等各个层面的全方位配合。不管是展览协议、货运代理协议、文物运输保险协议的签订，还是运输方案的制订部署，抑或运输文物出入库、点交、包装、运输等环节的规范操作，最终落脚点都是文物安全。文物展览运输安全也将随着技术的更新、法规的完善及经验的实践，继续成为文物行业研究的热点问题。

参考文献

［1］中华人民共和国国家文物局.文物出境展览协议书编制规范［S］.2015-11-26.
［2］中华人民共和国国家文物局.馆藏文物出入库规范［S］.2009-02-16.
［3］中华人民共和国国家文物局.馆藏文物展览点交规范［S］.北京：文物出版社，2009.
［4］中华人民共和国国家质量监督检验检疫总局，中国国家标准化管理委员会.文物运输包装规范（GB/T 23862-2009）［S］.北京：中国标准出版社，2009.

基层博物馆文物展览运输安全问题初探

——以巩义市博物馆为例

刘小梅（巩义市博物馆）

近年来，博物馆领域内展览日益增多，水平日益提高，特别是临时展览的数量和质量都有了较大提升。馆际文物展览交流机会的增多，在保证文物运输安全方面也积累了更加丰富和专业的经验，为我国进一步繁荣文物展览事业打下了坚实的基础。然而，与省、地市级博物馆相比，尽管基层博物馆也有很旺盛的展览交流意愿和需求，但在对外展览交流中遇到的文物运输问题，面临较大困境。本文以巩义市博物馆为例，探讨基层博物馆（主要是国有县级博物馆）在对外交流展览中遇到的文物运输安全问题，阐述其现状与困境，并尝试给出一些基层工作者的思考和建议。

一、基层博物馆文物展览运输现状与困境

在我国博物馆事业繁荣发展的今天，基层博物馆的数量显著增长，基础场馆条件不断改善。但在丰富陈展内容为广大群众奉上高水平展览方面，基层博物馆还有很长的路要走。在谈文物展览运输问题之前，有必要先了解一下基层文物展览交流的现状。

以巩义市博物馆为例，近年来涉及文物运输的交流展览主要分三种：一是"搭车"本行政区域大馆展览（省内、国内、出境都有），这些展览大多为省级文物行政部门主办的行政性或半行政性任务展览；二是兄弟馆的成熟展览项目主动交流到巩义市博物馆展览；三是与兄弟馆之间的借展文物交流。从展览数量上看，第一种

占整个文物展览交流数量的九成以上，属配合执行上级行政文件命令，文物运输全过程由展览主办方承担，巩义市博物馆方只负责办理馆内的文物交接手续；第二种展览和第三种展览的数量很少，而且第二种属于兄弟馆的文物主动到巩义市博物馆交流，巩义市博物馆不涉及文物运输安全问题，此处忽略不计。在第三种和第二种情况下主动邀请其他馆文物展览时，对基层博物馆文物运输安全能力就有了一定的要求。

以国有基层博物馆为例，通常的文物展览运输分为三类：一是行政性的文物展览运输；二是非行政性参与大馆展览运输；三是基层博物馆之间的借展运输。根据地域远近，展览又可以分为省内交流、出省交流和出境交流。文物展览运输首先就要考虑文物安全责任和风险问题，上面第一、二种操作简便，且基层博物馆方完全处于被动，有行政文件或大馆的专业运输能力保障，几乎不存在安全风险。第三种基层博物馆之间的借展交流，目前实践中很少尝试。这主要是由于基层博物馆行政级别低，在工作中受到人、财、物等方面的制约和阻力也更大些，馆方没有话语权和决策主动权，导致抵抗文物展览运输风险的能力也十分低下，管理者抱着"安全第一"和"不出错"的思想，对外自主展览交流几乎为零。直接造成基层文物展览面貌陈旧，游客量和影响力普遍很低，久而久之形成恶性循环。

在这种文物展览交流几乎为零的背景下，基层博物馆产生困境也是必然的。

第一，受文物数量、质量所限，特别是在专业策展和研究人员都极其缺乏的前提下，基层博物馆很难有高质量的自主展览可以对外交流，而寥寥几件文物的"搭车"展览，即便是出境展览，也很难对基层博物馆的宣传和推介起到作用，更不要说对基层群众产生文化影响了。有时文物出省、出境展出，基层博物馆方最后甚至连张像样的文物外展照片都没有。

第二，虽然大馆展览水准高、文物精美、拥趸甚多、名声日盛，但广大的基层博物馆作为各地方的历史文化展示宣传主阵地，承担的文化传承弘扬责任并不比大馆轻，与其让群众长途奔波出远门看展览，不如在基层办出高水平的展览，这才是真正的"文化惠民"。

第三，大馆的文物展览在文物运输方面由于办展经验丰富，对外交流频繁，加上有专项资金的保障，他们往往有经验丰富的管理人员、成熟的操作流程、专业的安保队伍以及合作稳定、实力雄厚的运输公司，抵御风险的机制完备。基层博物馆除了搭便车，几乎没有能力主动开展对外交流。

二、巩义市博物馆的实践思考

巩义市博物馆位于河南省巩义市区北宋永昭陵东南角，2001年10月建成并对公众开放。建成之初是河南省第一家县级市博物馆，2018年晋升国家二级博物馆，也是河南省22家二级博物馆中为数不多的县级市博物馆。巩义市博物馆的藏品几乎全部为本地出土，馆藏特色是巩义窑三彩和白瓷（占馆藏珍贵文物的四成以上），对外交流出展的文物也集中于这两类。

巩义市博物馆最近一次的文物展览交流是文物出展交流。某省外博物馆因为要办一个专题展览，需要借展巩义市博物馆的部分文物。因巩义市博物馆之前的交流展览都是省内交流，所以在面对省外博物馆借展文物时，甚至有些不知所措。巩义市博物馆工作人员在接到接洽函时，首先考虑的就是文物运输安全问题。虽然由对方派专业安保人员到巩义市博物馆自提，手续证件完备，对方也有很专业的人员和装备，但巩义市博物馆仍对把文物交给"陌生人"运输1000多公里的路途安全甚为担心。巩义市博物馆工作人员按照以往规定逐级上报时，才了解到馆藏一级以下的文物，在行业内出借无须报批。信息的闭塞和经验的缺乏，使巩义市博物馆在面对文物展览馆际交流时遇到了诸多问题。最终，在对方馆的指导交流下，巩义市博物馆领导主动担当，与对方签订了文物借展协议书。

借展结束后，巩义市博物馆安保人员得到了文物安全运输实战操作的现场观摩学习机会，展陈人员在与对方馆的交流中也增长了知识，开阔了视野。受基层眼界水平和重视程度影响，通过参与对方的展览，对此类出借文物的价值和作用也有了更进一步的认识。可以说，这是巩义市博物馆第一次在被动情况下决定自主开展的文物展览交流活动。此次活动也使巩义市博物馆工作人员受益匪浅，特别是在文物展览运输安全问题上，不再"谈安全色变"，进一步激发了基层博物馆"让文物活起来"、繁荣基层文物展览活动、主动开展对外文物展览交流的信心。

以往巩义市博物馆的"搭车"展览中，出借大多为一、二级珍贵文物，出国展览的文物运输一般由国内富有经验的文物包装运输公司承担。包装运输公司设备先进，经验丰富，但需要博物馆方支付高额的服务费，对于博物馆来说是不小的压力。而短途或省内展览中，对方都是经常往来的行业内熟人，展览运输一般是借展馆方派人员自提，有些大馆还配有自己的运输车辆和押运队伍，使文物运输安全得到保障。

对于远距离馆际的初次合作，在文物运输上，博物馆之间首先要建立的是基于职业共情的互相信任，这样才能对文物安全有共同的目标和认识；其次是对主办方文物展览主题和内容的认可；再者是基层博物馆方有担当、有主动作为的思想；最后是具体借展协议条款的公平、平等。只有做到以上几点，才能保证文物运输安全，进展有序。

三、谁在为基层博物馆展览交流中的文物运输安全"买单"

随着社会文化水平的不断提高，博物馆之间的展览交流在数量和频率上都有所增加。虽然基层博物馆的文物安全运输抗风险能力普遍较为薄弱，但基层博物馆恰恰是最需要通过更多的展览交流来增强文物展览水平和活力的地方。如果能解决好文物展览运输安全问题，基层博物馆必将在基层文化传播、传承方面发挥更积极和更有效的推动作用。

（一）适应中小型展览的社会文物运输机构的规范

根据国家文物局《出国（境）文物展览展品运输规定》，在有展品承运人资格的企业中，可供基层博物馆展览运输选择的公司仍然十分有限。一些主营快递物流的公司也有此项业务，但基层博物馆一般不敢合作；那些经营时间长、经验丰富、信誉高的公司，自然收费也高；地方上的保安公司由于开展业务种类繁杂，人员良莠不齐，不在文物展览运输的合作范围之内；新兴文物运输公司的情况，基层博物馆因为信息不畅或业务量少，故而了解甚少，也不敢合作，当然有时也碍于展览成本。如果上级文物行政部门能公告一部分"价廉物美"的文物运输公司来承担基层的文物展览运输任务，可以更好地促进基层博物馆的文物展览交流。

（二）对基层博物馆配备中小型展览运输装备的支持

目前，基层博物馆大都是股级单位，处于最低行政级别，基本没有专业车辆配备份额。就像一些大馆有专业的"流动博物馆"大篷车一样，可以考虑给基层博物馆配备一些便捷实用的，具备恒温恒湿、防盗防暴功能的小型文物安全运输车辆，承担基层博物馆间的展览运输工作，平时还可以用作博物馆"展览下乡"的专业车辆。这样既可以省去许多文物运输安全上的顾虑，又可以推动省内基层博物馆之间的展览交流，满足基层群众的展览文化需求。

（三）文物运输安全专业人员的培养

从现实来看，文物运输安全和馆内的文物安保，虽然都是"安全"，却是两个完全不同的概念，对安保人员的技能、技术要求完全不一样，甚至文物运输安全人员的综合素质要求应略高于一般文物安保人员。通常做法是在馆内优秀安保人员中，遴选作为文物运输的安全人员。为了适应展览增多和文物运输需要的形势，应该注重培养专业的文物运输安全人员，特别是出台可遵循的文物运输安全（文物押运）人员规范标准，为基层博物馆组织理论学习和锻炼培养人才提供依据。

结语

"一花独放不是春，百花齐放春满园。"国内一、二线城市的文化生活丰富多彩，文物展览甚至早已从展览场景的美轮美奂、文物品类的精美丰富转向更高的艺术审美层次。但基层博物馆仍然相对匮乏，缺少高水平的文物展览来为广大基层群众上生动的博物馆美学教育课。我们也看到，虽然基层博物馆在文物展览运输方面还处在初级阶段，但基层群众日益增长的精神文化需求和当前文化产业迅猛发展的前景，使得基层博物馆未来肩上的担子更重，使命也更艰巨，这也是基层博物馆前进的希望和动力。

展览是博物馆的灵魂，办出更多更好的展览，引进好的文物展览，展示我们伟大祖国辽阔疆域上各地的文物，让基层群众能足不出户欣赏到高水准展览，是基层博物馆的目标和愿望。加强馆际文物展览交流，是提高基层博物馆展览水平、活跃基层群众文化的主要做法之一。做好文物展览运输安全保障是促进展览交流的前提，基层博物馆任重而道远。

文物展览运输的具体做法及体会

马治花（新疆兵团军垦博物馆）

近年来，新疆兵团军垦博物馆（下文简称"兵团军垦博物馆"）开展了多项文物展览馆际交流活动，在文物展览安全运输方面积累了一些成果和实践经验。在吸取同行业经验和教训的基础上，笔者拟结合本馆的实践案例和个人工作体会，简要探讨文物展览运输的具体做法。

一、文物运输前期工作

（一）文物巡展前的挑选工作

2014年是新疆生产建设兵团成立60周年，兵团文物局决定于9月在国家博物馆举办"中国梦·军垦魂——新疆生产建设兵团成立60周年历史文物展"。此项工作由兵团军垦博物馆牵头完成。

大纲撰写是整个巡展的第一个环节，根据巡展的目的、宗旨，大纲撰写通过审定后，文物的种类数量也就定了下来。展览共选出171件文物，其中兵团军垦博物馆选出85件，兵团各师博物馆及一个高校校史馆选出39件，各师纪念馆选出47件，集中移交到军垦博物馆后，需要进行打包、装箱、运输等工作，这项具体工作落实到了兵团军垦博物馆保管部。

兵团军垦博物馆选择与华协国际珍品货运有限公司合作（下文简称"华协公司"）完成巡展文物运输，双方签订了171件文物的《展品运输服务协议书》，约定了双方法律责任、安全条款及运费给付方式。

挑选文物时，保管部按照大纲内容选出必要的文物。文物挑选好后，先对每件文物进行编码贴标签，编码主要内容包括：单位名称、文物编号、文物名称、文物尺寸。这四项基本信息不可或缺，可避免各单位选送的文物相混淆。随后，兵团军垦博物馆保管部接收了来自各师博物馆、纪念馆、校史馆的文物，并制作了《文物移交清单》，主要包括文物名称、文物等级、年代、质地、尺寸、数量、完残情况、来源信息、收藏单位、藏品编号、简要说明、文物照片、现状描述共13项内容，由各馆校验后认真填写并签字。文物交接工作确认无误后，兵团军垦博物馆保管部按编号要求，对每件文物进行编码贴标签，按顺序给各师打印文物清单。随后与华协公司进行文物点交工作，确认无误后由双方负责人签字。

（二）文物运输前的包装工作

博物馆将所有选好并打上标签的文物集中到相对空旷且安全的场地，与华协公司一起对文物进行包装，主要由具有专业技术的华协公司工作人员操作，兵团军垦博物馆工作人员在现场协助。华协公司人员根据文物尺寸，选用了大小不一的木质外包装箱，用聚苯乙烯泡沫塑料块为文物做内衬护角，将放进木箱中的文物一一进行固定、填实空隙，所有木箱打包封死后，集中起来装进厢式货车。

需要注意的是，博物馆展览在确定外出展览时，根据展览大纲，一定要挑选方便运输、不易破损、适合外出展览的文物，这样能大大降低文物运输的安全风险。

二、文物运输的几种安全方法

文物运输一般分为航空运输、陆地运输和海上运输，陆地运输又分为汽车运输和火车运输。就兵团军垦博物馆而言，陆地运输和航空运输最为合适。

（一）汽车运输

汽车运输一般可以从出发地直接到达目的地，可将文物直接运送到参展地的展厅门口，减少了从博物馆到机场、火车站再到达巡展地机场、火车站转运的环节，增加了文物的安全系数。

在经费允许的情况下，与专业的文物运输公司合作，是保证文物安全的最佳选择。文物运输公司与博物馆签订合作协议后（包括保险合同），博物馆工作人员开始做运输前的准备，先将参加展览的文物提取到安全地点，再由文物运输公司进行包装、编号，最后再进行运输。相比而言，汽车运输文物的运费较高，这种运输方式一般在确定展览经费预算时，将运输费用一并计算在内。"中国梦·军垦魂——新疆生产建设兵团成立60周年历史文物展"赴国家博物馆展出，就是汽车安全运输的一个实例。

（二）火车运输

火车运输文物的优点是运费低廉，如果文物数量不是很多、体积不是很大，这种方式很适合一般的馆际交流展，尤其是文物与参展人员同行，既节约了运费，又保证了文物的安全。

"中国梦·军垦魂——新疆生产建设兵团成立60周年历史文物展"在国家博物馆撤展后，先后于2016年9月和2017年11月在湖北省武汉辛亥革命纪念馆和湖南省长沙简牍博物馆展出，共展出文物175件。之所以选择湖南和湖北这两个省，是因为当年从湖南、湖北来了很多知识青年支援新疆兵团建设，一干就是几十年，退休后他们返回家乡颐养天年，但是对兵团的这份感情始终难以割舍，所以兵团军垦博物馆选中这个切入点举办了这两场展览。

在挑选文物时，以女兵、家庭、生活用品为主，避免了文物运输过程中的不安全因素。这两场展览没有经费支持，与对方馆洽谈好属于交流互换展览，所以文物运输就选择成本相对较低的火车运输方式。在文物运输前，将挑选出的文物集中存放在一间库房，每件文物分别装一个密封袋，在密封袋上贴上文物号，再用珍珠棉根据文物形状做好内衬和护角工作，避免运输途中文物破损和挤压。珍珠棉的特点是重量轻，有一定坚固性，柔软性和缓冲性很好，受反复冲击其特性不变，导热率很低，隔热性优良，独立气泡的泡沫材质几乎没有吸水性。高发泡及优秀防水性使其具有很强的浮力，不受各种气候条件影响，耐气候性优越，有很好的防震、隔音效果。每件文物都按照尺寸大小进行独立包装，按照文物尺寸和形状，单独做了镶嵌式的包装内衬，包括纸质类和纪念章类文物，也采取了此类方法。

（三）航空运输

航空运输不宜选择大型文物或过多文物。兵团军垦博物馆"花儿为什么这样红——20世纪50年代的女兵"展览，因为文物少且没有大型文物，所以选择了航空运输。

"花儿为什么这样红——20世纪50年代的女兵"展览分别在广州鲁迅纪念馆和东莞市袁崇焕纪念馆举办。这是以女兵为主题的展览，文物主要选取结婚证、各类获奖证书、女兵的军装和裙子，其中最大的文物是一个鞋夹板和装火炭的熨斗。在分类装箱时，两个大件文物装在一个箱子里，一批纸质类文物及纪念章类文物装在另外一个箱子里。运送文物的行李箱长20cm、宽30cm、高40cm。按照文物的形状用珍珠棉挖出文物的造型，再将文物镶嵌在里面，每件文物都独立包装固定在行装箱中。一是避免箱体移动过程中来回碰撞，二是避免文物之间相互接触碰撞，从而保证文物运输时的安全。

这几个行李箱随博物馆保管部人员一起上飞机，行李箱不离开工作人员视线。航空运输的好处是快速、节约时间，与火车一样，参展人员与文物同时到达巡展地，既保证了文物安全，又节约了运费。

三、文物展览运输工作的几点体会

第一，在经费允许、巡展文物较珍贵的情况下，选用专业的文物运输公司运送文物较为妥当。一是专业的运输公司相对博物馆工作人员来说较为专业，他们常年与各省市博物馆有业务来往，熟悉博物馆的工作流程，了解文物安全要求，而且工作态度认真负责。二是请专业的文物运输公司运输文物，有文物运输协议的约束，此时双方都负有相应的责任，对待工作更加认真负责，同时也有文物运输保险做一定的保障。

第二，尽量使用珍贵的、质量好的图片资料，是今后巡展中应采取的方向。在网络发达的现代，图片的使用量很大，也便于携带，在巡展的目的地，图片制版很方便，这就使红色纪念馆的巡展避免了文物运输的不安全因素。

第三，军垦红色文物与青铜器、陶瓷器、玉器等珍品文物大不相同，其质地与年代均不能同日而语。但在巡展运输中亦不能掉以轻心，仍要以高度的责任感、专业的技术流程和谨慎的监护，保证文物安全到达目的地。

第四，文物运输途中的安全只是一个重要环节，它的两端——运出地和到达地也要加强安全措施，不能有丝毫的麻痹和大意，否则文物安全就会留有漏洞，会造成不应有的损失。

第五，近年来，各类巡展在馆际交流中日趋活跃，参展人员的培训机制是各博物馆的短板，加强专业知识的培训、减少临时应付的仓促做法是文物安全的必要保证。

总之，文物展览运输安全是一个系统的专业课题，对它的研究还处于初级阶段。随着科技日新月异的发展，网络大数据、区块链的应用，将会使这一领域插上腾飞的翅膀。

运输中文物的安全法律问题探讨

于 芹（山东博物馆）

近年来，馆际交流日益增多，随之而来的文物展品运输也相应增加。运输中文物的安全问题是各项工作的重中之重，文物安全主体的确定、文物安全责任的划分、文物损害的赔偿等，是需要厘清的法律问题。

一、文物运输法律主体和法律关系

在博物馆文物展览交流中，有时是展览中需要个别重要文物展品，展览承办单位向文物收藏单位进行借用；有时是文物收藏单位将一个完整的展览对外进行输出。展品或展览输出单位和引进单位，即文物的借出单位和借用单位，成为文物借用关系的双方当事人。文物由借出单位运至借用单位，可以由文物部门自行运输，也可由第三方承担运输任务。

（一）文物部门自行运输

国内很多文物的运输是由文物部门自己承担的，由文物单位的文物保管部门和保卫部门的工作人员一起进行运输。可以由文物借出单位自行将文物送至展览借用单位，或者文物借用单位自己到文物收藏单位提取，具体由文物借用单位和借出单位自行协商确定。这时，法律关系相对简单，借用单位和借出单位之间不必签订《文物运输合同》，只需在《文物借用合同》中增加约定文物运输的条款即可，法律主体只有合同相对人，即文物借用单位和文物借出单位，文物借用主体和文物运输主体是合一的。

（二）文物部门委托第三方承运

2019 年国家文物局表示，关于出境展览的文物运输仍照 2005 年《文物出境展览管理规定》执行，该规定第四章第二十四条为："文物出境展览的运输工作应由具备承运中国文物展品的资信和能力的运输公司承担。承办单位负责对运输工作进行监督和指导。"照此规定，文物的出境运输要由具备承运中国文物展品的资信和能力的运输公司承担。

虽然对于国内的展览，目前并没有规定必须由第三方运输公司进行运输，但在近年来展览交流的实务中，越来越多的文物部门倾向于委托运输公司进行运输。在这类文物运输中，一般有三方当事人——文物借出单位、文物借用单位和文物运输方。

现实中，文物借出单位委托运输公司的情况比较少。由于文物借用单位通常会借用好几家文物收藏单位的文物，一般由文物借用单位委托文物运输公司，文物运输公司会安排合适的路线将几家收藏单位的文物一起进行运输。在第三方承担运输任务时，文物运输合同的主体为文物运输合同的委托方和文物运输公司。

（三）承运第三方为多个组织联合体

在文物运输中，虽然和文物部门签订运输合同的合同相对方是一个，但在实际承运中，也存在承运方不止一个公司，而是由一个公司的几个分公司，甚至由不同的公司采用分段运输的方式进行的。比如，在赴台湾展出时，就可能出现陆路运输和海上运输两种运输相结合的方式，不同的运输路段可能对应的是不同的运输主体。不管对应几个运输主体，文物运输合同的主体仍然是文物部门和与文物部门签订合同的那一方。

二、文物点交和安全责任的时间界定

文物在借出时，文物收藏单位指派专人与提用人进行文物点交，并出具详细记录。所有文物点交结束后，点交经手人及提用人在点交记录上签字。文物展览完毕，归还借用单位时，双方依据借出时的点交记录进行核验、点交。点交要确认文物的状况，对文物运输和文物部门来说是极为严谨的工作。

双方的点交记录，通常是纸本的文物交接单并配以存档的电子照片。点交的记录基本信息包括以下两点。（1）现状描述。即写明文物及附件的完整、损伤、残缺或污染等具体情况。除完整外，其他各种情况应根据相关文物保护行业标准写出具体部位、程度与量化指标。（2）照片。点交记录中的照片，必须是点交时现场拍摄的，照片应尽可能包括文物的各个角度，文物各角度照片应包括全景和特写。

以上所说提用人，在文物收藏单位和文物借用单位自行运输中，即为文物借用方，别无争议。但在委托第三方承运时，有必要区分清楚。通常情况下，是文物收藏单位、文物借用单位和承运方三方在一起交接。虽然是同时交接，但实质上是两个交接过程。首先是文物收藏单位将文物交给文物借用单位，这是基于文物借用合同而发生的；然后是文物借用单位将文物交给承运方，这是基于文物运输合同而发生的。只是文物的状态在文物收藏单位交给文物借用单位和文物借用单位交给承运方时，是同样的。同理，在文物返还时，文物收藏单位、文物借用单位和承运方三方一起交接，实质上也是两个交接过程。

对于文物运输来说，文物的点交是在委托人和承运方之间进行的。开展前的文物点交，通常是文物借用单位点交给承运方，地点通常是在文物收藏单位。等承运方将文物运至文物借用单位，即运至展览地点时，再开箱点交给文物借用单位。文物展览后的文物点交，通常是文物借用单位点交给文物运输方，地点在文物展览场馆。待文物运输方将文物运至文物收藏单位时，文物借用单位在借出方的场地接收文物，并点还给文物借出单位。

点交是一个极为重要的时间节点，文物的现状和安全责任的转移是和点交时间相一致的。点交时文物的现状，是判断文物在运输过程中有没有发生损毁，以及损毁程度的最基本依据。文物接收的地点，关系到接收人安全责任的划分。

三、责任承担

文物点交给运输公司后，如果在运输过程中发生损毁，须由文物运输方承担赔偿责任。

国家文物局对文物展品国内运输承运人有具体要求：在中国境内注册的能够独立承担经济责任和民事责任的企业；有固定的营业场所和健全的组织机构，有对文物运输业务熟悉的经营管理人员、专业技术人员及相应的运输设备。此外，更为重要的一条是："必须具备多年从事文物展览运输工作经验，可以确保文物运输的安全，并可承担由于运输而造成展品损坏的法律责任和经济责任。"所以，文物损毁一旦发生，赔偿责任由承运方来承担。

如果所运文物本身有瑕疵，或按照文物的性质需要采取特殊保护措施的，委托方应当告知承运方，承运方应当采取相应的措施。委托方已将有关情况告知承运方，而承运方没有采取相应措施致文物损毁的，承运方应当承担损毁责任。

符合法律和合同规定条件下的运输，法律规定由于不可抗力、文物本身的自然性质，以及托运方本身的过错造成的文物安全事故，承运方不承担违约责任。

四、如何赔偿

在文物部门自行运输时，如运输中文物发生损毁，如果是文物收藏部门负责的运输，由文物收藏部门承担责任；如果由文物借用部门负责运输，由文物借用部门对文物借出部门进行赔偿。文物部门委托第三方承运时，如果运输中出现纠纷，由文物运输委托方和承运方进行协商或采用法律方式进行解决。而文物运输安全则涉及三方，即文物借出单位、文物借用单位和文物运输方。

如果在文物运输中发生纠纷，由文物运输委托方和承运方根据《文物运输合同》先行区分责任并进行赔偿，然后再在文物借出和借用部门之间根据《文物借用合同》区分责任和赔偿。当然，文物运输委托方也可将其追偿权转让给其他文物部门，其他文物部门从而取得代位求偿权。

在联合运输中，文物部门将全程运费总体支付给多式联运的经营人，而不必和分段承运人发生关系。如果在运输中发生文物灭失或毁损，由文物运输合同的相对方对文物部门进行赔偿，而不得以其内部各承运组织之间的责任约定或法定分配来对抗文物运输委托方。

五、赔偿数额

运输合同规定，在运输过程中货物灭失、短少、变质、污染、损坏，按货物的实际损失（包括包装费、运杂费）赔偿。文物运输发生损毁时，分为两种情况。

其一，文物发生损坏，尚可以进行修复的。首先由承运方负责修复费用，这是比较容易理解的。由于文物的价值与文物的完残状况有着密不可分的连带关系，虽说有文物修复、文物复原等名词，但严格地讲，文物真正复原是不可能的。比如，一个汝窑的瓷盘，完整的器物和损坏后经过修复的文物，价格可以说是天壤之别。这就需要造成文物损毁的承运方，对文物修复造成的文物价值的减少部分进行赔偿。所谓文物价值的减少，指文物经过修复后的价值与文物办理运输时的估价之间的差额。所以，文物在借出前的估价是非常重要的。这个估价要经过专家对文物本身的价值进行评估，还要考察市场上同类文物的稀缺情况对文物的价格进行认定。估价是由文物借用和文物借出单位双方共同认可的。而运输时，则按文物此估价签订文物运输合同。当然，发生了文物损毁，则照此估价确定赔偿金额。在文物运输损毁的赔偿上，损毁文物全额赔偿的，文物残品仍归文物部门所有，而不是归文物承运方所有，这是与其他货物运输合同的不同之处。

其二，文物灭失。文物在运输中灭失的，运输公司按照文物的估价进行全额赔偿。如果发生盗窃，文物运输公司不得以案件未破为由拒绝赔偿。合同法确定的违约责任是严格责任，即不以当事人过错为前提，只有不可抗力是免责事理。所以，除非运输合同做了特别约定，否则出现文物在运输途中的失窃，应当由运输公司向委托方承担违约责任。

六、违约金的约定

文物是人类在社会活动中遗留下来的具有历史、艺术、科学价值的遗物和遗迹。它是人类宝贵的历史文化遗产，具有稀缺性和唯一性，当文物发生损毁时，哪怕对文物进行了全额赔偿，也不足以弥补损失。在运输合同签订时，可以预先与承运方约定一定数额的违约金。在弥补守约方损失的同时，违约金具有对违约方的惩罚作用。违约金的标准是金钱，也可以约定违约金的标的物为金钱以外的其他财产。

文物运输合同中文物部门约定违约金的目的，往往是保证合同的履行和补偿文物所受的损失。法律允许违约金在一定程度上大于损失，一般来说违约金上限是不超过实际损失的30%，过高或者过低可以请求法院仲裁给予减少或者增加。

七、保险是否保安全

近年来，文物运输中文物部门越来越主张投保。这个问题需厘清文物运输应当由谁来投保，保险分担谁的责任。现在，行政管理部门只对出境展览有要求必须购买保险，而且保险要覆盖路途和整个展期，对于国内展览没有强制要求。

按照法律规定，文物在运输过程中发生安全问题，由责任方来承担。所以，运输要由具有相应赔偿能力的运输公司来承担。由于保险公司赔付能力强，运输方可以投保，可以减轻投保方的风险，但不免除责任方的责任。所以，保险是分担赔偿额的一种方式，但不是确保安全的一种措施。不管是否投保，都要加强文物安全保护措施。

总之，文物展览尤其是联展离不开文物运输，文物运输的重中之重是安全问题。展品出借单位和借用单位各方在法律上的权利和义务是怎样的，按照法律规定如何在签订合同时约定和保护好双方各自的权益，以便分清责任，各司其职，对于净化文物展出环境具有良好的促进作用。

参考文献

[1] 中华人民共和国国家文物局.文物出境展览管理规定[S].2005.

[2] 中华人民共和国国家文物局.馆藏文物展览点交规范[S].北京.文物出版社，2009.

[3] 中华人民共和国文物保护法[M].北京：中国法制出版社，2017.

[4] 中华人民共和国国家质量监督检验检疫总局，中国国家标准化管理委员会.文物运输包装规范（GB/T 23862-2009）[S].北京：中国标准出版社，2009.

关于交流展文物运输安全的思考

阳文斌（桂林博物馆）

随着博物馆发展进程不断加快，馆际交流展览日益增多，这使得文物的价值得到了更大体现，也给观众带来了不同地域的文化盛宴，真正做到了让文物"活起来"。伴随着文物交流展览，文物的安全也受到了更大的挑战。在馆际交流展中，文物的运输不可避免，在运输过程中会存在许多不确定因素，时刻威胁着文物安全。因此，在交流展览的各个环节都需要缜密部署，紧密衔接，尽可能降低文物的安全风险。需要认真分析文物运输各环节所存在的文物安全问题，制订出合理的解决方案，最大限度保证文物运输安全。

一、文物的选定

交流展文物的选定，决定了文物运输过程中所存在的大部分安全问题。换句话说，参展文物决定了该次文物运输安全所面临的困难程度。按照"保护为主、抢救第一、合理利用、加强管理"的文物保护方针，在选定文物时，应该把文物的安全放在第一位，慎重考虑文物是否适合展出，以及展出可能存在的安全隐患。如果选定的文物体量较大，那么在文物运输方式选择上就存在诸多限制，同时包装上也存在许多难题；如果选择易碎、易老化、易损毁的文物进行展览，那么在文物移动的过程中可能会产生许多不确定因素，甚至使文物损毁；如果选定的文物当中珍贵文物较多，对于文物运输的安保工作也是极大的挑战。

对于一些易损坏、易老化的文物以及一些孤品文物，应尽量避免展出或者使用复制品替代。如必须进行展出，一定要进行重点保护，提前做好预防性保护工作。如一些需要进行装裱、修复才能展出的脆化、残损的书画，应提前做好装裱、修复工作。又如一些陶瓷器类易碎文物，展览时需要进行特别的固定，在展览前应做好相应的固定措施等。

文物选定之后，按照文物提用相关法律法规，上级文物提用需要报请相关部门进行审批。提用一级文物，应经省级文物行政部门审核后报国家文物行政部门批准；提用二、三级文物，应报省级文物行政部门批准。提前制订好展览文物的提用审批，并及时进行相关的审批流程，待文物提用得到相关部门批准之后即可进行交流展的文物运输准备工作。

二、文物的包装

（一）文物内包装

文物内包装是指直接与文物接触的包装，由于包装材料直接与文物接触，因此在选择上要十分谨慎。文物内包装应结构合理、材料环保、确保文物安全，理应做到防水、防潮、防虫、防震、防尘、防变形等。常用的文物内包装主要指文物囊匣。文物囊匣不同于一般意义上的包装囊匣，不仅需要考虑对文物完好性的防损坏作用，还需要特别考虑囊匣内的微环境对文物产生的影响。

制作文物囊匣的材料应以无酸材料为主，在制作囊匣时应尽量避免使用胶黏剂。如使用，则胶黏剂中不能含有塑化剂、硫化物、铜离子、铁离子、氧化剂等有害成分；不引起长霉、发黄、变色、分层等，绝不能使用压敏型或橡胶基胶黏剂。在制作文物囊匣时，可根据需要在其表面包覆织物，包覆面料应耐折、耐撕裂、耐摩擦和耐光等，一般可选用薄棉布或薄麻布，并应尽量选用不含染料和颜料的织物。

按照囊匣内装文物的质地保护要求，可分为软里儿囊匣和硬里儿囊匣。软里儿囊匣是在囊匣的内表面贴上一层弹性较好的缓冲材料，再用丝织物包裹制作保护层，称为"软里儿"，软里儿囊匣用来盛装外形简单但相对易碎、易磨损的物品，如玉质砚台。而硬里儿囊匣仅仅是在囊匣的内表面贴上一层丝织物，甚至不加丝织物，称为"硬里儿"，硬里儿囊匣用来盛装外形简单的不损坏的物品，如书籍、书画等。

无酸纸文物囊匣本身具有一定的缓解温湿度波动和吸附污染气体的功能，但还是应当在囊匣内放置被动式环境调控功能材料，以进一步平稳湿度波动和降低污染物浓度，努力营造"稳定、洁净"的文物保存微环境，尽最大可能提升文物保存环境调控水平。为此，在囊匣内设计存放并易于更换调湿剂或吸附剂的结构，配置小包装调湿剂和吸附剂。

（二）文物外包装

文物外包装主要用于运输的包装箱，最大限度保证文物在运输过程中的安全。外包装箱应满足文物保护的要求，具有防水、防潮、防震、防尘、防变形等功能。同时，在制作外包装箱时需要根据文物囊匣数量及大小进行定制，还需要根据运输的方式设计尺寸。例如，采用火车运输时，能够确保文物包装箱正常进车厢；采用汽车运输时，能够保证正常装卸。此外，文物外包装箱材料要求环保并考虑多次利用。外包装箱的制作标准具体可参照《文物运输包装规范》（GB/T 23862-2009）。在文物囊匣装入外包装箱时，尽量合理利用空间，同时使用泡沫或者海绵填充多余空间，避免箱内囊匣之间相互碰撞以及发生位移。装好箱之后，将文物清单放入箱内，对箱体进行密封并贴上封条，在箱体表面做好向上、轻放、易碎、防潮等标记。

三、文物的运输

（一）制订方案

在进行文物运输之前，必须制订周密的文物运输方案，确定文物运输的方式、运输路线规划、人员配置、文物交接时间／地点等事宜，要注意整个运输工作的保密性、安全性。文物运输人员应包含文物保管人员、安全保卫人员、文物包装人员等，必要时可申请公安机关人员进行协助。根据展览目的地制订详细的文物运输计划，从文物出库房到文物进展柜，每一个环节都要有详细计划和实施方案以及相应的应急预案。在文物运输前，确定参与运输工作的负责人以及参与人员，运输负责人要提前召集参与人员召开文物运输工作会议，确定每个人的具体职责并做好会议记录进行存档。对于整个运输工作部署，要落实到位并严格保密。

（二）选择运输方式

根据参展文物的数量、规模，可以选择不同的运输方式，一般情况下，以铁路运输和公路运输为主。当文物数量较少且便于携带时，可以采用人员携带的铁路运输方式；当文物数量较多或者文物体量较大时，最好是选择公路运输方式。空运以及水运方式由于存在许多不确定的自然因素，因此应尽量避免采用。

人员携带时，文物也需要提前进行包装，使用符合文物保护的外包装箱。在运输过程中，要时刻保证文物不离身并且注意文物的保密性。尽量避免中途多次转运，在进站出站时要提前做好准备，尽量避免与人群发生碰撞，尽可能与铁路部门管理人员沟通，请求给予帮助。文物到达目的地应第一时间前往展出地点，与展览相关负责人联系进行文物交接；如果不能直接进行文物交接，最好寄存于对方库房，切不可将文物随身携带或者寄存在酒店中。

公路运输方式存在的安全问题较为复杂，需选择专业文物运输车辆。文物运输车辆应具备防震、防盗抢、防暴等功能，条件允许情况下应该安装车载定位系统以及车厢恒温恒湿系统，这样才能够时刻掌握运输车辆的行驶路线及位置，确保文物运输安全。在行驶过程中可能存在人为因素及自然不可预知因素，因此，在整个过程当中需要时刻保持警惕。从文物运库房开始，每一步都需要小心谨慎，装卸文物需要使用专业的工具，轻起轻落。运载文物的车辆需要文物保管人员以及安全保卫人员跟车，保持适当的行车速度，不能超过 80km/h。如果路途较远，行驶一段时间后应进行适当休息，休息时运输车辆要保证时刻有人值守。到达目的地之后，最好及时卸车并进行文物点交工作。

四、文物的交接

文物的点交也属于文物运输安全的一部分，只有将文物点交给展览相关负责人，办理完交接手续才算将此次文物运送任务圆满完成。在文物交接过程中，需要严格按照规范进行操作。在开箱时要特别谨慎，做到专人负责，避免多人同时进行操作，以防止发生意外。文物拆包之后，由双方相关负责人进行文物的点交工作，依据《馆藏文物展览点交规范》（WWT 0019-2008），文物点交工作双方对参展文物的详细信息一一进行核对，并做影像记录，对于描述存在不符的地方需要进行详细备注。点交确认无误之后，由双方签字并加盖公章。

点交过程中，双方点交人员接触文物时应轻拿轻放，双手捧持，注意不要触碰文物脆弱处。对于体积较大或不便于持拿的文物，应利用必要的工具安全移动。文物展览点交的记录包括文字记录和影像记录，其基本内容应包括：总登记号、文物名称、年代、质地、数量、级别、尺寸、质量、现状描述等。

结语

文物交流展所涉及的环节较多，每个环节紧紧相扣。由于各馆之间的软硬件设施条件不同，在具体实施时也有较大差异。受到经费、设备等因素限制，中小型博物馆在运输安全保障中有些力不从心。应尽力挖掘运输过程中存在的安全问题，制订相应的运输方案，尽量避免发生文物安全事故。同时也需要我们在实际操作过程中不断吸取经验教训，严格按照法律法规及相关标准规范操作，这样才能最大限度保证文物的安全，使文物交流展览取得圆满成功。

参考文献

［1］北京博物馆学会. 博物馆藏品保管工作指引［M］. 北京：中国书籍出版社，2012.

［2］杨斌. 文物运输安全的文化探索［J］. 艺术百家，2013（S1）.

［3］范景锐. 浅论文物的包装和运输［J］. 洛阳考古，2017（2）.

［4］孙晓强. 馆藏文物包装运输中的保护［J］. 包装世界，2003（3）.

我国博物馆临时展览文物运输的风险分析

张湘莉（南京市博物总馆）

文物安全是文博工作的生命线，也是时刻悬在博物馆人头顶的"达摩克利斯之剑"。据统计，截至 2019 年底，全国博物馆每年举办展览 2.8 万多场，数量呈现出逐年增长的趋势，这表明文物借展活动在博物馆业务工作中正逐渐常态化。文物离开收藏单位异地展出，面临的安全风险更加复杂多样，尤其是运输途中的天气、路况、车况、盗窃等许多不确定性因素，任何一点疏漏都可能造成难以挽回的损失。

风险管理是一种现代化管理手段，具体指风险管理主体通过风险识别、风险衡量、风险评估、风险决策管理等，对风险实施有效控制和妥善处理损失的过程。利用风险管理的理论对运输过程中直接或间接危及文物安全的风险因素进行识别、评估、应对，有利于提高运输效率，最大限度地保护文物，传承文明，弘扬中华优秀传统文化，实现博物馆的社会职能。

一、文物运输的概述及相关研究

《物流术语（修订版）》（GB/T 18354-2006）对运输的定义为：用运输设备将物品从一个地点向另一地点运送，其中包括分配、搬运、中转、装入、卸下、分散等一系列操作。文物运输可分为馆内移动和馆外运输两部分。前者一般是为完成整理、修复、研究、陈列等日常工作而进行，距离近，操作简单；后者主要服务于文物发掘、征集和借展等活动，环节众多，环境复杂，风险较高。随着专业的文物艺术品运输公司出现，文物运输的概念已扩展为以运输为主，涵盖包装箱制作、布撤展、展品换陈、出入境报关、保险等一系列工作一体化的物流服务。其特点表现为：文物的特殊性、材料设备的专用性、监控的全程性、人员的专业性。

（一）文物运输方式

我国的文物运输主要采用空运和陆运两种方式，具体方式的选择由文物借入方与出借方综合考虑距离、展品体型、费用、时限、交通、社会政治等因素后协商决定。

飞机被认为是最安全的现代交通运输工具，失事率低，是出入境展览文物运输的首选。但"最安全"并不意味着"零风险"，飞机起降、大气乱流造成的颠簸以及高空的低温低压都会给文物带来一定的负面影响。

陆运可分为公路运输和铁路运输两种。借助我国四通八达的路网优势，公路运输可以直接将货物送达目的地，实现"门到门"的直达运输，方便快捷，成为境内临时展览文物运输的主要方式。铁路运输成本低、运量大、受天气影响小，有较强的准确性和连续性。常见的做法是订购一个完整的软卧包厢，提前进站上车，将文物放置在包厢内，由护送人员轮流值守，以确保文物安全。如2016年首都博物馆举办的"五色炫曜——南昌汉代海昏侯国考古成果展"，便选择了这一运输方式。

（二）文物运输研究综述

随着文物频繁流动，安全问题凸显，国家文物局先后颁布了《文物出国（境）展览管理规定》、《出国（境）文物运输包装工作规范》、《出国（境）文物展览展品运输规定》和《文物运输包装规范》（GB/T 23862-2009）等文件和行业标准，规范文物运输行业发展。李春玲（2016）对比了中欧文物运输包装标准的异同，为完善我国的相关标准提出了建议；武俊玲（2007）根据首都博物馆藏品管理的实践，总结了博物馆藏品包装运输专业化发展的趋势；王冠琦（2018）从组建专业队伍、勘测路线、制订方案、行前演练、组织运输、到达交接等方面梳理了文物运输的过程与注意事项，有较强的实践意义。总体来讲，目前关于文物运输安全的专业研究文献比较缺乏，这些有限的探索也在一定程度上体现了风险管理的思想，为本文的研究提供了借鉴和参考。

二、临时展览文物运输风险识别

本文选取文物从库房至展出地这一区间作为研究范围,以公路运输为主要运输方式,涉及文物包装、搬运、在途运输三个主要环节,旨在分析临时展览中文物运输存在的风险。

(一)包装环节

文物运输包装人员使用适当的包装材料、包装容器,并利用相关的技术(并不局限于包装技术),减少运输途中自然因素(如温湿度、有害气体等)和外力(如颠簸、碰撞等)作用的影响,以保证文物安全。

1. 文物本身风险

很多文物本身就存在一定风险,不利于包装、搬运及长距离的移动。如组织结构糟朽严重的木制品、丝织品,做工精细的盆景摆件,经过修复后的陶瓷器等。选用这些文物进行异地展出,无疑会增加运输风险。

2. 包装材料选择风险

文物包装材料有三大类:表面防护包装材料,箱体包装材料,阻隔、防震与缓冲包装材料。表面防护包装是器物贴身的保护层,常见的有无酸纸、无纺布、绵纸等。箱体包装有木材、胶合板、瓦楞纸等。不同的材料有各自的优缺点和适用范围,要秉持安全无害的首要原则,谨慎选择。

3. 包装工艺风险

文物包装有多种方法可选,如囊匣法、镟挖法、捆扎法、复合法等。具体实施时,根据文物不同的质地、造型、体积、重量、结构、完残情况,确定受力点及加固部位,选取最合适的包装方法。一旦包装操作出现纰漏,文物破损的风险将大大提高。

4. 包装信息编制风险

由于文物形态各异,包装往往不可能整齐划一,编制每个包装箱的文物清单以及附着在包装表面的文物标签、操作辅助标志等这类信息,有利于指导搬运、装卸、保管等工作,方便文物核查检验。反之,信息缺失则会降低运输效率,不利于文物安全。

（二）装卸搬运环节

1. 装卸搬运的机械化风险

文物装箱后，体积较大，一般会利用机械设备，如手动液压托盘车、电动叉车等进行装卸操作。若博物馆的机械化水平较低，未配有相应的搬运机械及能承担大型文物重量的货运电梯等，那么文物搬运工作将面临极大的安全风险。

2. 人力搬运的规范性风险

在文物提取或设备使用程序比较烦琐时，人力搬运不可避免。搬运人员须提前规划好搬运路线，严格遵守操作规范，掌握搬运事宜的注意事项。

（三）在途运输环节

1. 路线规划风险

路线规划包括：了解路况和沿途环境。包括经过的城镇、道路、交会地段等，确定随行人员吃饭、休息及车辆加油的地点，掌握运输时间。对部分城市的车辆限行政策要及早考虑，及时安排，以免耽误交接时间。因此，行车路线规划得当有助于降低文物安全风险，提高运输效率，顺利完成运输任务。

2. 车辆状况与设备运行风险

运输文物宜选用性能良好的全封闭厢式货车，配有温湿度控制设备、防火保温夹层、液压升降板和气垫防震装置等，为文物提供合适的保存环境。运输途中，车况及各设备运行情况将直接影响文物安全。

3. 文物运输人员/承运人选择风险

文物运输人员要求具备专业的操作技能和文物保护知识，有强烈的责任意识、安全意识，工作时保持良好的身心状态。如果通过采购运输服务来运输文物，也要对承运人的运输资质、运输能力、人员的技能与经验等多加关注与考核，以免在此环节出现风险。

4. 应急预案准备与响应风险

对运输过程中可能出现的突发事件要有大致的判断，准备好应对措施，沉着冷静地处理。对运输过程中可能出现的意外，应该提前做好应急预案，并能在第一时间响应。如果预案不充分，或沦为一纸空文，就很难及时控制风险。

（四）信息传递环节

1. 沟通不畅风险

只有保证信息的传送顺畅、有效，包装运输才能有序进行。如在包装前，出借方提供的文物尺寸正确与否直接影响包装工作的进行。在面对一些突发状况时，运输车队与博物馆之间只有保持沟通顺畅，充分了解实际情况，才能合理决策。

2. 信息外泄风险

文物运输是一项保密任务，参与人员要提高保密意识，不能泄露。部分关键信息的知情人数应控制在最小范围。

（五）外部风险

1. 自然风险

自然风险主要是指恶劣的天气、气候或突发的自然灾害。高温、暴雨等容易使环境温湿度骤变，对运输车辆性能和文物带来极大的考验。而地震、泥石流、洪涝等灾害则会造成交通瘫痪，运输中断，文物受损。

2. 社会风险

（1）基础设施完善程度风险。

运输离不开基础设施建设，如道路、桥梁、信息网络等。我国不同地区的道路交通状况差异较大，道路建设水平参差不齐。不平整的道路容易使运输车辆发生颠簸，威胁文物安全。网络是大部分现代定位、通信技术运用的基础，畅通的网络对运输信息传递尤为重要。

（2）社会稳定性风险。

社会秩序不稳定，犯罪案件频发，增加了运输风险。运输团队需要花费更多精力、成本去防范可能出现的车匪路霸或盗窃事件。

（3）法律政策风险。

由于政策与法律发生变动，原本订立的运输、展览合同等可能出现权责不明确等问题，对运输过程产生影响。这一风险在出入境展览中表现得较为突出，因为不同国家文物保护、运输政策法律不同，文物运输的规范性有所差异，不确定性随之增加。

综合以上风险因素，可归纳出文物运输风险评估综合评价指标（详见表1）。

表 1　文物运输风险评估综合评价指标

博物馆临时展览文物运输风险	外部环境风险	自然风险	自然灾害风险
		社会风险	基础设施完善程度风险
			社会稳定性风险
			法律政策风险
	内部流程风险	文物风险	文物本身风险
		包装风险	包装材料选择风险
			包装工艺风险
			包装信息编制风险
		装卸搬运风险	装卸搬运的机械化风险
			人力搬运的规范性风险
		在途运输风险	路线规划风险
			车辆状况与设备运行风险
			文物运输人员/承运人选择风险
			应急预案准备与响应风险
		信息风险	沟通不畅风险
			信息外泄风险

三、临时展览文物运输风险评估

（一）层次分析法

层次分析法是一种定性和定量相结合的多目标决策分析方法，其基本思路与人们处理复杂决策问题的思维、判断过程相似，具有较强的实用性和有效性。详细步骤如下。

首先，确定层次结构。把要解决的问题、要实现的目标分解为不同的组成因素，按支配关系组成递阶有序的层次结构。其次，通过两两比较对每一层次各因素的相对重要性给予定量表示，构造判断矩阵。用 C_{ij} 描述元素 i 和元素 j 相对上一层目标因素的重要值。假设该层次有 n 个元素参与比较，则 $C=(C_{ij})n×n$ 为两两比较的判断矩阵。C_{ij} 的取值采用 1~9 标度方法，具体含义见表 2。

表 2 标度及其含义

标度	含义
$C_{ij}=1$	元素 i 与元素 j 同等重要
$C_{ij}=3$	元素 i 比元素 j 稍微重要
$C_{ij}=5$	元素 i 比元素 j 明显重要
$C_{ij}=7$	元素 i 比元素 j 强烈重要
$C_{ij}=9$	元素 i 比元素 j 极度重要
$C_{ij}=2, 4, 6, 8$	上述相邻两种程度的中间值
$C_{ij}=\frac{1}{n}$，$n=1, 2, \cdots, 9$，当且仅当 $C_{ij}=n$。	

然后，计算判断矩阵，得出该层次下各因素的权重，并进行一致性检验。所谓一致性，是指专家在判断指标重要性时，各判断之间协调一致，不出现相互矛盾的结果。如果 C 是完全矩阵，则 $C_{ij}C_{jk}=C_{ik}$，$1 \leq i, j, k \leq n$。但在实际的数据处理过程中，很难满足一致性的判断。所以，允许存在一定程度的不一致性。遂用指标 CI 衡量一个判断矩阵 C（$n>1$ 阶方阵）的一致程度。CI 值越小，说明判断矩阵的一致性越好。当 $CI=0$ 时，判断矩阵具有完全一致性。

$$CI=\frac{\lambda max(C)-n}{n-1}$$

RI 为平均随机一致性指标，只与矩阵的阶数有关。CI 与 RI 的比值表示判断矩阵的随机一致性比率 CR，即 $CR=\frac{CI}{RI}$。当 $CR<0.1$，则矩阵 C 的不一致程度可接受，否则需要调整矩阵使其满足一致性要求。

最后，依次沿层次结构由上而下逐层计算，得到最低层次各因素相对于目标层的重要性或优劣的排序，即层次总排序，作为评估、决策的依据。

（二）基于层次分析法的各风险因素影响力权重

按照评价指标体系设置问卷。采用专家打分法，邀请文物运输、博物馆研究、文物保管等十位专业人士作答，构造判断矩阵，汇总分析，最终获得以下权重结果（见表 3）。

表 3　文物运输风险各项指标权重

准则层				方案层	
二级指标	权重	三级指标	权重	四级指标	权重
外部环境风险	0.1944	自然风险	0.0295	自然灾害风险	0.0295
		社会风险	0.1649	基础设施完善程度风险	0.1024
				社会稳定性风险	0.0382
				法律政策风险	0.0243
内部流程风险	0.8056	文物风险	0.1378	文物本身风险	0.1378
		包装风险	0.2609	包装材料选择风险	0.0615
				包装工艺风险	0.1517
				包装信息编制风险	0.0477
		装卸搬运风险	0.1459	装卸搬运的机械化风险	0.0218
				人力搬运的规范性风险	0.1241
		在途运输风险	0.1432	路线规划风险	0.0180
				车辆状况与设备运行风险	0.0171
				文物运输人员/承运人选择风险	0.0734
				应急预案准备与响应风险	0.0347
		信息风险	0.1178	沟通不畅风险	0.0996
				信息外泄风险	0.0182

根据结果可知，文物运输的风险主要来自内部，其下各因素权重从大到小依次为包装风险＞装卸搬运风险＞在途运输风险＞文物风险＞信息风险。包装风险权重最大，达到了 26.09%，对文物安全的影响最突出。《文物包装运输规范》中包装的

内容篇幅占据了主体，对包装过程的规范较为全面，体现了包装风险的防范意识。装卸搬运风险、在途运输风险、文物风险、信息风险权重差距甚微。同时，隶属于外部环境风险的社会风险比重达16.49%，仅次于同一层次的包装风险。虽然该风险因素很大程度上属于不可抗力，运输主体仍可以采取措施防范控制。

四级指标中，包装工艺风险、文物本身风险、人力搬运的规范性风险、基础设施完善程度风险、沟通不畅风险、文物运输人员/承运人选择风险的权重位列前六，同时也在各自三级指标下权重最大，对文物运输整体风险的影响程度相比于其他指标更大，所以应重点防控。其中包装工艺风险最关键，因为如何包装文物在一定程度上还需依赖操作人员的经验和感觉，很难形成适用于所有文物的标准化流程。

四、临时展览文物运输风险控制

（一）风险管理思想在我国文物运输中的体现

1. 保险转移

保险是应对风险的主要手段，我国一些大型博物馆也基本实现与国际接轨，为临时展览中的借展文物投保。博物馆展览保险普遍是"钉到钉"的综合险，即提供文物从离开库位到展览结束回归原位的全过程保障，涵盖了展品运输、展出等环节的大部分风险。但是，当前我国的文物保险市场，无论在体系完善还是在市场意识方面，仍然处于初级阶段。高额的保费以及缺乏专业的鉴定和完善的定价体系阻碍着行业发展。我国相关部门正鼓励、支持保险机构探索适合文化产业特点和需要的险种和保险业务，推进我国艺术品保险市场的发展。

2. 服务采购

采购文物运输服务是博物馆规避风险的又一举措。第三方物流服务公司具备专业优势，车辆设备齐全，运输经验丰富，更能有效掌握并避免业务流程中的风险，保障文物安全。博物馆充分利用社会资源，节约了服务成本，能更加集中精力于博物馆的管理和职能的发挥。在承运商选择方面，博物馆采用公开招标、邀请招标、竞争性谈判、询价等多种方式，设置投标准入门槛，组建专业评标团队对投标人评价打分，体现了选择的科学性、严谨性。

3. 文件规范

自 2002 年起，国家文物局先后公布了 3 批共 195 件（组）禁止出境展览的文物名单，从根本上避免了这些文物在出国（境）展览中的运输、展出风险。《文物包装运输规范》（GB/T 23862-2009）结合我国文物运输包装工作的实际情况，重点提出了包装材料选择、包装箱制作、防护包装、装箱、堆垛码放、运输安全等方面的要求。该标准的实施有效降低了借展文物在包装运输操作层面的风险，对我国文物运输包装行业的规范化、科学化发展及博物馆展览事业意义深远。

（二）风险应对的其他举措

1. 文物自身风险的控制

（1）临时展览文物选择。

临时展览往往会优先考虑借展一些高等级或高知名度的文物，以提升展览规格，吸引观众。但在展品选择时，策展人须秉承展品服务于特定展览主题的宗旨。若不契合主题，即便是精品，也应毅然舍弃。这是对展览负责，也是对文物的保护。优先选择保存状态比较好、质地稳定的文物。在文物风险极高，不利于借展的情况下，要敢于利用复制品或其他辅助展品。一些博物馆对使用复制品非常谨慎，担心它的出现会降低展品的权威性，拉低展览水平，让观众感到失望。但高质量的复制品本身就是艺术品，也能使展览更加完整。

（2）加强馆藏可移动文物的预防性保护与修复工作。

与"抢救性保护"不同，文物预防性保护是积极主动对文物实施干预。预先对可能出现的种种损坏文物的情况进行科学预测、分析、研究，制订解决方法和措施，最大限度地避免人为因素和自然因素及其他不可预知因素对文物的损害。对准备出借的展品，提前进行全面的"体检"，根据其保存状况，决定是否需要采取保养和修复措施。对一些可能存在风险的文物实施保护性修复，增强其"免疫力"，以提高其在包装运输中的抗风险能力。

（3）用科技手段实现珍贵文物的无损利用。

2018 年故宫博物院推出的"清明上河图 3.0"高科技互动艺术展演，获得了与文物本体展出一样的热度，开创了博物馆藏品诠释的新方式。保护与利用这组矛盾的关系因为现代科技的参与找到了平衡。利用数字化影像采集、数据存储和网络技术，实现博物馆藏品的信息化管理。以此为基础，通过物联网、云计算、大数据、移动互联等新手段，将数字化成果提供给社会公众检索、下载和使用，如谷歌艺术计划、"智慧博物馆"，亦可用作临时展览中文物的虚拟展示、互动展览体验等。

2. 包装运输风险的控制

（1）不断坚持并完善行业标准。

增加风险评估环节。评估的对象包括文物自身的风险和整个移动过程的风险，这也正是本文的部分研究内容。风险评估围绕文物安全展开，具体项目具体分析，除上文提及的风险外，像出国（境）展览还将面临报关风险、临时保管风险等。

做细搬运、运输的内容。《文物包装运输规范》（GB/T 23862-2009）中，搬运、运输方面的内容所占比例较少。在途运输是文物移动的重要环节，涉及的内容多且复杂，不确定性较大。采取不同的运输方式，面临的问题也各不相同。在标准中要对这部分内容进行丰富，使之更加详细具体、可操作，对实践具有指导作用。

（2）提高工作人员的风险管理水平。

加强文物运输工作人员的思想道德和职业道德教育，形成责任意识、安全意识。通过普及文物保护知识、技术培训、落实作业标准化等，全面提高工作人员的业务能力。最后，增强管理人员的综合素质，提高对运输流程的风险预见性和风险防范的有效性。

（3）增强应急预案准备与响应能力。

在预案准备阶段，召集专业人员交流运输中已经出现的和潜在的风险，结合自身的资源与能力提出解决方案，并编制成书面文件，分发给运输人员，集中学习，同时集思广益，完善预案。若时间充裕，在运输前进行模拟演练，提高响应能力。

3. 信息风险的控制

在文物运输合同中添加专门的保密条款，标明保密的内容、人员范围、时间，即可有效规避信息外泄的风险。在沟通风险方面，严格规范信息记录。文物名称、材质、年代、大小等信息让人一目了然；语言要准确，避免出现歧义。对于语言无法表达的用图像资料记录。包装之前的文物保存状态和基本信息、运输过程发生的变化等都要有案可查。建立完善的信息沟通机制，在团队内部更好地实现信息共享，降低信息不对称带来的风险。运用现代信息技术手段，如利用QQ、微信等即时通信工具建立工作群；利用定位跟踪与控制技术对车辆进行全程监控，确保信息传输的及时性、准确性。

4.其他风险的控制

大多数的自然风险不是人为可控的，但预先获得相关信息，也可通过科学管理决策防范。如运输管理人员在准备方案时，要关注运输期间途经各地的天气状况，尽量避开恶劣天气。在路线规划之初，实地走访调查，了解道路及周边环境，避免道路、网络等基础设施建设不完善的风险。对不得不通行的颠簸路段，选择有经验的驾驶员和良好的防震装置。

结语

本文探索了博物馆临时展览文物运输的风险管理过程，具有跨学科研究的特点，对文物保护与利用的理论研究和实际工作均有一定意义。但在风险识别方面，因为笔者少有机会亲自参与文物运输工作，所分析的风险大都是从与相关人员的交流与文献阅读中获得，难免有所疏漏。临时展览是一个系统工程，风险贯穿始终，针对多种运输方式或展览全程进行风险管理，可以成为进一步的研究方向。

参考文献

［1］隋文风.浅谈文物运输过程中的安全［C］//第二届北京博物馆学会安全专业委员会研讨会，2013.

［2］李春玲.中欧文物运输包装规范对比研究［J］.中国文化遗产，2016（5）.

［3］武俊玲.现代化博物馆藏品包装运输专业化发展的趋势［J］.中国博物馆，2007（4）.

［4］王冠琦.浅谈文物在运输过程中的安全工作［J］.新商务周刊，2018（7）.

［5］汪俊枝，汪培梓.文物物流特征分析与体系构建［J］.物流科技，2011（5）.

［6］杨斌.文物运输安全的文化探索［J］.艺术百家，2013（S1）.

［7］张金萍.文物在运输中的包装［C］//第七届全国考古与文物保护化学学术会议.南京博物院文物保护研究所，2002.

［8］郭智勇.博物馆展际交流中文物预防性保护策略应用探讨［J］.文物世界，2015（5）.

［9］韩翊玲.提升我国博物馆对外展览对策研究［D］.上海：复旦大学，2011.

［10］焦丽丹.如何让馆藏文物"活起来"［J］.中国博物馆，2015（3）.

［11］韩建武.对外展览中的文物安全问题［C］//北京博物馆学会编.继承发展 保护管理——北京博物馆学会保管专业十年学术研讨纪念集.北京：北京燕山出版社，2010.

［12］单霁翔.加强我国文物保险法规制度建设［N］.中国文物报，2017-03-14.

［13］中华人民共和国国家质量监督检验检疫总局，中国国家标准化管理委员会.文物运输包装规范（GB/T 23862-2009）［S］.北京：中国标准出版社，2009.

［14］中华人民共和国国家质量监督检验检疫总局，中国国家标准化管理委员会.物流术语(修订版)（GB/T 18354-2006）［S］.北京：中国标准出版社，2006.

文物展览运输安全问题的 SWOT 分析及对策

张小明（赤峰市博物馆）

随着我国经济社会的深入发展，我国博物馆事业的发展也迎来了新时期，尤其是近年来各大博物馆成功举办的临时展览，为文博事业的发展注入了新的活力。"但是，伴随文化交流展示中文物的频繁流动，文物存在安全隐忧，使其综合性、多重性的安全保护问题凸显出来"（王滨，2016），在博物馆举办临时展览的过程中，保证文物的安全是重中之重，这也是成功举办临时展览的先决条件。

本文运用 SWOT 分析方法[1]，结合当前文物展览运输安全的具体实际工作，试析其相关问题及解决对策。

一、专业文物展览运输公司的优势所在

目前，博物馆选择承担文物运输工作的是专业的文物运输公司。同时，这些专业的文物运输公司也有自身的优势，具备在运输中保障文物安全的能力。专业的文物运输公司，承担了文物运输的安全责任，其专业性主要体现在以下两个方面。

---

[1] SWOT 分析方法，是基于内外部竞争环境和竞争条件下的态势分析，就是将与研究对象密切相关的各种主要内部优势、劣势和外部的机会和威胁等，通过调查列举加以分析的方法。其中，S(strengths) 是优势，W(weaknesses) 是劣势，O(opportunities) 是机会，T(threats) 是威胁。通过运用 SWOT 分析方法，可以对研究对象所处的情景进行全面、系统、准确的研究，从而根据研究结果制订相应的发展战略、计划以及对策等。

（一）专业的技术团队，文物安全责任意识强

专业的文物运输公司有专业的包装和运输团队。文物运输公司准备工作充分，在博物馆将文物运输工作交办时起，即在文物运输清单、文物包装材料、文物运输设备等方面提前做好了准备，力求把每一件文物在包装和运输过程中的安全风险降到最低。此外，工作人员的文物安全责任意识强，在文物运输之前都会进行前期培训，熟悉文物，严格按照运输标准执行。专业的技术团队，是保障文物展览安全运输的第一条件。

（二）专业的细节处理，全方位保障文物安全

文物运输公司的专业性还体现在细节准备和处理上。第一，在文物包装上，根据文物的自身特质，选择最适合包装文物的填充物件或是现场制作填充物件，以保障文物在囊匣内的稳定性。第二，在运输装备上一应俱全，车辆密封，外包稳固，全程监控，人员齐备，并建立预警机制以应对突发情况。从细节工作的准备到全方位的保障工作，专业文物运输公司在文物运输安全的软硬件等方面，都具有自身的优势。在文物展览运输安全上，这些细节工作的专业处理是否正确是决定文物能否安全抵达目的地的重要条件。

二、文物展览运输工作存在的主要问题

笔者根据对保昌国际货运有限公司、华协国际珍品货运有限公司的工作人员的采访，并结合具体实际工作经验，总结出目前文物运输工作中存在的主要安全隐患如下。

（一）包装、运输之前临时更换文物

"藏品的包装就意味着保护，使藏品不受各种物化生物因素的影响，对藏品进行包装，是为了文物在移动、搬迁、运输过程中的安全与方便。"（勒红曼，2013）目前，由文物运输公司的专业人员对文物进行包装、装箱。在工作人员进行包装之前，他们已对所要运输的文物做好运输清单，并根据文物的材质、大小等特性，做好或是提前备好文物所需囊匣或填充物。

但是，目前在文物包装工作中，因博物馆展览需要或是其他因素制约，存在文物点交现场临时更换文物的问题。这给文物包装和运输工作带来极大困扰，也给文物在运输之前带来一定的安全隐患。例如，文物运输公司因为文物名称和文物图片不统一需要重新改写文物清单；因为尺寸不同而需要重新测量、重新准备囊匣或是填充物件；有的因文物质地不同、尺寸差别较大、对环境有特殊要求，在包装、装箱、运输中都产生了一定程度影响。"文物装箱，是文物搬迁运输之前最重要及最关键的环节"（勒红曼，2013），如果更换的文物差别较大，那么在工作人员装箱时，势必就会扰乱其他文物的安放位置，打乱集装箱的空间位置，这些都给工作人员提前准备好的空间安置带来了困扰，在一定程度上也是文物在运输过程中存在的安全隐患。

因此，对于现场点交时临时更换文物的问题，需要多方共同努力，协商解决，各方都要做好应急工作。

（二）运输过程中突发性的自然和人为因素

"在巡回展览过程中保证文物安全的重中之重，当是运输环节。"（董涛，2009）在运输过程中会出现一些影响文物安全的人为因素，主要是对文物进行移动和搬运时所产生的。

文物展览运输方式主要是公路运输、铁路运输和空运。"文物运输选择火车也是目前较多的运输方式，一般情况下最好选择客车托运"（田凯，2013）。目前，国内大部分的文物运输选择封闭式的车载公路运输，可以有效降低人为因素造成文物损坏的风险。因为相较于铁路和空运，公路运输在运输过程中对文物的移动和搬运次数少，安全系数相对更高一些。因此，选择公路运输对文物的安全相对更有保障，相比于铁路和空运具有更多的优势。

2019年7月8日，赤峰市博物馆因展览需要向内蒙古自治区文物考古研究所借用辽代褐色玻璃杯，因为时间问题选择了空运。玻璃杯属于易碎物品，这给文物安全抵达赤峰带来了很大的考验，且在空运过程中会多次出现移动和搬运玻璃杯的情况。例如，乘车到机场上下车对玻璃杯的移动和搬运；机场安检也需要对玻璃杯进行多次移动和搬运；机场人流密度大，容易发生碰触；没有实时的全程监控；空运过程中飞机的起降以及颠簸等。虽然玻璃杯安全抵达赤峰市博物馆，但是这些因素都给该文物带来了很大的安全隐患。鉴于空运过程中对文物搬运次数较多的问题，在后续一些文物的运送中，赤峰市博物馆选择了车载公路运输。相较于空运和铁路运输而言，公路运输对文物的移动和搬运次数较少，把文物运输过程中对文物安全产生的人为因素降到了最低。

但是，在公路运输过程中也会遇到一些突发的自然因素，这也是文物运输安全问题不可避免的。例如，因为某处道路施工需要临时更改行车路线；突遇较大的暴风雨雪天气；运输车辆本身出现故障；遭遇交通事故等一些突发性和偶然性事件。这些突发性的自然和人为因素是影响文物能否安全抵达目的地的重要条件。在"公路和铁路运输中突发性洪水、风雪灾害、交通事故等意外事故非人为破坏。因此，不论采取什么运输方式，安全都是第一要素"（董涛，2009）。这也就强调了文物运输过程中会遇到一些突发性的不确定因素，要做好准备，随时应对各种突发性的自然或人为因素，确保文物安全。

2020年1月14日，赤峰市博物馆引进甘肃省武威市博物馆的"大夏辅郡——武威西夏历史文物展"，承接这次文物运输工作的是保昌国际货运有限公司。2020年1月6日，运输文物的车辆从武威出发前往赤峰。从甘肃武威到内蒙古赤峰最初确定的行车路线为：武威—银川（宁夏回族自治区博物馆）—太原（山西博物院）或呼和浩特（内蒙古博物院）—赤峰。但是，在运输过程中遇到大雪天气，为保障文物在运输过程中的安全，保昌国际货运有限公司的工作人员及时反映情况，根据大雪天气和道路封闭情况及时调整行车路线，将行车路线调整为：武威—银川—鄂尔多斯—北京—赤峰。保昌国际货运有限公司的工作人员在面对突发情况时，及时调整行车路线，应对自然灾害对文物造成的安全隐患，将文物安全运送到赤峰市博物馆，体现了公路运输的灵活性以及文物运输团队处理紧急情况的专业性。

（三）文物点交过程中的潜在人为因素

在文物运输安全隐患方面还存在这样一个问题。博物馆工作人员点交文物时，因为每一件文物都具有不同的特征，其完好程度也各不相同，所以对每一件文物点交的时间也各不相同。其中，某一类材质相同、时代相同、完残程度基本一致的文物点交用时短，点交完成以后，文物基本存放在点交台面上，造成文物集中存放，这会产生以下两个问题。

第一，文物集中堆放，工作人员较多，在馆内工作人员将其他文物拿到台面上再次点交和包装人员从台面上取下文物进行包装时（一些空间条件有限的文物点交室，文物包装人员也会直接在点交台面上进行包装），会对文物的安全产生极大的威胁，容易在拿取文物和包装文物的过程中对台面上的其他文物产生碰撞，这是文物包装运输过程中存在的重大安全隐患。

第二，存在对某一类文物点交用时较短的现象，但是对文物包装工作人员来说，每一件文物都要认真包装，也就是说对包装文物的时间不会因为点交时间的缩短而变快。"文物包装、装箱是否妥当是文物运输安全的重要环节，它包含着保障文物安全这样一层含义，缺乏安全意识的任何一种做法，都会不可避免使文物遭受不同程度损失，所以，从一开始包装就极为严格。"（韩文慧，2016）这也给文物包装人员带来了难题。例如，文物过量集中，文物包装人员在确定文物包装清单时会有困扰，尤其是对材质、大小、外貌相似的文物，对文物包装人员而言容易造成文物辨识不清，如果不及时沟通，就可能会出现文物装错囊匣的现象，这会给博物馆人员的文物清点、布展等后续工作带来极大困扰。

笔者以赤峰市博物馆引进徐州博物馆"大汉楚王——徐州汉代楚国精品文物展"为例，说明相关问题。2019年9月11日，在赤峰市博物馆工作人员对所借徐州博物馆陶俑的点交中，"陶跽坐甲胄俑"和"陶跽坐驭手俑"分别有四个，且陶俑大小、模样差别不大，所以点交时间相对较快。赤峰市博物馆人员对陶俑点交完毕后，并未和包装工作人员进行沟通，而是直接准备点交其他文物，从而导致了两个问题。

第一，点交台面存放文物过多，工作人员在对文物点交、记录、照相和拿取、包装的过程中容易碰触文物，给文物安全带来极大隐患。点交中途，徐州博物馆和赤峰市博物馆工作人员认识到了这一问题，在保障台面文物安全的同时放慢了点交速度。

第二，在点交过程中，包装工作人员为确保文物安全对陶俑进行精心包装，显然其包装速度要落后于点交速度。因为这几件陶俑大小、形制基本一致，只有细微之处有差别，所以包装人员在包装完第一件陶俑之后，桌面上还有已经点交完成的其他几件陶俑，囊匣内部标注的陶俑信息也并没有和陶俑一一对应，文物运输公司工作人员所持有的文物清单上的文物照片为黑白色，致使包装人员无法分辨陶俑的具体名称。运输公司的工作人员只有一直咨询文物点交人员，才得以将陶俑包装入箱。

可见文物运输的安全问题不只发生在运输的过程中，也有其他潜在对文物有安全风险的因素。这不仅需要博物馆的工作人员进行考量,对文物运输公司也是一种考验。

三、文物展览运输安全工作的发展导向

我国社会经济日益发展,大众在精神领域的追求也与日俱增。其中,博物馆的临时展览在满足人民群众文化需求的过程中扮演了重要角色。临时展览是连接不同区域间受众在文化共鸣方面的重要桥梁,不仅能够满足广大群众的精神文化需求,也是促进不同地区之间文旅相互融合与发展的重要载体。因此,未来博物馆之间相互交流的临时展览是一种发展趋势。"现在国内外馆际之间的展览交流与日俱增,我们既要保障工作的顺利开展,更要保证馆藏文物在运输中的安全性,那么文物的包装与运输就成为非常重要的一项工作。"(赵婷,2013)

因此,未来文物展览安全运输的问题,无论对博物馆还是文物运输公司来讲,都需要重新审视、认真对待。需要更多的专业文物运输公司,来为临时展览的成功保驾护航,这为文物运输公司自身发展带来机遇的同时,也带来了挑战。

未来,临时展览中将会有更多珍贵文物出现于公众视野。因此,在文物展览运输方面,保障文物的安全尤为重要。各方工作人员更应把握好文物点交过程中的注意事项;易碎文物品的包装问题;在运输途中对环境、对包装材料有特殊要求的文物等。文物展览运输中存在的这些安全问题,也是博物馆和文物运输公司需要面对的重大课题。随着临时展览增多,文物展览运输安全问题也会得到更多重视,文物展览安全运输工作将会形成一套完整成熟的包装和运输体系,有规可循,有章可鉴,并根据运输地点和实际工作的不同,因时因地去解决文物运输中的安全问题。应该"规范调控服务资源和服务资质,促进文物包装运输配套服务行业健康成长,使各类文物艺术品包装运输生产单位有规可循,不断提升职业操守、专业技能和服务水平"(汤毅嵩,2016)。只有不断健全机制体制,才能在文物运输过程中确保文物的安全。

四、文物展览运输安全问题的相关对策

针对以上文物展览运输过程中存在的一些安全隐患和问题,结合目前实际工作

情况，拟提出以上问题的相关对策。

（一）双方通力合作，及时沟通

在点交过程中，面对临时更换文物的情况，博物馆和文物运输公司需要通力合作、及时沟通，避免在文物运输之前对文物安全造成威胁。

从博物馆来说，临时展览的成功举办，需要多方共同努力。除保障文物安全以外，也要尽力把影响文物安全的风险因素降到最低。在对文物进行点交之前，博物馆要确保馆内文物与清单上的文物相对应，如果需要更换文物，在博物馆双方协商确定以后，要第一时间告知文物运输公司，尽量避免在点交过程中出现临时更换文物的情况。这样文物运输公司也会根据文物的调整提前准备相关文物所需要的包装材料和运输设备，做到防患于未然。

从文物运输公司来讲，如果在点交过程中出现了临时更换文物的情况，文物运输公司应该适时调整包装和运输策略，随机应变。因此，面对这种情况，文物运输公司应该做好应急准备，以应对突发性事件。

（二）适时调整点交策略，确保点交过程中的文物安全

前文有提到在点交过程中对文物产生安全隐患的人为因素。因此，在具体点交文物的工作中，面对相关情况和问题，博物馆点交工作人员应该适时调整点交策略，确保文物安全。具体对策也要根据实际情况作出判断和选择，如根据包装人员的包装速度调整文物点交的速度；观察点交台面上的文物数量，避免台面上的文物过度拥挤，给文物带来安全隐患。此外，文物运输公司也要提前做好准备工作，如文物清单尽量为彩色照片，方便对文物的相互对照。双方更要及时沟通，共享点交过程中的相关信息。

（三）遇有突发情况，灵活应变

在文物的运输过程中会遇到许多影响文物安全的人为因素和自然因素，诸如上文中提到的突发性人为因素和自然因素。如果运输途中遇到此类事件，一定要灵活应变。例如，文物运输公司要根据道路、天气等情况调整行车路线或是作出其他合理选择。其中，对于长途文物运输，遇到紧急情况，如果不能在预定好的城市停宿，文物公司专员也要根据公司方针政策作出合理选择，确保文物运输车辆在监控范围

之内。此外，对于运输过程中遇到的突发情况，在行程上所消耗的时间，文物运输公司人员要及时与博物馆工作人员沟通，确保信息畅通。

（四）增强责任意识，确保文物安全

责任意识是大众在社会实践过程中逐步形成的。"广大人民群众对于文物展览保护的重视程度同样决定着工作能否顺利开展下去。因此，文物展览保护有关部门需要大力开展教育工作，开展一系列文物展览保护意识及方式宣传，将文物展览保护相关法律条款进行有效落实，并开展到基层人民群众中，普及对于文物展览保护的意识及相关方式方法，在社会上形成良好的风气。"（王先为，2019）对于文物行业的从业人员来讲，文物保护责任意识应该更强，这样才能把文物展览运输存在的安全问题降到最低，确保文物在临时展览运输过程中的安全。

于博物馆而言，文物安全责任意识是重中之重，只有把文物安全放在第一位，才能使其他工作顺利开展。对于文物运输公司而言，保证文物的安全是其工作的第一要务。只有在工作过程中，具有高度自觉的文物安全意识，才能在包装、运输工作中把文物安全工作做好。总之，文物安全工作是全社会共同的社会责任，对于从事文物相关工作的博物馆和文物运输公司的工作人员来讲，更是义不容辞的社会责任和工作责任。

结语

近年来，我国博物馆事业不断向前发展，博物馆举办的临时展览社会影响力日益断提高。而文物运输安全工作，一直是博物馆在举办临时展览过程中需要面对的重要课题。本文运用SWOT分析方法，结合文物展览运输安全的具体实际工作，粗浅地分析了目前文物展览运输安全的相关问题。

首先，对目前文物专业运输公司的优势进行了分析，重点对文物专业运输公司的专业性进行了说明。

其次，就目前文物展览安全运输工作存在的安全隐患进行了分析和探讨。这些问题集中于文物展览运输安全工作之前。例如，包装和运输之前临时更换文物、文物点交过程中潜在的人为因素，以及运输过程中突发性的自然因素和偶然性的人为因素。试图从具体的实际工作中探究文物展览在运输过程中存在的相关问题和隐患。

再次，本文结合文博事业的发展现状，对未来文物展览运输工作发展趋向做了简单说明。随着文博事业的不断发展，文物展览安全运输工作也将形成一套完整成熟的包装和运输体系，并在运输工作中不断发现问题，解决问题。

最后，本文根据文物展览运输过程中存在的具体问题提出了相关建议和对策。博物馆工作人员应在点交过程中随时调整方针策略；文物运输公司工作人员应该在前期工作、应对突发情况等方面有更加充足的准备；双方更应该在相互合作、信息及时共享等方面多加思考，并不断增强文物安全的社会责任意识，以确保展览运输中文物的安全。

参考文献

［1］王滨.文化交流展示中的文物保护［J］.文化天下，2016（2）.

［2］勒红曼.文物藏品包装在搬迁运输工作中的安全［J］.黑龙江史志，2013（16）.

［3］董涛.论巡展文物在包装运输中的预防性保护［C］//博物馆藏品保管学术论文集——北京博物馆学会保管专业第四一八届学术研讨会论文选编，2009.

［4］田凯.文物移动安全问题与对策［N］.中国文物报，2013-01-04.

［5］韩文慧.文物藏品搬迁的准备与实施［J］.中国民族博览，2016（11）.

［6］赵婷.浅谈馆藏文物包装与运输中的保护［J］.鄂尔多斯文化，2013（3）.

［7］汤毅嵩.亟待重视的文物安全角落——文物展品的包装运输［N］.中国文物报，2016-05-24。

［8］王先为.如何做好文物展览保护工作［J］.文物鉴定与鉴赏，2019（5）.

文物包装运输规范刍议

杨金泉　褚红轩（孔子博物馆）

文物是人类历史发展过程中遗留下来的遗物、遗迹，是不可再生的文化资源，蕴含着丰富深刻的历史文化内涵，一旦损毁，不可挽回，保护文物安全是文物工作者的首要职责。相对来讲，文物存放于温湿度恒定的库房橱柜中，安全系数较高，但文物深锁于库房将无法发挥其应该承担的相关职能。现阶段，陈列展览依然是文物发挥宣传教育职能的有效载体，但基本陈列展品相对固定，更换缓慢，远远不能满足人民群众对美好文化生活的需求。

21 世纪以来，我国临时展览和馆际交流呈快速上升趋势。习近平总书记提出，让收藏在博物馆里的文物、陈列在广阔大地上的遗产、书写在古籍里的文字都"活起来"。这一理念为文物工作指明了方向，临时展览得到重视，截至 2018 年底，我国临时展览总数已达 14243 个，馆际交流、国际合作十分活跃。相应地，文物包装运输工作也变得非常频繁，多数文物历经时代的洗礼变得较为脆弱，其中不少文物存在着各种各样的病害，极易损坏。为保证文物在包装、运输过程中的安全，我国先后制订了《出国（境）文物展品包装工作规范》《文物运输包装规范》，较为全面科学地对文物包装、运输作出了规范。本文依据具体工作实际，从文物包装、运输的风险管理、包装材料、包装技术与方法、装车与运输等方面进行梳理，并探讨文物包装运输规范的具体要求。

一、文物包装运输的风险管理

风险管理可以追溯到远古时代人类面对自然灾害、外部侵扰等做的前瞻性抵御准备和互助互济行为，这些行为具有朴素的风险和风险管理意识。现代意义上的风险管理起源于20世纪初的西方国家，并在20世纪30年代有了长足发展，在20世纪70年代逐渐标准化和规范化，深入社会多个层面。21世纪"9·11"事件以后，风险管理得到了各国政府的重视，也随之进入新的发展时期，影响更为广泛。现阶段，在我国文博领域，风险管理理念已开始应用于文物预防性保护工作，并取得了一定成效。在欧洲，风险管理已经广泛应用于文物包装、运输等相关工作。文物本身具有不可再生和易损特征，文物包装具有难度大、技术要求高的特点，文物运输具有距离远、不确定因素多的实际情况，文物包装和运输工作需要也应引入风险管理理念。

文物包装、运输风险管理，通过对文物本身的状况、保存环境、包装环境、包装材料、包装技术以及方法、包装人员的资质与能力、运输车辆情况、运输资质、运输方案等进行评估，对面临的以及潜在的风险加以判断分类和性质鉴定，并在此基础上估测风险的发生概率和损失幅度，再通过风险评价选择科学合理的风险管理技术，最大限度保证文物包装运输工作的安全实施。

文物包装、运输风险管理，能够让我们更为全面和系统地认识并描述文物在包装运输过程中面临的潜在危害，预警风险，实现对不确定因素的定量评估，包括对潜在危害造成不良后果的概率和程度估算。以此为基础对文物包装运输工作内容进行科学估计和评价，更加高效地作出资源配置决定，更加科学、准确地制订文物包装运输方案，保证此过程中的文物安全。此外，风险管理将使团队中的藏品保管者、包装和运输人员以及行政管理者等参与到风险管理中，有利于提高整个团队的相关能力水平和文物安全意识。

二、文物信息采集

文物包装前要详细采集图像、数据等基本信息。采集文物图像要全方位，有病害、磕损、易损的部位要采集特写，所采集的影像资料应妥善保存，在开箱和交接时对照核实，并永久保存。文物数据包括名称、质地、尺寸、数量、完残状况等基本信息，其中完残状况一定要详细准确记录。信息采集完毕的文物方可进行包装。

三、文物包装

包装是搬运、运输过程中文物安全的重要保障，是其中最重要的环节，这就要求包装材料、包装方案、包装技术水平都应达到或者高于现行标准。

（一）文物包装材料

文物包装材料包括表面包装材料，阻隔、防震与缓冲包装材料，箱体包装材料三大类。表面包装材料指与文物直接接触的包装材料，应选用柔软、安全、无害的材料，包括绵纸、无酸纸、浅色或本色纯棉制品等。阻隔、防震与缓冲材料是间隔于文物与包装内箱之间、内箱与内箱之间、外箱与外箱之间用于防止文物及箱体移动、摇晃、震动的材料，要求无污染、无有害介质挥发，包括海绵、软质聚氨酯泡沫塑料、发泡聚乙烯珍珠棉以及符合文物包装运输标准的新型材料，现阶段使用较多的是发泡聚乙烯珍珠棉。箱体包装材料包括内箱和外箱，内箱根据文物重量与质地等可选择瓦楞纸板、纤维板、胶合板、木板等，其中瓦楞纸板、纤维板及胶合板强度及有害物质挥发应符合相关标准。具体来讲海绵应符合 GB/T 18944.1-2003 的要求；软质聚氨酯泡沫塑料应符合 GB/T 10802-2006 的要求；瓦楞纸板应符合 GB/T 6544 优等品的要求；纤维板应符合 GB/T 12626 的要求，甲醛释放量应符合 GB 18580 的要求；胶合板应符合 GB/T 9846.3-2004 要求，甲醛释放量应符合 GB 18580 的要求。如选用天然木材，一定要经过熏蒸处理。外箱材质一般采用胶合板和天然木材制作，标准要求与内箱一致。外箱因其直接暴露于外部环境中，对其要求相对更为严格，应具有较强的防震、防冲击、抗压、防潮、防水、防虫、防尘、防变形、保温和阻燃性能；必须能够承受运输中多次搬运及环境变化；应有明确的包装储运图示标志。

（二）文物包装场地和环境

包装场地应尽量设在室内，以便于进出人员的管理，无关人员一律不允许进入。包装场地要足够宽敞以保证文物在包装过程中的安全。如因特殊情况，场地不能设在室内，应在现场布置隔离带并配备足够数量的安保人员。

包装环境应光线明亮；文物和包装材料、工具摆放要井然有序，不可乱堆乱放；电线尽量沿墙根布线，如条件不允许，一定要紧贴地面，不可悬空，并做显著标识，以免人员绊倒，造成文物损坏。包装场地应有温湿度控制系统，保证环境与文物保存环境一致。如果没有温湿度控制系统，包装场地可设在文物原保存场所或者与原保存环境相近的场所，最大限度保持与文物所处环境的一致性，避免因环境突变引起的文物劣化。

（三）文物包装技术与方法

文物包装技术与方法是保证文物安全的重要内容，包装方法种类较多，主要有以下几种。

包裹法。包裹法是用绵纸等软质类包裹材料对文物整体或者易损部分进行包裹和保护，是最常用的一种文物包装方法。包裹法是其他文物包装方法的基础，几乎所有的文物在包装时都要首先经过包裹法处理以隔绝外部材料和环境，防止摩擦造成的文物伤害和环境突变引起的文物劣化。经包裹后的文物可放入囊匣、内箱或者挖好的随形槽内。

镟挖法。镟挖法是在包装材料比如发泡聚乙烯珍珠棉上镟挖出文物的形状，将文物嵌入其中，保证文物不发生位移的一种方法。需要强调的是，文物在放入其中之前要用绵纸或其他软质材料进行包裹保护，文物本身尽量不与镟挖所用材料接触。镟挖法可以根据文物的形状进行现场切割镟挖，不受限于文物的形态，材料也可一定程度地重复利用，安全指数与性价比较高。基于以上几点，镟挖法是现阶段最常用的文物包装方法之一。

随形囊匣包装法。根据文物的尺寸、形状制作随形囊匣，囊匣内所衬软质、阻隔、防潮材料制成的凹槽与文物形状完全一致，尺寸略大出一圈，文物经绵纸包裹后可严密地卡于囊匣凹槽内。这种方法安全系数较高，但造型复杂的文物不太适用这种包装方法，成本也相对较高，用得较少。

卡位法。卡位法是用发泡聚乙烯珍珠棉等材料根据文物的形状在其受力点、重心、易损部位（包括足、底、腹、肩颈、口、头等部位）卡住，以保证文物在箱内不发生位移的一种包装方法。卡位法往往需要将材料加工成相应形状来完全贴合文物，一般会与镟挖法同时使用。

紧压法。紧压法是用包装材料将文物紧紧压在箱内的一种包装方法。一些不易破损且重量较大的文物可使用此方法，比如形状比较规则的石刻、石碑等。

套装法。这种方法是根据文物自下而上的形状及尺寸，将发泡聚乙烯珍珠棉等材料进行镂挖后，层层重叠套在文物上的一种包装方法。这种方法适用于易碎且造型较为简洁、规整的文物。

文物包装方法还有很多，比如悬挂法、捆扎法、压杠法等。一件文物根据其自身的特征往往需要同时使用多种包装方式进行包装，以最大限度保证文物安全。另外，对原本有囊匣的文物不能简单认为有囊匣的保护就可以直接装箱，也要极为认真地对待。首先要对囊匣强度进行考量，如果强度能够达到包装、运输所需，可将文物及易损部位用绵纸或其他软质材料进行包裹保护，包裹完毕后，稳妥放入囊匣，并在囊匣内填充绵纸、软包等，使文物在囊匣内不能移动，然后将囊匣盖紧扣锁，并用棉绳进行捆扎。捆扎妥当后放入外箱，用防震、隔离材料与其他内箱或者囊匣相隔开。如果囊匣强度达不到所需要求，则要舍弃囊匣，按照规范对文物进行包装装箱。

文物上的活动部件比如环、提梁、链等，要通过包裹、捆扎等方法进行固定，防止在运输过程中与文物主体发生摩擦。文物上的可移动附件原则上要经过妥善独立包装后，与本体放入同一个包装箱内，固定在合适的位置上，做好标记，并在文物清单上注明；如果不能放入同一个箱内，要做好编号并详细记录在文物清单和工作日志上。包装好的文物要在箱内放入文物包装清单，并妥善封箱。

需要注意的是，在包装过程中一定要严格按照文物包装规范进行包装。新型包装材料需要提供检测报告，新的包装方法需要前期进行防震、防冲击、防压等实验，经检测、实验合格的包装材料和包装方法方可使用。

（四）文物外箱包装

外箱内壁要有防潮薄膜并放置防震、缓冲材料，内箱与内箱之间也要留有空隙放置防震缓冲材料，避免箱体之间摩擦挤压。内箱装入外箱要依据下重上轻的原则，整箱文物的重心应该尽量靠下，叠压层数不宜过多，一般控制在两层。装箱完毕后，要将所有空隙填入防震缓冲材料，避免内箱发生位移，放入文物包装清单后封箱，贴上封条。文物体量较大或者重量较大的文物可直接装入外箱，包装方法与装内箱的方法相同，装好之后放入文物包装清单，封闭箱体并贴上封条。

四、文物装车与运输

（一）文物运输车辆

文物运输车辆主要指公路运输车辆。公路运输具有路况复杂、路上车辆人员较多、受气候影响较大等特点，为保证文物在运输途中的安全，应对运输车辆作出严格要求。文物运输车辆须采用全封闭厢式货车，技术等级应达到 JT/T 198-2004 中要求的一级标准；车厢内应配备紧固锁具装置，用以固定文物箱体，保证箱体不发生位移，并配备位移报警设备；车辆应配备液压升降板，以减少文物垂直移动的悬空距离；车辆应配备定位系统；车厢内应配备温湿度控制设备，确保在运输过程中文物一直处在所需的恒定温湿度内；车厢内应装备有防火、保温夹层；运输车辆应配备消防灭火装置和设备；车厢内与驾驶室应安装高清联动摄像设备，保证车厢内全方位无死角监控，并具备录像存储功能。

（二）文物装车

文物箱装车时应将文物箱放置于车辆液压升降板上，利用液压装置缓缓上升直至与厢体平齐，方可推入车厢内，不可人工抬入货车，避免人工搬运操作不当造成文物损坏。装卸文物时，文物包装箱的倾斜角不得超过30°，水平搬运时也应尽量降低箱体悬空高度。车厢内的文物箱一般不可堆码，如需堆码，不可超过两层，要依据下大上小、下重上轻的原则堆放。堆放完毕后要用紧固锁具装置对文物箱进行固定。文物箱全部装车固定完毕后，关闭车厢，锁上车门，开启温湿度控制装置和防盗报警装置，全面保证文物安全。

（三）文物运输

根据运输距离远近、路况、交通环境可选择公路运输、铁路运输以及航空运输，一般不采用水路运输。如果公路路况较好，且运输时间较短，可采用公路运输；两地路程较远，且路况不佳或者气候条件不利于公路运输的应采用铁路运输或者航空运输。确定运输方式之后应根据实际情况制订细致全面的运输方案，包含运输路线、运输时间、驻停休息地点、押运人员、物资保障等，确保运输过程万无一失。

公路运输。公路运输应配备一定数量的押运人员。运输过程中，车速在高速路上不可超过每小时 80 千米，在国道和省道上不可超过每小时 60 千米，尽量保持匀速行驶，司机连续驾驶时间不得超过 4 个小时，最好每 2 个小时倒一次班。运输车辆在城市内行驶时尽量规避拥堵时段和地段，如果有条件可以协调交警进行交通疏通或者护送。公路运输夜间不宜行车，驻停休息地点应尽量选择安全条件好的当地文博单位，夜间要派驻两人以上值守夜班。如无合适地点停驻，可联系协调当地警方，将车辆停驻在安全的地点。中途因进餐、加油或其他情况停车，车内须留有 2 人以上值守人员。

铁路与航空运输。铁路运输文物应提前与铁路工作人员及警方联系，协调好车次、妥善确认相关安排，保证运输当天的交通畅通和文物安保工作。文物在运往火车站途中要配备押运人员和押运车辆共同护送文物进站。到达车站后，文物不可在公共区域长时间驻留，应在铁路工作人员的指引和陪同下从特殊通道进入站台，候车期间应有公安干警与押运人员共同守护。火车到达后搬运上车，在车厢内要对文物箱进行妥善固定，要有 2 人以上的押运人员全天候守护，保证文物在整个运输过程中的安全。航空运输与铁路运输类似，不再赘述。

结语

科学、规范地开展文物包装运输工作，是文物在包装、运输过程中免遭损坏的有力保障，也是推动馆际交流、国际合作良性发展的基础。我国文物包装运输工作已经有了长足发展，取得了一定成绩，但是相关规范和条例依旧不够完善，从业人员数量和素质都有待提高，理论研究还有待深入，新技术和新方法还有待挖掘。笔者通过对相关问题的梳理，希望能够借此进一步推动文物包装运输工作的研究发展和规范的进一步完善。

参考文献

［1］中华人民共和国国家文物局. 出国（境）文物展品包装工作规范［S］.2001.
［2］中华人民共和国国家质量监督检验检疫总局，中国国家标准化管理委员会. 文物运输包装规范（GB/T 23862-2009）［S］.北京：中国标准出版社，2009.
［3］李春玲. 中欧文物运输包装规范对比研究［J］.中国文化遗产，2016（5）.

浅谈重型、大型、异形文物在包装移动运输中的解决方案

宫吉永（华协国际珍品货运服务有限公司）

目前，文物在移动运输中的操作规范基本是围绕 2009 年 12 月起实施的《文物运输包装规范》（GB/T 23862-2009）展开的，这项标准是保障文物在移动运输中安全的基本规范。然而《文物运输包装规范》中并没有介绍重型、大型、异形文物等特殊文物的包装方法。伴随着博物馆事业的发展，很多博物馆拟扩建改造或建设新馆，文物有整体搬迁的需要，华协国际珍品货运服务有限公司（下文简称"华协公司"）在保证文物安全移动的前提下，为文物选择主要包装材料和辅助包装材料，并进行量体裁衣式包装，策划出不同的包装移动运输方案。高质高效的包装移动运输技艺影响了包装运输行业，引领着行业发展。

截至 2019 年底，华协公司已经为国内 29 家省市级博物馆的整体文物搬迁提供了服务，其中不乏重型、大型、异形文物的包装运输。对于这类文物的移动，华协公司在多年实践积累中总结经验，研究出了相应的专业技术，并拥有完备的文物包装、移动运输历史的档案和数据库。这让针对不同级别、材质、类型、完残状况的文物包装工作，有可能升级为不同等级的规范化操作，以提高工作效率，并保证文物移动运输中的安全。

重型、大型、异形文物的包装运输方法，是华协公司近年来不断研究总结的。下面，笔者将分别通过特点解析、包装注意事项及多个案例，来详细介绍重型、大型、异形文物在包装移动运输中的解决方案。

一、重型、大型、异形文物的特点

重型、大型、异形文物是指文物自身的重量、体积、外形尺寸、外观形状特殊，非一般人力或常用搬运工具可移动的文物，一般多为石刻、金属等材质。这就需要根据文物的具体情况专门设计包装移动方案，并定制专用的包装容器和辅助操作工具。

长期以来，如何保证重型、大型、异形文物的安全移动一直是我们工作的重点与难点。由于历史年代久远、部分位置极为脆弱，现存的重型、大型、异形文物都在不同程度上存在着开裂、损坏的风险，因此设计出安全的包装移动运输方案尤为重要。笔者通过对多年设计此类文物包装运输方案的经验进行总结，列出以下四个特点。

体积大。重型、大型、异形文物经过合理的包装后，整体体积超出一般运输工具的承载量，因此需要对运输工具进行改造，或为此类文物定制专用的运输工具。

重量大。重型、大型、异形文物的材质多为石刻或金属类，其体积及重量均大于一般文物。

移动过程复杂。重型、大型、异形文物受自身重量、尺寸、形状及场地、线路等因素的影响，不便移动，因此需要设计出完整、安全的文物包装移动运输方案。

所需设备多。重型、大型、异形文物的包装、移动、运输过程中，需要多种设备组合使用，大到起重吊车，小到杠杆、垫木都是必不可少的。

二、包装移动重型、大型、异形文物的注意事项

（一）场地环境

实地查看文物所处的环境和运至目的地的环境，是重型、大型、异形文物移动运输的关键。需了解清楚文物是存放于户外还是建筑物内，如在建筑物内，还需了解是否存在先有文物后有建筑的特殊情况或其他情况。通过现场考察，多次比对分析后，设计出最适合用于文物和辅助文物包装移动机械设备的进出运输通道，之后需考察运输通道是否能够承受文物的重量，是否有足够空间去操作使用机械设备，

基于此来为现场操作设计出最合理的实施方案。

（二）设计方案

前期的现场考察后，需设计制订项目的操作实施方案。华协公司主要针对以下三个方面进行方案设计：能够荷载该文物重量的包装容器；搭建能够负荷文物重量的运输通道及场地地面保护；适合在现场有限空间内操作使用的机械设备及工具。

（三）包装材料

重型、大型、异形文物所使用的包装材料要根据文物自身的特点来选。首先是包装容器的选材，要根据文物自身的重量、尺寸，再依据文物重力（kN/m^2）小于包装容器承受的重力（kN/m^2）的准则，来制作能够荷载该文物重量的包装容器，最终选择能够达到标准的材料制作包装容器。此外，箱内的衬垫物应使用既能承受文物重量又能起到缓冲减震作用的材料。

（四）装卸工具

重型、大型、异形文物在包装移动时，受自身因素影响，需要设计定制最适合文物包装移动的操作工具。考虑到文物自身重量、尺寸、形状及场地环境等因素，使用的装卸工具能进行方便灵活的拆装组合，不仅可以保证文物包装、移动操作的安全，在博物馆操作时还不会对操作场地地面及周围环境造成损坏。

（五）运输工具

运输工具是文物移动的双脚，小到库房内文物位置的改变，大到国际文物交流展览的运输，都借助不同工具实现。以往，华协公司用装有充气式轮胎的手推车来辅助文物的近距离移动，利用轮胎的气压减震来减小路面的颠簸。现在，华协公司对这种方法进行了升级，在运输工具对场地地面及周围环境无任何损坏的基础原则上，设计出各种具有可调节减震等功能的专用运输工具。

其中，重型、大型、异形文物的运输在选用运输工具上，要根据文物包装完成后的外形尺寸、整体重量及运输线路的要求，选用最适合的运输工具。有时为达到运输线路等特殊的限制要求，需要对运输车辆、工具等进行临时改造。

三、重型、大型、异形文物移动运输案例解析

博物馆文物整体搬迁项目通常涉及的文物品类很多，操作难度也大，因此操作这类项目前，华协公司都会对各操作环节配有风险防控办法及应对措施。针对大型、特殊文物的移动，华协公司都为其设计定制专门的移动运输工具，依靠专业技术给博物馆、文物提供更安全的移动策略。下面，笔者将简述华协公司操作过的大体量的故宫博物院北齐石佛像及菩萨像、石鼓等文物移动项目，以及故宫博物院养心殿佛堂木塔的原地保护项目。

（一）故宫博物院北齐石佛像及菩萨像移动布展项目

2015年，正值故宫博物院90周年院庆，华协公司接受故宫博物院的委托，将多年位于故宫博物院南库的北齐石佛像及菩萨像，请进慈宁宫雕塑馆做常设展览。如图1所示，仅中间的大石佛就重达4吨多，两侧菩萨像整体高度达3.88米，重约4吨。

图1 北齐石佛像及菩萨像正面照

此项工作虽为故宫博物院院内操作项目，但受场地环境及佛像、菩萨像自身体积、重量等因素的影响，项目操作难度大大增加。在前期现场考察时，我们发现由于文物长期存放于室外，石材质地较疏松，有裂痕，已经无法确定两尊菩萨的身体与底座是否可以分离，且整个佛像尺寸过高，无法直立通过运输线路中的各个门廊、台阶和展厅门等，如图2、图3、图4所示。

图 2　菩萨像位置

图 3　场地现场考察

图 4　运输线路考察

在设计包装移动运输方案时,我们将现场考察中发现的问题进行研究分析,将每个细节及容易出现问题的环节一一列出,并设计出解决方案和防范措施。从以下几个方面对故宫博物院北齐石佛像及菩萨像的包装移动运输进行思考设计。

1. 包装容器及包装材料

首先,我们为菩萨像设计定制了适合本次移动运输操作的包装容器与包装材料。由于文物自重和体积大等特点,无法直立包装运输,需将其平躺运输,因此无法使用平时展览文物包装容器所用材料进行制作,需通过文物的体积重量计算出制作包装容器所用材料,再依据上文提到的文物重力(kN/㎡)小于包装容器承受的重力(kN/㎡)的准则,制作出能够荷载该文物重量的包装容器,如图5所示。

图5 菩萨像包装设计

2. 吊装设备

此次操作在室外,经商议决定使用改造后带有安全防护设施的大型起重吊车,将佛像及菩萨像平放。在运输线路中的台阶处,使用华协公司自行研发的龙门吊吊装设备,配合台阶处搭建的平台、坡道,将文物整体吊装运至展厅。由于展厅内场地的限制,我们选择搭建方便组装拆卸的吊装装置,装置搭建用材及组装扣件的承载力设计值均保障了所吊装文物的安全,如图6、图7、图8所示。

图6 吊装设备设计

图 7　吊装设备应用

图 8　吊装设备现场操作

3. 运输线路

整个项目运输线路中有平坦的路面、上下台阶及门槛。平坦路面需要铺设防护垫板,避免对路面造成损坏;上下台阶及门槛则需制作搭建平台、坡道配合文物移动运输,如图 9 所示。

图 9　运输线路设计

4. 展厅内上展

展厅内由于场地的限制，无法动用大型起重吊装设备，考虑到展厅环境等因素，利用现有条件设计搭建出最佳辅助文物上展装置，如图10、图11所示。

图 10　上展装置设计

图 11　上展装置搭建

华协公司严格实施每个环节的规范操作，保障每个操作设备及装置对佛像、菩萨像及场地地面、周围环境无任何损坏，在规定时间内完成佛像、菩萨像在慈宁宫雕塑馆完美呈现，以飨观者。

（二）中国九大镇国之宝之一的石鼓移动项目

2015年，华协公司再次接到故宫博物院的委托，将位于故宫博物院皇极殿东庑旧石鼓馆的中国九大镇国之宝之一的石鼓（又称陈仓石鼓），搬运至宁寿宫的新石鼓馆。石鼓共10只，高二尺，直径一尺多，上细下粗顶微圆（实为碣状），10个花岗岩材质的石鼓每个重约1吨，每个石鼓上均镌刻"石鼓文"（大篆），如图12、图13所示。

图12　新石鼓馆

图13　石鼓

此项目同样是在故宫博物院院内操作，新旧两馆间的直线距离虽不足50米，但没有一条能够运送石鼓的道路，两馆室外平台间的高度差约0.9米，平台之间是一处下凹的地面，横跨距离约20.4米。石鼓表面有风化、酥碱、起壳的现象，极易被损坏，四周立面表面无法触碰，加之石鼓的自重过大，根本无法用人力搬运，无法进行常规包装，这给文物移动搬运增加了极大困难与挑战，如图14、图15所示。

图 14　新石鼓馆与旧石鼓馆间距离

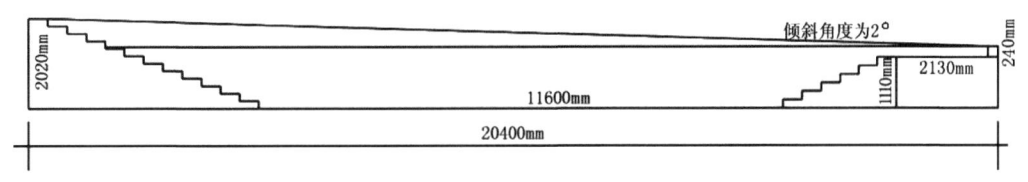

图 15　平台搭建设计

现场考察后,我们对石鼓包装、搬运的难点逐一研究分析,分别列出每个细节及容易出现问题的环节,设计出详尽的包装移动运输方案。

1. 包装容器及包装材料

首先,为石鼓设计定制适合本次移动运输操作的包装容器及包装材料。由于文物自重过大,包装材料又无法触碰石鼓四周表面,因此无法使用平时展览文物包装容器所用的材料制作。只能采取卡板结合点位固定的形式设计制作包装容器,通过文物的体积重量计算出制作包装容器所用材料,再严格遵守文物重力(kN/㎡)小于包装容器承受的重力(KN/㎡)的准则,制作出能够荷载该文物重量的包装容器,如图 16 所示。

图 16　石鼓包装设计

2. 吊装设备

此次操作受到场地的限制,现有的起重吊装工具无法进入石鼓所在的操作场地,根据石鼓包装完成后的重量,设计制作能够承载石鼓整体重量的吊装运输装置,运输装置的外形尺寸、重量等要符合此项操作线路的通过性及场地地面的无损性,如图 17 所示。

图 17 吊装设备设计

3. 运输线路

整个项目运输线路和上个案例类似,分别有平坦的路面、上下台阶及门槛。其中平坦路面需要铺设垫板,防止损坏路面;上下台阶及门槛则需制作搭建平台、坡道配合文物移动运输,如图 18 所示。

图 18　运输线路设计

4. 展厅内上展

展厅内由于场地限制，无法动用大型起重吊装设备，因此采用吊装运输装置进行石鼓的上展，如图 19 所示。

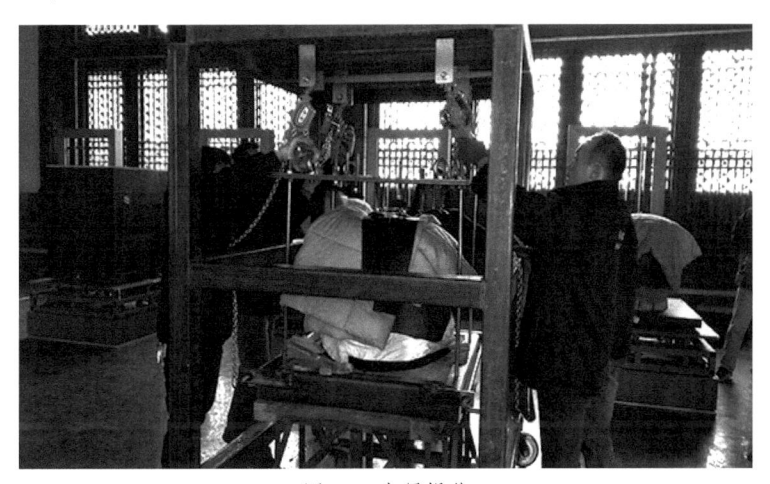

图 19　上展操作

华协公司严格把控以上每一步操作，保障包装移动运输设备、装置对石鼓及场地地面、周围环境无任何损坏，顺利将陈仓石鼓安全、完好地搬运至新馆中。

（三）故宫博物院养心殿修缮项目——养心殿佛堂木塔的原地保护项目

在 2015 年故宫博物院养心殿修缮项目中，华协公司接到故宫博物院委托，将养心殿内所藏 1890 件（组）原状陈列文物中的可移动文物包装运输至文物库房。但有些异形、大体量的文物无法搬出养心殿，其中最重要的就是养心殿佛堂核心区域中矗立的一尊紫檀七层八角无量寿佛宝塔，宝塔体量与位置都向世人彰显着其作为佛教精神象征的核心地位，如图 20 所示。

图 20 紫檀七层八角无量寿佛宝塔

佛塔虽是可拆分结构组成的，但考虑到文物安全、珍贵程度、环境状况等因素，已经经不起拆分组合操作，只能原地封存保护。受佛堂内场地空间的限制，佛塔周边可操作空间距离不足 1 米，两个人无法并排通行，塔尖到顶棚距离约 10 厘米，操作环境的限制是安装木塔保护装置的一大难点。

在设计方案时，我们针对发现的难点进行深入研究，认真细致地考虑每一个操作过程可能会出现的问题，备齐工具并做好充分准备。下面简要介绍华协公司对养心殿佛堂内木塔原地保护方案的设计。

1. 保护装置

受场地空间的限制，我们选用自身重量较轻的铝合金材料作为主要用材，根据佛塔的外形尺寸，设计搭建保护装置的主框架。框架底部用 0.8 厘米厚钢板制作压脚并配有配重箱。顶部使用加密铝合金横梁配合 3-5 毫米厚铝合金板做防护，可承受 50 公斤的外部下沉坠落压力。框架侧立面先用透气性能较高的无酸纸制作防护罩，可以对木塔起到防尘透气的保护作用，再用 12 厘米板封装，可承受 30 公斤的外部撞击力，四周配有防尘通气孔。封装板预留有检查门，以便随时查看佛塔的情况，如图 21、图 22 所示。

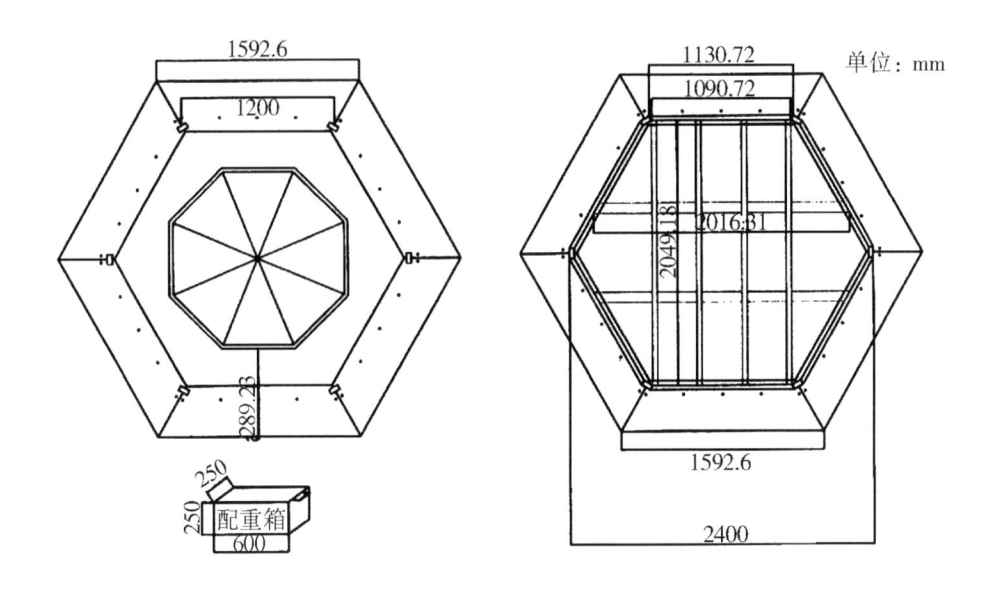

图 21 保护装置尺寸结构

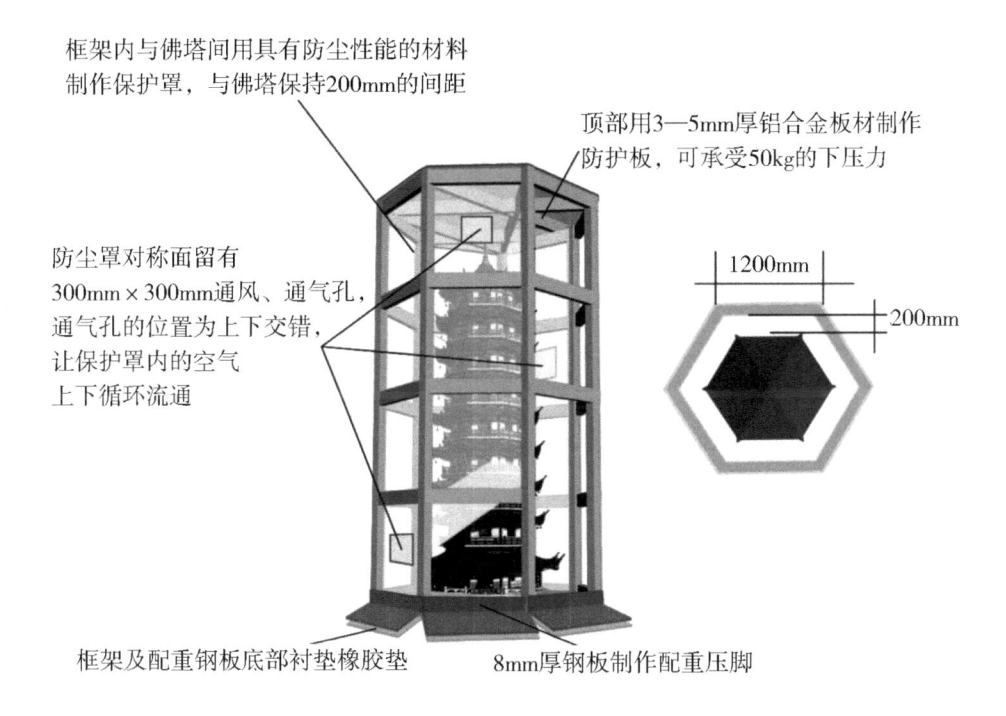

图 22 保护装置框架设计

2. 装置搭建组装

通往养心殿佛堂的通道狭窄且曲折,因此设计保护装置的组装配件尺寸,既需保证木塔的安全,又需保证能够在养心殿通道内通行。所有组装配件运至佛塔内组装搭建，框架内用透气性能较高的无酸纸制作防护罩，可以对文物起到防尘透气的保护作用。局部衬垫用具有减震缓冲性能的气垫膜制作防护罩，避免操作时框架保护结构直接接触文物，起到减震缓冲的防护作用。框架及压脚底部衬垫橡胶垫，防止框架对地面造成损坏，如图23所示。

图 23　装置搭建组装

以上每一个环节的严格操作，均保证了紫檀七层八角无量寿佛宝塔及场地地面、周围环境完好，也成功完成了对佛塔的原地保护。目前佛塔仍在使用华协公司设计制作的保护装置。

华协公司不仅成功保障了以上几个案例中的文物安全移动，还为更多器形各异、类别繁多的文物展品提供过安全完善的包装移动运输方案。在所有操作过的项目中，华协公司不断总结经验、研发新技术，将所需文物移动运输和布展的设备持续改造升级，按自己的设计要求向生产厂家定制，从而更加灵活地在项目中操作使用，华协公司的这些做法也潜移默化地影响了文物包装运输行业。目前，华协公司正在为西安碑林博物馆的碑刻移动项目做设计方案，为碑刻的搬运提前做好充分准备。

四、运输企业与博物馆的高度默契配合

每一个文物运输项目都不尽相同。当项目确立后,馆方给运输企业提供完整的展览信息,企业会为馆方提供合理的包装运输方案及展览中涉及的时间计划,让双方都有充足的时间制订操作方案。尤其是重型、大型、异形文物的包装运输方案,更是需要非常详尽的文物信息及时间计划、项目预算等具体信息。可以说,运输企业与馆方在项目上高度的默契配合,是保证文物安全移动的重要基础。随着现代技术水平的提高,检测手段也非常智能化,可把外在和隐形的风险降到最低,给文物做一个全面的体检,这也是文物在移动和运输安全中的重要保证。

但现实中,经常临时交与展览运输项目,而且时间紧任务重,展览与文物信息不完整,例如无文物图片、尺寸不全、文物拆分情况不详、展品数量不定等。这会导致没有充足的时间去为每件文物定制包装方案,有时甚至现场直接包装。虽然华协公司拥有多年的操作经验,对这种紧急情况有相应的预案措施,但这样的操作很显然会大大增加文物在移动运输中的安全隐患,是不可取的,需要引起博物馆的重视。

因此,希望博物馆方提高对文物移动的安全意识,尽早提供详尽的文物展品信息,并预留充足的时间做准备,设计包装运输方案。这样不仅有益于文物安全,更有益于博物馆展览的成功举办。希望企业与博物馆共同努力,让双方的工作配合更加默契,工作流程更加规范化,为文物移动运输中的每个环节做好充足准备。

结语

文物包装形式的改变与包装材料的发展更新形成互补,新的包装形式需要新的包装材料作支撑,新的包装材料促使着包装形式的改变。未来,华协公司也将不断推出新的技术研发,升级现有包装移动运输装置、设备,期待为文物包装运输领域的研究提供自己的经验心得,促进行业的发展与交流。

在国际运输或国内长途运输中,还有很多国际运作的知识经验需要去挖掘和改进,很多技术需要不断革新,文物安全不是包装稳妥就不会受损,运输环节当中,尤其是国际的航线中,一个环节的疏漏就有可能出现不可预见的风险。所以华协公司在各个环节都将持续总结工作经验,深挖细节,探索最优的包装设计方案,为文物包装运输提升服务质量,促进行业蓬勃发展。

文物展览国际运输安全问题探讨

张 蕊（华协国际珍品货运服务有限公司）

博物馆是保护和传承人类文明的重要殿堂，是连接过去、现在、未来的桥梁，在促进世界文明交流互鉴方面具有特殊作用。习近平总书记指出，"只有交流互鉴，一种文明才能充满生命力"[1]，"推动中华文明创造性转化和创新性发展，激活其生命力，把跨越时空、超越国度、富有永恒魅力、具有当代价值的文化精神弘扬起来，让收藏在博物馆里的文物、陈列在广阔大地上的遗产、书写在古籍里的文字都活起来，让中华文明同世界各国人民创造的丰富多彩的文明一道，为人类提供正确的精神指引和强大的精神动力"[2]。

随着全球化的发展，博物馆的国际合作与交流越发密切，各国博物馆的业务交流越来越频繁，交流展览随之增加。文物藏品作为陈列展览的重要实物资料，因其珍贵性和不可再生性，给文物展览国际交流安全问题带来了巨大挑战。

笔者结合华协国际珍品货运服务有限公司多年的运输经验，提出一套较为完整的文物展览国际运输流程，并对国际运输安全问题进行探讨，以期抛砖引玉，提升文物展览国际运输安全防范能力和规范化水平。

---

[1] 习近平在联合国教科文组织总部发表演讲[N].人民日报，2014-03-28（3）.
[2] 习近平讲故事：推动中华文明创造性转化和创新性发展[N/OL].人民网—人民日报海外版，2014-03-27[2018-05-29].http://cpc.people.com.cn/n1/2018/0529/c64094-30020646.html.

一、文物展览国际运输所涉及的必要流程

（一）入境展览

入境展览的基本流程与内容如表 1 所示。

表 1　入境展览的基本流程与内容

基本流程	内容
取得上级主管部门的备案表 / 海关备案	由办展单位所在地文物主管部门批准；向所属地海关进行备案
海关担保金办理	按照海关要求向主管地海关提交相当于税款的保证金或者海关依法认可的其他担保，或提前办理担保金减免手续
购买保险	国际往返运输一切险
文物点交 / 包装 / 装箱	馆方进行点交，专业公司进行包装、装箱、封箱；馆方对封箱进行确认
境外出口报关 / 出口报检	境外运输公司办理出口报关、报检手续
文物运输（境外陆运）	由运输公司的专业珍品运输车辆（海关监管车辆）执行博物馆—机场的装卸运输
国际空运（含机场操作）	文物包装箱经过机场安检仪进入机场仓库，码放并固定在航空集装器上，经由机坪装载上航空器；航班抵达目的地后，由专业运输公司将航空集装器从飞机上卸下运至机场仓库
境内进口报关 / 进口报检	运输公司办理进口报关、报检及提货手续
文物运输（境内陆运）	由机场海关对运输公司的专业珍品运输车辆（海关监管车辆）施封锁，由主管地海关进行剪封锁，执行机场—博物馆的装卸运输
海关查验 / 文物鉴定	一般申请海关赴博物馆进行查验；由指定的文物出境审核机构审核、登记、鉴定
文物拆包装 / 点交 / 布展	专业公司进行开箱 / 拆包装，馆方进行点交；布展完成，展览开幕
文物回运操作	基本与来程相反

（二）出境展览

出境展览的基本流程与内容如表 2 所示。

表 2　出境展览的基本流程与内容

基本流程	内容
取得国家文物局的批文/海关备案	出境参展统一由国家文物局批准，若文物一级品数量在 120 件以上或一级品超过总数的 20%，需先由国务院批准，然后由国家文物局审批；向所属地海关进行备案
购买保险	国际往返运输一切险
文物点交/包装/装箱	馆方进行点交，专业公司进行包装、装箱、封箱；馆方对封箱进行确认
文物鉴定	由指定的文物出境审核机构审核、登记、鉴定
国内出口报关/出口报检	向主管地海关办理海关手续
海关查验/封车	一般申请海关赴博物馆查验、对运输车辆施封锁
文物运输（境内陆运）	由运输公司的专业珍品运输车辆（海关监管车辆）执行博物馆—机场的装卸运输，机场海关进行剪封锁
国际空运（含机场操作）	文物包装箱经过机场安检仪，进入机场仓库，码放并固定在航空集装器上，经由机坪装载上航空器；航班抵达目的地后，由境外专业运输公司将航空集装器从飞机上卸下运至机场仓库
境外进口报关/进口报检	运输公司办理进口报关、报检及提货手续
文物运输（境外陆运）	由运输公司的专业珍品运输车辆（海关监管车辆）执行机场—博物馆的装卸运输
文物拆包装/点交/布展	专业公司进行开箱/拆包装，馆方进行点交；布展完成，展览开幕
文物回运操作	基本与去程相反

以上所述是最为常见的门到门[①]国际展览项目运输所涉及的必要流程，如果涉及多家单位调集展品、多地巡展等情况，可在此基础上增加流程。

---

① 由托运人负责装载的集装箱，在其货仓或厂库交承运人验收后，由承运人负责全程运输，直到收货人的货仓或工厂仓库交箱为止。这种全程连线运输，称为"门到门"运输。

二、文物展览国际运输中常见的安全问题

（一）展览相关信息缺失或不准确

1. 服务内容不全面

在对文物展览国际运输项目需要提供的服务内容方面，博物馆常常不够明确和全面。如除了制作包装箱、包装/拆包装、装卸运输、布/撤展、出入境报关/报检及空运订舱等常规服务内容外，其他如保安押运、押运车辆、押运员协助及机场（库区/机坪）监督等服务要求常常缺失。

2. 计量不标准

在文物展览预算编制阶段，博物馆提供给展览运输公司的有关文物信息和展览信息经常缺失或不准确，往往会影响对运货量、工作量的测算，导致包装运输预算编制的准确度和合理性不高，对项目后续的立项及顺利进行造成影响。如在某个展览项目中，博物馆提供的文物清单中所示的一件展品的数量单位是"件"，展览运输公司在提供报价时，相关货量及费用均按一件展品测算，而实际上参加展览的展品却是一套，并且这套展品的体量还很大。这不仅造成了报关手续上的问题，更大大增加了运货量，尤其涉及空运，使实际所花费用远远超出预算。

3. 场地信息不明确

博物馆提供给展览包装运输公司的场地信息常常不够详细。有些文博单位所处的地理位置不佳，导致运输单位车辆到达博物馆后无法驶至大门口，或者无法进门、馆内没有专门的货运装卸平台、货运电梯或者电梯门尺寸受限、库房门尺寸受限等，造成文物搬运不能按计划顺利推进。

4. 包装技术要求不规范

对国际展览运输项目的包装技术要求，目前国内展览项目十分缺失，仅在境外方进行询价时才会被提出。比如某境外方进行询价时，会对包装箱的制作规格和结构、藏品内盒规格和摆放次序、包装材料、特殊工具器材、所需工作时长、人数、空运批次等进行详细询问。

（二）展览时间进度管理不到位

由于展览整体进度跟进不到位，有时会发生文物抵达目的地后，展厅基础搭建还未完工，不具备文物展品入场条件，发生文物不能及时卸载而滞留运输车辆或者临时库房的情况。这种情况不仅会打乱原定运输计划，造成额外费用，还会使文物产生计划之外的操作或者停留，对文物安全造成影响。

同样的，在文物进场后，有时会发生馆方之间点交进度比预计慢，或者受其他因素影响，造成无法按照原定操作计划执行，实际操作时间延长等情况。

此外，很多出入境展览从项目前期筹备到成立，时间紧任务重，导致留给包装运输服务协议签署的时间特别短。因展览开幕在即，在还未完成协议条款沟通和确认、双方签署的情况下，便需要开始操作。

（三）展览报关准备不足

根据展览会备案结案规定，进出境展览需要向所属地海关申请办理备案及报关手续，展览闭幕，需要向备案地海关办理结案。而提前办理备案手续及出/入境的报关手续，进行相关关务文件的填写和制作，需要事先取得展览会的批文/备案表。目前常见的现象是由于准备时间不足，展览会的批文/备案表不能及时提供，留给上述关务文件的制作、申请单位盖章、提交海关审核的时间非常紧张，严重时会推延文物展品的发货或者提货计划。

（四）其他不可抗因素估计不充分

对国际空运形势及空运价格的变化没有充分认识。一是国际航班具有不确定性，尤其是货运航班，受飞行计划、天气等不可抗力、国际形势等因素影响，航空公司会改调甚至取消航班。二是航空运费受季节、淡/旺季、航线变化及突发事件等影响，具有一定的变化性。

而文物展览项目的计划往往是提前几个月、一年甚至几年进行的，当时的航线安排及航空运费一般是基于平时或是当下情况进行测算的，而等到实际订舱时，尤其是在经过了几个月的展期后进行回运订舱时，航线或者航空运费可能发生变动，对此需要有充分认识。在前期准备时特别是在包装运输服务协议中，对此要充分考虑并进行合理约定。

三、相关建议

第一，博物馆应尽可能提供展览的详细信息，以便专业包装运输公司提供专业的服务。详细的文物信息除包括文物的名称、尺寸规格、图片、材质、数量（件/套）描述、收藏（所在）单位之外，还应尽量提供文物的年代、级别、估价及展厅布陈设计等信息；展览信息包括主办方、出资方、文物的出借单位、展览单位、大致的展览时间等。博物馆需要服务方提供的服务内容及技术要求也要尽可能明确，以免发生在操作时才发现实际所需要的服务没有包含在服务内容中。

博物馆的场地信息也不容忽视，包括博物馆大门尺寸、馆内有无货梯、电梯门尺寸等相关信息。如果服务公司提出对文物进行测量或对展场进行实地考察的要求，博物馆也应尽量满足。如上所述，在文物信息、展览信息及技术要求有缺失或是不准确的情况下，测量文物及实地勘查会在一定程度上对这种情况进行弥补和校正。

第二，博物馆应对展览进度进行有效管理和监督。一是要确保展览整体进度按计划进行，严格遵守时间要求，使文物在抵达目的地后能够安全平稳地进行卸载、进场及开箱。二是如果因受其他因素影响，导致展品点交进度比预计缓慢时，应当合理加快点交进度、适当增加工作时间、尽量协调减少其他因素的影响，保证按照计划进行，避免拉长文物操作周期。三是为了使文物包装运输有切实的保障，对文物安全更加负责，应当尽量提前筹备展览，留出充足时间，在操作前完成文物展览项目包装运输服务协议的签署。协议签订双方也应具有契约精神，严格遵守协议条款办事。四是博物馆与服务方应建立完善的沟通机制，应优先采用更加正式的通信方式，比如邮件沟通，便于后期检索查询，以免信息传递混乱。

第三，关于关务问题。一是在展品发货前，主办方一定要提前协商和合理处理保证金事宜。按照规定，进境展览需要向海关缴纳保证金，应当按照海关要求向主管地海关提交相当于税款的保证金或者海关依法认可的其他担保，或者提前办理担保金的减免申请手续。海关保证金的问题未解决的情况下，展品在机场无法办理提货，会造成展品滞留机场库房。二是需提前办理出入境相关手续，以便展品后续清关运输的顺利进行。如果展览推迟闭幕，需提供原批准部门的延期批准文件，在海关办理备案变更手续。展品应当在进/出境之日起6个月内复运出境或者复运进境。如因特殊情况需要延长期限的，应当在到期之前1个月向主管地海关提出延期申请。

如果是以 ATA 单证册方式报关的，不能在海关签注的有效期内复运的，应当向签注海关办理延期，否则会面临单证册签发机构的索赔。

此外，根据展览品监管规定，以展会批文/备案表报关的展览品至进境或出境之日起至复运出境或进境之日，均属在海关监管之下。在此期间，展览品只能在指定的展览馆展出，不能随意挪动。进境展览品在非展出期间应当存放在海关指定的监管场所，未经海关批准，不得移出。因特殊原因确需移出的，应当经主管地直属海关批准。展览闭幕后应及时办理复运出境或进境，若因特殊情况需存仓，则应存放到海关监管库内。因特殊原因不能存放海关监管库内的，需向海关提出申请，待批准后才能存放。在此前提下，需要注意涉及境外来华展品在境内巡展的，应该尽可能提前制订合理和周密的巡展计划，考虑好两个展地之间的间隔时长，安排好空档期内文物展品的仓储事宜，避免文物展品在境内长时间仓储和多次装卸等。

第四，应做好入境巡展展品的风险评估。入境长期巡展的文物展品，会在多个展地经过多次的操作及运输。在此期间，文物展品自身的状况变化应当被重视并进行风险评估，文物责任方应对风险大或不适宜包装运输移动的展品进行适当维护、加固甚至调整展出计划。

第五，应对出入境展品进行估价并购买保险。购买保险，是规避风险的直接方式和基本保障，能够使因遭受保险责任内的事故所造成的经济损失得到补偿，防范文物在操作过程中的风险。文物的保险需要在操作前生效。目前市场上大多数保险公司能为文物艺术品提供专门的险种，一般是门到门往返（单程）运输一切险，及配套的展览期间财产险。其涵盖了运输在内的文物从借展单位出借开始，到在展单位展览，再回运至借展单位完成归还的全过程。保险公司会根据所提供的展品种类、估值、展览场地、运输路线/方式等多种因素，以及所要求的保险责任条款，进行评估并提供保险费率。所以为了给展品投保，提供文物展品的估价是基本要求，上述信息也是必要的。

第六，无论是入境展还是出境展，对于境外的操作环节，国内服务商应给予足够重视。国内服务商应要求境外代理提供境外的包装运输方案、操作流程、安全保证措施等，并对操作环节进行实时反馈。另外航空运输中涉及中转的，在中转地机场也应该进行靶向监督。这是国内服务商的职责，以便更好地保证文物在国际运输全流程中的安全。

对于以上问题，文博单位应给予足够重视，提高安全意识，对相关专业人员进行包装运输安全等业务培训。专业运输公司也应提前做好实地勘查和安全预案。相信通过双方的通力合作，文物展览国际运输的流程将更加顺畅完善，更好地保证文物安全。

物联网技术在文物安全中的应用分析

杨 迪（安徽博物院）

党中央、国务院高度重视文物安全工作，习近平总书记多次对文物安全工作作出重要批示指示，强调要把文物安全放到首要位置。2017年以来，《关于进一步加强文物安全工作的实施意见》《关于加强文物保护利用改革的若干意见》等先后出台，对新时代文物工作特别是文物安全工作作出全面部署。

物联网技术作为我国新一代信息技术，已经普遍运用到公共安全、智能消防、工业监测等多个领域。随着射频技术以及新一代网络技术的日渐成熟，物与物之间的交流得以实现。物联网技术与智能安防系统的完美结合，能够实现对监测点的安全保护与安全管理，明确把握监测位置的信息状态，通过对监测信息的收集与分析获取综合安全指数，从而加强安全防范策略，提高文物安防系统性能。

物联网技术也为现代博物馆的发展提供了更广阔的空间，通过在文物标识、环境监控、安全防范、文物运输等方面的应用，将促使传统博物馆逐步发展成为现代智能化博物馆。目前，物联网技术已在各个领域得到长足发展，这为博物馆文物管理工作提供了新思路、新手段。

一、物联网技术简述

所谓物联网技术，是指通过射频识别（RFID）、红外感应器、全球定位系统、激光扫描器等信息传感设备，按约定的协议，将任何物品与互联网相连接，进行信息交换和通信，以实现智能化识别、定位、追踪、监控和管理的一种网络技术。物联网技术在本质上是互联网技术的延伸和发展。与互联网技术不同的是，其服务对象扩展到物品之间的信息交换。目前已在医药、安防、污水处理、道路桥梁施工等众多领域得到广泛应用。

把物联网技术与文物安防系统结合，可以通过物联网信息传感与通信等技术，将传统安防系统中的各个设备和系统连接起来，并通过无线终端、传感探测等设备实现远程实时监控报警信息和处理紧急情况，利用云平台数据对问题提前发现，提前预警。物联网技术是新时代安防系统的优化发展，能够有效促进文物的安全监督与博物馆安防的管理水平。

二、物联网技术系统整体框架

物联网与互联网的层次结构不同，从网络架构上可将其分为三层：感知层、网络层和应用层（如图1所示）。

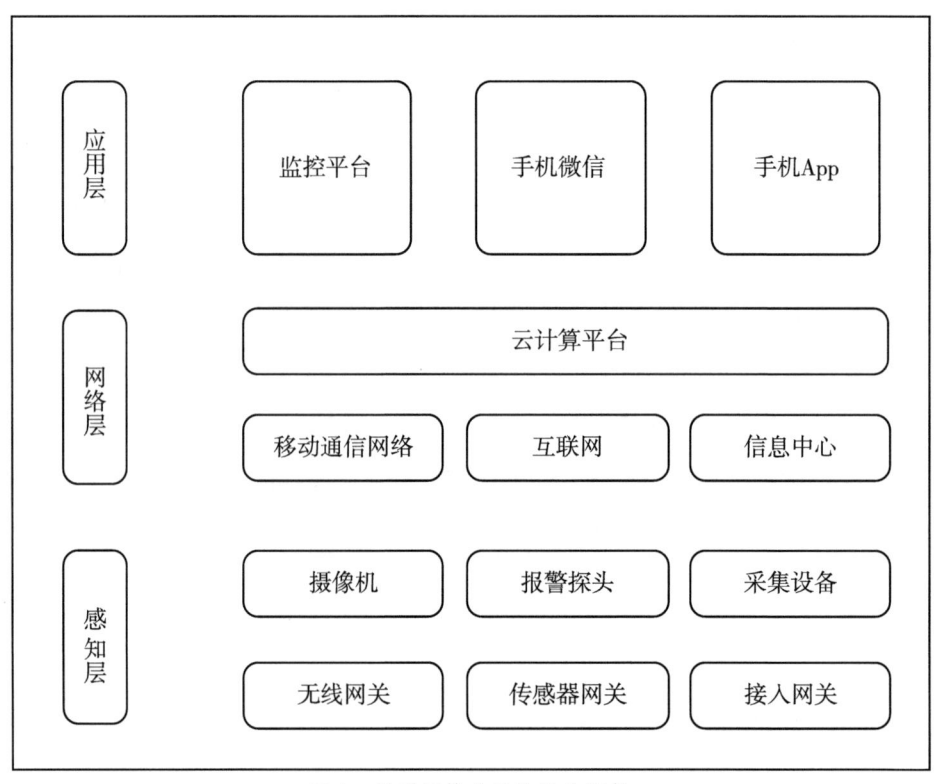

图1 物联网技术系统总体框架

感知层：通过传感技术随时随地获取物体本身或周边各种动态信息，它们构成了网络传递的基础数据，由安防系统的子设备与主设备相结合的主从模式设备构造，两者间可利用 2.4 GHz 射频技术进行通信，从而更好地适应汽车或室内不同地点以及昼夜不同的安防需求。

网络层：将感知层感知到的信息通过无线或有线网络进行实时传送，在技术上必须保证无缝互联、可靠传递，设备模块可采用 4G 通信或者 WiFi 技术与物联网云平台相连接，对无线网络传送来的数据进行转换并上传至云平台，云平台实现数据分析、数据管理、消息转发，而独立的数据库服务器提供数据存储与挖掘分析，为设备的互联互通与数据服务提供无限可能。

应用层：通过中央处理器、网络云计算等技术，对收到的各种实时数据进行处理，实现对物体的智能化管理与控制，真正达到人与物的沟通，可采用微信推送或者手机 App 的形式，给文物安全管理方提供实时视频的查询、安全问题的报警与推送、报警情况的处理和操作、故障的提醒和排查等服务。

三、物联网技术在文物运输方面的应用研究

在文物运输时，物联网安防系统对车辆的胎压、驾驶时间、油量、车速等传感器及北斗/GPS 定位等信息进行采集，并将采集到的车辆信息通过网络上传到云平台，监控中心和智能终端从云端获取数据包并进行处理，根据处理的结果对异常数据进行报警，帮助车辆进行智能监控。

车辆的物联网系统包括车辆管理模块、监控模块、安防报警模块、智能导航模块、文物 GPS 定位等子系统，各个子系统借助传感探测设备和无线模块，对文物运输的整个过程进行检测，各子系统具体功能如下所述。

车辆管理系统的主要作用是对装载文物车辆的路径、状态、速度、定位与车辆查询等信息进行收集，并将这些信息传送到网络后台和数据库，实时了解车辆运行状态，对于一些异常的数据，系统根据云计算确认为存在安全隐患后，可对驾驶人员和后台人员进行报警，将危险扼杀在摇篮之中。

监控中心系统将装载文物车辆车厢内监控摄像机的数据以及行车视频记录实时上传到网络后台，后台人员可对车内文物和车辆行驶进行实时监控，保存的录像也有助于解决出现的问题和下一步工作的进展。

安防报警系统主要是车厢内的报警探头，如空间探测报警器、红外报警器、火灾烟雾报警器等，可全天候监测车厢内的安全情况，有突发情况可实时传递到网络

后台并向车内人员和后台人员报警，特别是对夜间的文物安全有着不可替代的作用。

智能导航系统主要使用网络大数据对车辆前方路况的预警，帮助驾驶员及时发现前方突发事件和路面上的堵塞或事故，最安全、最快速地帮助车辆到达文物目的地。

文物 GPS 定位系统主要是运输过程中，外包装上可使用有 GPS 定位的无线定位模块，在文物运输过程中，无线定位模块实时对当前文物的位置进行定位，并使用 GPRS 技术将文物实时定位信息发送回云平台，可以实现文物运输中对文物位置和移动轨迹的全面监控。

四、物联网技术在文物展览安全方面的应用研究

随着博物馆对公众免费开放，馆方通过举办一系列各种类型的展览吸引观众走进博物馆，使观众了解展出的文物以及文物本身赋予的历史背景和相关知识。但同时，展厅内文物的安全也越来越面临严峻的考验。而物联网技术可以为博物馆展览业务提供安全、便捷的技术保障，使工作人员能及时跟踪、了解文物的动向，保护文物的安全。

新形势下，安防物联网技术是构建现代化智能博物馆安防系统的关键技术，旨在建立完善的综合技术，利用有线或无线传输方式、人员监管等方式，实现整体的安防物联网。

（一）视频监控系统

在现代博物馆安防系统设计过程中，将基于物联网的摄像机技术融入其中，进一步提升整个安防系统的准确性和实效性，实现博物馆的整体安防检测。监控摄像机通过无线终端将实时影像上传到云平台，通过云计算智能分析系统对所得影像进行分析，一旦遇到安全性问题，及时作出报警决策。智能视频检测如射频识别技术、智能面部识别分析技术等，可协助安防管理人员通过云平台远程对系统进行操作和处理、调用监控等。

（二）安防报警系统

将物联网技术应用于安防报警系统，可以有效实现现代博物馆要求的防盗防火

报警功能。物联网技术下的安防报警系统可以做到以下几点：实时显示探测器的运行情况是否良好、区域范围之内的控制器是否可以合理操作，以及控制系统中的网络运行情况是否正常等。如果这些部分的工作都能够保证正常的运行状态，那么，整个防盗报警系统则可以正常开展工作，文物安全可以得到充分的保障。与此同时，在博物馆安防系统运行的过程之中，该系统当中的平台会对整个系统的工作情况进行全面的掌握和监督控制，如果某一个位置有报警情况和突发问题，那么该系统则会发出警告，提醒管理人员此处存在异常状态，需要及时进行问题的查找和分析，进而有针对性地对发现的问题进行及时处理，以免造成严重的人员伤害和文物损失。

（三）消防报警系统

消防物联网的核心设计理念在于，将火灾自动报警系统、自动喷淋系统、防排烟系统、气体灭火系统、消防应急广播系统等消防设施设备，借助物联网技术接入安防监控中心平台和网络云平台，可达到如下几个目的：一是通过终端探测器采集火情监控信息，可上传到云平台数据库中实时监控，通过网络云平台的分析及早发现火灾和判断火灾类型；二是当火灾发生时，安防管理人员能够远程控制现场的各个消防设备，及时疏散引导参观群众和指挥扑灭初起火灾；三是实时监控各消防设备运行状态，及时反馈设备故障信息，为维修保养提供便利。

（四）安防系统、消防系统的智能联动

物联网技术可以将现代博物馆安装的安防报警系统和消防报警系统相联动，形成全方位综合化的博物馆安全保护报警系统：安防报警系统借用消防系统的报警器等设施来进一步完善，如借用消防广播对突发事件的现场进行疏散和指挥；而消防报警系统则与安防报警系统的视频摄像相联动，在发生火灾警报时，消防系统自动调用视频摄像，迅速确认火情和着火位置。

（五）门禁系统

随着社会的进步和发展，博物馆安全的要求也在提升，这也直接使得门禁系统进入博物馆安全工作中。物联网门禁系统可针对不同的区域，对于初入的人员、车辆、文物信息等进行身份识别，严格保证通过的人员都是符合通过标准的，并且能够发现外出人员未经允许携带的小件文物，进一步保障布展期间文物的安全。运用

RFID 系统存储相关人员以及物资的基本信息，对于一些没有存储信息的车辆和人员不放行，同时记录进出人员信息和相应时间。通过这种形式，能够保证安防监控系统中的读写器利用无线网发射射频信号，并有效获取相关信息，可以直接根据信息情况来考虑是否允许车辆和人员通行，这对于人们的安全来说是十分重要的。

五、云管理平台和手机端

物联网文物安防系统（如图 2 所示）可根据展厅布局、文物位置等因素，以最优化、集约化、高效化为准则，构建文物安全全天候实时监测体系。

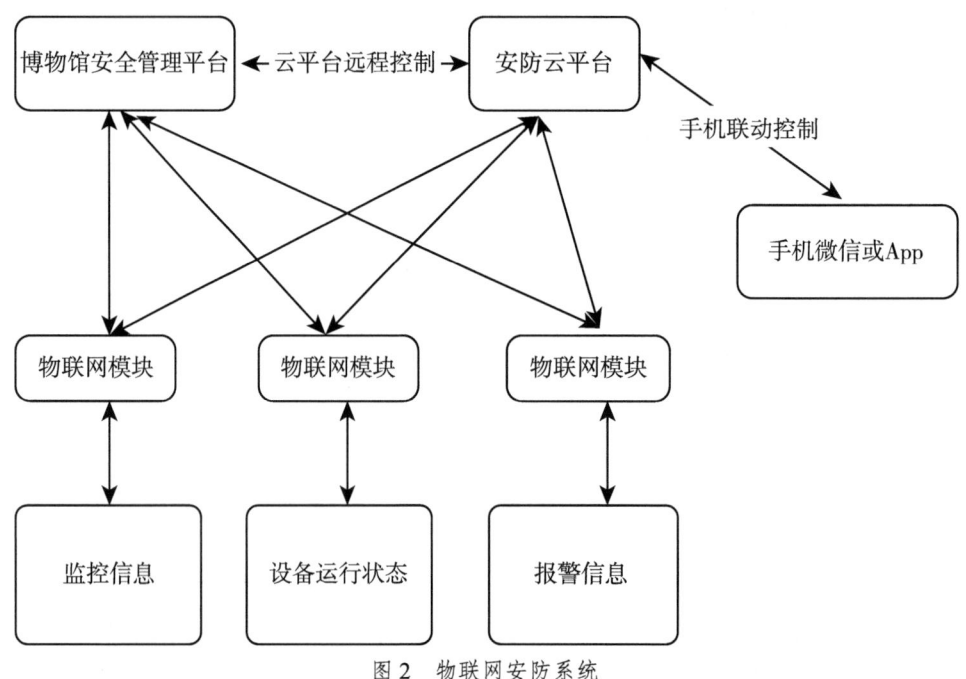

图 2　物联网安防系统

当子设备将警报数据、监控图像等信息，通过物联网模块上传至博物馆安全管理平台和安防云平台后，云平台对数据进行分析后，可通过消息转发机制通知对应管理员的微信用户端或者手机 App，管理员微信用户端或手机 App 接收到信息后及时向用户示警，用户可通过手机端远程操作和消警，达到远程管理的目标。

物联网技术的应用，实现了博物馆、文物运输车队、安防维保单位之间的有效联动，通过安防物联网，工作人员可以实现安防系统的远程监控，并且根据数据信息准确判断现场情况，从而及时采取相应的措施。在设备维修保养方面，物联网同样可以通过监测设备运行状态，即时向用户单位反馈故障信息，保证设备的有效运转。

结语

随着智能化与信息化时代的来临，物联网技术在文物安全防范系统中也逐渐发挥着重要功效。物联网是一个具有挑战性的领域，其在文物安全行业中的应用也必将引起更多人的重视。在构建现代化新型文物安全系统的过程中，我们除了要解决一些技术难点、工程问题外，还要结合文物行业特点，完善相关行业标准，考虑文物行业的特殊性，保证物联网系统中信息在各层次的安全，才能使物联网技术得到更好的应用，使文物更好地发挥其应有的社会效应和文化效应。

物联网文物保护系统是现代生活中运用信息化技术的重要体现，根据文物类型、文物位置等因素，合理设置传感器的数量和位置，并对传感器实行有效编码，将其输入文物保护系统功能中，通过对报警和图像信息的接收和处理，了解警报的信息和性质，及时通知工作人员，疏散人群，并控制现场，进而提高文物的安全性，为博物馆事业安全稳定发展打下坚实基础。

参考文献

［1］周汉达，梁佳，陈广明等．一种基于多场景的可移动式安防系统［J］．物联网技术，2019（4）．

［2］吴毅生．物联网技术与消防系统结合的研究［J］．信息通信，2019（2）．

［3］徐小君．以物联网为基础的车辆远程监控预警系统［J］．现代信息技术，2019，3（9）．

［4］陈宇．基于物联网的企业安防系统设计研究［J］．信息工程，2019（6）．

［5］徐阳．物联网技术在博物馆消防安全管理中的应用——以中国农业博物馆为例［J］．今日消防，2019（8）．

预防性保护研究

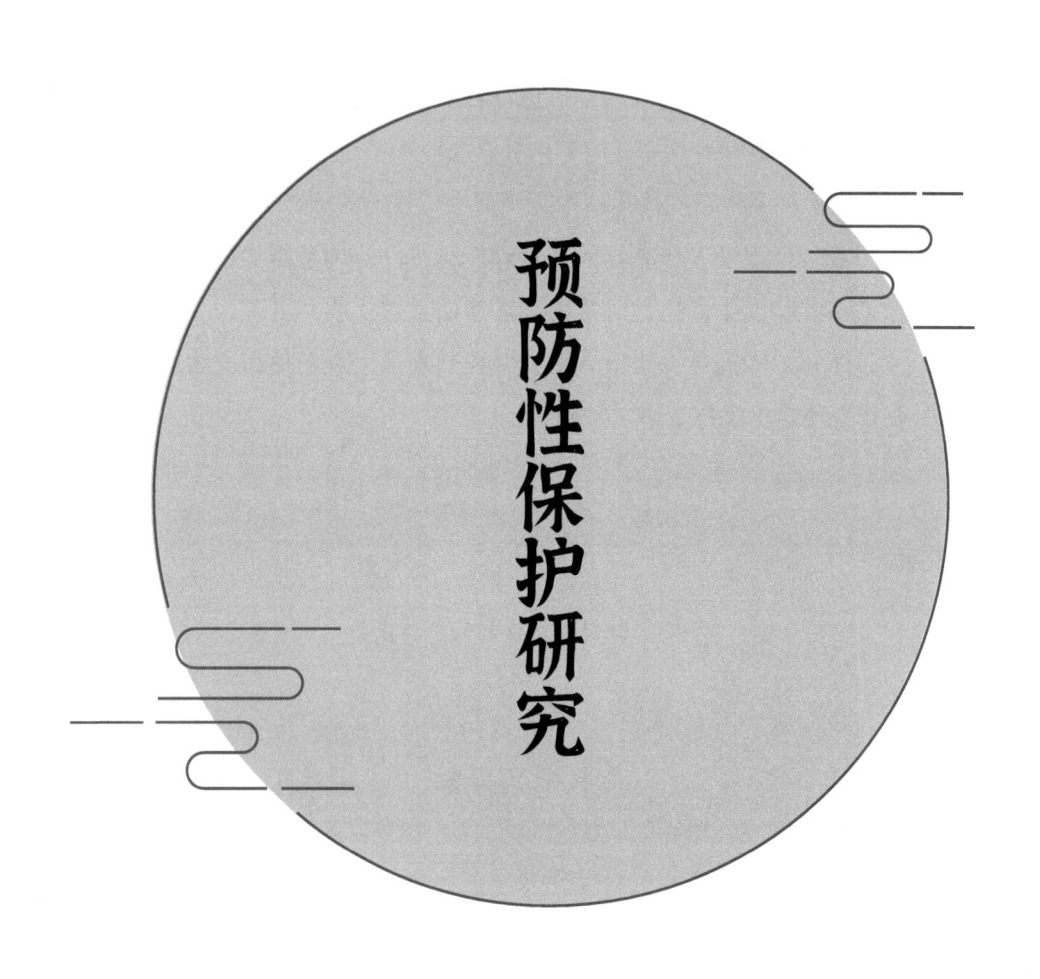

试探展览过程中环境变化对文物的影响及对策

宗时珍（徐州博物馆）

近年来，随着国际文化交流的发展，博物馆之间展览交流的日益增多。各博物馆加强了展览展示的力度，截至2019年底，每年举办展览超过2.8万多场。关于如何处理好文物利用和保护的关系，确保文物在各类展览中的安全，是摆在每位文物工作者面前的问题。

目前，无论是国家层面还是博物馆层面，对展览过程中的文物安全都非常重视，针对文物出库后的各个环节出台了大量的规范、条例，如《中华人民共和国文物保护法》《中华人民共和国文物保护法实施条例》《馆藏文物出入库规范》《馆藏文物展览点交规范》《文物运输包装规范》《文物出国（境）展览管理规定》等，但对展览过程中，特别是文物运输过程中环境变化对文物造成的影响没有相关的规定。本文就展览过程中环境变化对文物的影响及对策做一些深入探讨。通过控制微环境以保障文物安全。

一、展览过程中环境变化对文物的影响

文物外出展览的主要流程为：出库—点交—运输—布展—撤展—运输—归库。在这一过程中，文物脱离了库房这一相对恒定的保存环境，原有平衡被破坏，面临外部环境变化带来的挑战。影响文物安全的环境因素有很多，如温度、相对湿度、光线辐射、空气污染物、噪声等。其中温湿度是最基本，也是最重要的因素。

（一）温度变化加速文物的老化

温度升高，各种化学变化的反应速率呈指数形式上升，加速老化速率。温度升

高加速水汽的渗透率,引起文物过分干燥,造成文物的损坏。另外,各种污染气体的挥发、扩散速度也会随温度的升高而升高,使保存文物的小环境空气质量恶化,间接加速文物的老化。温度升高,增加生物活性,加快霉菌滋生、昆虫繁殖的速度,加速生物对文物(特别是有机质文物)的腐蚀。温度高低变化会引起文物热胀冷缩,有些由不同材质组成的文物,由于膨胀系数不一样,温度变化引起的热应力将引起文物的变形甚至崩裂。由此可见,温度升高或频繁波动对文物安全的影响很大,低温稳定的环境适宜文物保存。

(二)湿度变化对文物安全的影响

湿度是文物保存环境中非常重要的指标,无论是金属、非金属、有机质、无机质,都受湿度的影响。

青铜病:青铜器潜伏的"粉状锈"其保存的临界相对湿度为42%~46%RH,相对湿度超过55%RH,氯化亚铜迅速与空气中的水反应。实验证实在58%RH条件下,经过24小时就会生成碱式氯化铜,反应速度非常快,这种条件下,即使湿度降低,反应也不会停止。

玻璃病:玻璃器中的钾、钠离子有微量的可溶性,在水分作用下易溶出,形成氢氧化钾、氢氧化钠,继而形成碳酸钾、碳酸钠。碳酸盐极易吸潮,吸潮后玻璃上出现小水珠,形成细小裂纹,最终导致玻璃变成不透明、乳白色或呈鳞片状剥落,此过程也是不可逆的。玻璃器的相对湿度不能超过40%。

湿度对材质体积胀缩的影响远远大于温度变化的影响。上海博物馆陈元生、解玉林(2002)以重磅纸为例,得出这样的结论:80℃条件下,湿度越大,老化速率越高,相对湿度为81%RH时,其耐折度急剧下降,17天后耐折度接近于零(见图1)。

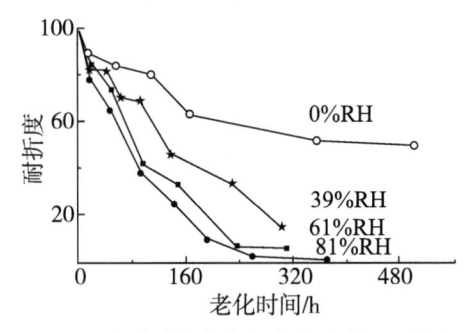

图1 湿度对耐折度的影响(重磅纸80℃)

纺织品、书画、漆器等相对湿度低于 50%，就会开裂变形、卷曲、收缩等。石刻、壁画、玻璃等质地的文物，由于含吸湿性盐，在吸湿、潮解、结晶过程中产生压力，会导致这些材料开裂、剥落、崩裂。湿度是虫、微生物生长繁殖的必要条件，较高的湿度条件（70%RH 以上）最适宜它们的繁衍。

可以看出，保存环境中的相对湿度对文物的安全非常重要，相对湿度的变化与温度的变化有一定的关系。在封闭的保存环境中，温度升高，相对湿度降低；反之，则相对湿度升高。因此，温度与湿度的变化应综合考虑，为展览过程中的文物提供适宜、稳定的温湿度，是最基本的也是最有效的保护手段。

二、展览过程中控制环境对文物影响的对策

（一）展览过程中控制温湿度的复杂性

1. 展品构成的多样性

从展品的构成方面，文物展览可以分为单一质料专题展览和多质料的综合展览。单一质料专题展有书画、青铜、陶俑、石质文物等，但大多数展览是多质料综合性的大型展览，综合展览展品构成是多样的。2014 年 10 月由国家文物局主办，中国文物交流中心和法国吉美博物馆承办的"汉风——中国汉代文物展"，是大型综合性出境展览的代表，450 多件展品来自 9 个省份 27 家博物馆。其文物种类有彩绘陶器、金银器、青铜器、玉器、漆器、铅器、木器、石刻、玻璃器、贝壳制品、纺织品、纸制品等，相当部分文物等级高、价值大、脆弱性强。这些来自全国 27 家博物馆不同质料的文物，离开库房后面临着保存环境的变化。

2. 不同质料文物的温湿度控制标准

不同质料的文物对保存环境的要求不同（见表 1），增加了环境控制的难度和复杂性，如铜器、铁器、铅器、玻璃器等相对湿度不能高于 40%RH，铜器中产生氯化亚铜后，即使湿度降低，反应也不会停止。而纸张、纺织品、竹木器等文物相对湿度低于 50%RH 时，就会对文物产生损害。因此，在展览的各个环节针对不同质料的文物，分别加以控制，防止环境突变对文物安全的影响至关重要。

表 1　不同质料文物的温湿度控制标准

材质	藏品类性	温度(℃)	相对湿度（%）
金属	青铜器、铁器、金银器、金属币	20	0–40
	锡器、铅器	25	0–40
	珐琅、搪瓷器	20	40–50
硅酸盐	陶器、陶俑、唐三彩、紫砂器、砖瓦	20	40–50
	瓷器	20	40–50
	玻璃器	20	0–40
岩石	石器、碑刻、石雕、石砚、画像石、岩画、玉器、宝石	20	40–50
	古生物化石、岩矿标本	20	40–50
	彩绘泥塑、壁画	20	40–50
动植物材料	纸张、文献、经卷、书法、国画、书籍、拓片、邮票	20	50–60
	丝毛棉麻纺织品、织绣、服装、帛书、唐卡、油画	20	50–60
	漆器、木器、木雕、竹器、藤器、家具、版画	20	50–60
	象牙制品、甲骨制品、角制器、贝壳制品	20	50–60
	皮革、皮毛	5	50–60
	动物标本、植物标本	20	50–60
其他	黑白照片及胶片	15	40–50
	彩色照片及胶片	0	40–50

（二）展览过程中控制环境变化的对策

1. 加强文物展览过程的安全评估

随着我国文化交流的扩大，文物在境内外展览呈现出日益繁荣的局面，由此也加大了文物遭受损害的可能性。2002 年 1 月 18 日，国家文物局印发《首批禁止出国（境）展览文物目录》，至 2013 年 8 月共公布三批 205 件（套）。

国家文物局对文物外出展览安全评估也有明确规定，即出展文物要经过三位专家签字确认。但目前文博系统对文物安全的认识仍显薄弱，评估的严肃性仍显不够。

建议建立评估资质制度，文物收藏单位、相关专家要充分考虑点交、运输、布展等过程环境的改变对脆弱文物的影响。

2. 减少大环境对文物安全的干扰

举办外展时空区域跨度大。我国幅员辽阔，从南到北跨热带、亚热带、温带、亚寒带，气候包括热带季风气候、亚热带季风气候、温带季风气候、温带大陆性气候、高山高原气候等；国外办展甚至跨越南北半球，季节完全相反，温湿度变化很大。目前，我国仅有珍品运输公司使用恒温运输车，而湿度没有任何干预，大量的珍贵敏感文物在运输环节中受湿度变化的伤害。采用恒温恒湿运输车辆是必要的保障，恒温恒湿车辆参数的设定要充分考虑装载的各类文物，不能仅为保障某一类文物的安全而忽略其他，而应取多种参数的中间值。

3. 改变文物装箱方式，营造文物安全微环境

目前，针对文物包装和运输的研究很多，但多是包装材料、包装技巧、装箱顺序等方面的经验交流，忽略了不同文物对动态保存环境的不同要求。

文物运输装箱往往将不同质料、不同环境要求的文物放在同一个较大的外包装箱内，外包装箱多以木质材料为主，内侧置 PE 板，其内再放置数量不等的大小囊匣。这种外包装箱不能实现完全密闭，微环境很难控制，这种装箱方式不能避免运输途中温湿度对不同质料文物造成的损害。建议按质料分类装箱，选用相对密封（考虑材质）的外包装箱，箱内放置调湿材料或箱外配湿度调节器。分别采用降低湿度或者增加湿度的调控手段，营造较为适宜的文物微环境，缓解文物在运输环节温湿度变化的伤害。

4. 加强文物运输过程中数据的监测与研究

文物运输也是文物所处环境突变的过程。文物在运输过程中的状态，如温湿度变化幅度、颠簸震动幅度等，目前尚缺乏较为系统的数据采集与分析。以空运为例，通常只有民航客机在飞行时会同时对客舱和货仓加温加压，舱内气压大约是 0.8 标压，货运飞机只对驾驶舱加温和加压，货仓由飞机引擎喷出的部分气体，结合驾驶舱空调混合加温，其间温度、湿度较之地面发生的变化，是否会对文物产生影响，又会产生怎样的影响，需要以数据为依托。出境举办大型展览，文物运输的环节更为复杂，各地文物在收藏单位点交之后，要集中再次装箱，展览结束后重新分派到各收藏单位，过程漫长。文物在运输过程中所处的状态，温湿度在此过程中的变化、变化的幅度、途中的颠簸和震动幅度，都需要有科学的数据、报告，科学地保证文

物在运输环节的安全。

5. 合理把握文物点交、布展节奏

《馆藏文物展览点交规范》中规定："点交场所的环境应该适宜于文物的存放。"不同质料的文物要求的温湿度条件不同，在点交布展过程中，应采取同一质料或环境要求相近的文物集中点交、布展的方式，以便于温湿度系统的调节。据了解，目前多数博物馆文物点交场所的温湿度是相对固定的，由于效率和各收藏单位具体条件的原因，点交过程很少有做到根据文物质料不同而调节温湿度的，这就要求在具体的操作环节中，尽量减少文物在不适宜环境中的暴露时间，合理安排工作节奏，布展过程也同样要做好环境控制。

6. 张弛有度，合理安排文物"轮休"

文物是一种生命体，有自身寿命，最小干预、最大限度减缓文物损坏这一过程是文物保护的目的。展览过程中任何的操作失误或环境因素造成的伤害，都是加速其灭失的重要因素。特别是在这一过程中，文物经常处于变化的环境中，温湿度的波动对文物机体的损害更加严重。文物需要休养生息的过程，合理安排文物"轮休"，给文物归库修整的时间，非常重要。

结语

举办文物展览是一个动态的过程，文物脱离库房相对稳定的环境后，保存条件存在诸多不确定性。文物在展览过程中的每一步，都会面临温湿度、光辐射、空气污染、物理摩擦、震动等因素产生的影响，其中温度、湿度的变化对文物安全至关重要。温度的升高、湿度的增加会对文物产生不可逆的损害，由于文物材质和属性的不同，不同文物对温湿度的要求也不尽相同。而对外展览的展品构成又具有多样性，大部分展览不是单一质料的文物，这就要求我们充分考虑到展览过程中对展品环境进行控制的复杂性，甚至是矛盾性。因此，展览的启动要以做好安全评估为前提，在控制好大环境对文物安全的干扰后，着力做好影响文物安全的微环境，通过改变装箱方式、加强数据监测研究、把握点交布展节奏等环节，将环境因素对文物的损害降到最低，同时要注意文物的疲劳性问题，通过安排"轮休"的方式，尽量减少外展对文物安全造成的潜在风险。

参考文献

［1］陈元生，解玉林.博物馆文物保存环境质量标准研究［J］.文物保护与考古科学，2002（S1）.

［2］中华人民共和国国家文物局.馆藏文物展览点交规范［S］.北京：文物出版社，2009.

［3］中华人民共和国国家文物局.馆藏文物出入库规范［S］.2009-02-16.

试析博物馆交流展文物的预防性保护

高静铮（昆明市博物馆）

中华人民共和国成立以来，特别是改革开放 40 年来，中国博物馆事业面临千载难逢的发展机遇。近年来，国家不断加大对博物馆的经费投入，各级博物馆与时俱进，收藏、展览、研究等各项工作得到长足发展和提升。各馆各项展览推陈出新，博物馆的公共服务效能提升显著，社会关注度不断提升。这些馆际交流展览开拓了博物馆专业人员的视野，深化了博物馆服务公众的领域，加强了博物馆文物利用的广度，对促进文博事业发展具有很大推动作用。博物馆蓬勃发展的局面令人欣喜，但是文物利用项目逐年增加，文物出入库频率、文物利用过程中的安全风险也日渐增长，对藏品的保护管理工作提出了新的要求和挑战。文物保护工作不能局限于文物库房内的静态保护，对于展览文物的动态保护刻不容缓。

2017 年 2 月 21 日，国家文物局印发了《国家文物事业发展"十三五"规划》，强调要切实加大文物保护力度，实现由注重抢救性保护向抢救性保护和预防性保护并重转变，由注重文物本体保护向文物本体与周边环境、文化生态环境的整体保护转变，确保文物安全。同时，也强调多措并举让文物"活起来"，坚持保护为主、保用结合，坚持创造性转化和创新性发展，大力拓展文物合理适度利用的有效途径。

博物馆需要进一步提高认识，认真贯彻"保护为主、抢救第一、合理利用、加强管理"的十六字工作方针，切实加大文物保护力度，推进文物合理适度利用，使文物保护成果更多惠及人民群众。文物工作十六字方针正确体现了保护和利用的辩证关系，两者不是对立的，而是统一的，是相互促进的、相辅相成的。但是必须明确，保护是第一位的，保护是利用的前提和基础，利用必须受到保护的制约。文物的利用和保护互为依托，相互成就。我们要进一步立足文物保护，着力文物利用，处理好文物保护和利用之间的关系。

文物的预防性保护，即通过有效管理、监测、评估、调控，抑制各种环境因素对文物的危害作用，使文物处于一个"洁净、稳定"安全的生存环境，达到延缓文物劣化的目的。"洁净"环境是指控制文物收藏、展示等保存环境中特征污染物等因素处于安全阈值以内。"稳定"环境是指文物保持环境在适宜指标下的平稳性，防止相对湿度、温度等因素出现较大幅度的波动。通俗地说，文物的保护主要是防止其受到自然环境和人为因素的损害。危害藏品保存的自然因素包括温湿度、光线、尘埃、有害气体、害虫、霉菌等；人为因素体现在藏品使用过程中的损害。藏品利用包括陈列展览、研究、摄影、修复、鉴赏等各种形式，每一种利用途径都必须遵循文物安全第一的原则。

笔者拟以博物馆交流展为例，兼顾借展情况，探讨如何做好展览文物的动态保护问题。文物安全，责任重于泰山，文物安全是文物工作的红线和底线。博物馆要进一步深化文物安全培训的力度，增强展览文物的动态保护意识，加强文物点交、文物包装、文物搬运和运输以及优化陈展微环境等环节的文物预防性保护，落实文物安全责任，防患于未然。

一、文物点交是文物保管责任转移和确认文物安全责任的关键

文物点交是文物交接双方对参展文物进行详细核对并移交确认的过程，包括核对文物名称、编号、数量及保存状况等基本信息的逐一清点、交接和记录。遵照《博物馆藏品管理办法》《馆藏文物出入库规范》《馆藏文物展览点交规范》《馆藏文物登录规范》等管理规范，严格执行文物点交的报批手续及点交程序。文物点交是文物保管责任与风险分割的临界点，是文物保管责任转移和确认文物安全责任的关键。根据博物馆双方的展览合同，文物点交之后，经双方签字确认，就完成了文物保管安全责任的实际转移，从法律的角度确定了移交方文物保管责任的免除及提借方文物保管责任的承担。因此，文物点交环节至关重要，相关责任人员需要亲临现场履行点交程序，逐一清点文物，确认文物安全责任的交接手续（如图1所示）。

图 1　昆明市博物馆展览文物馆内点交现场

博物馆交流展文物提取，要按照博物馆藏品出入库等相关制度办理提借手续，严格履行相应的出库交接程序。提借单位或部门须提交藏品提借公函或者书面申请等相关审批文件，并报分管领导或者馆长（或法人）批示签字，在获得相关领导签字确认后，将审批单交保管部留存备案。点交时，按照合同所涉及的文物清单对展品逐件检查，核对每件文物的名称、编号、数量及保存状况，并进行双方确认。对有异议的文物应根据实际情况进行文字增补标注。对质地疏松、结构脆弱但是又必须参展的文物，还需要在移交清单上加以注释，避免在布展时出现意外。以上内容对照单据逐件清点，确认无误后，必须经文物收藏单位领导、保管部负责人、保管员以及提借单位或者部门相关责任人签字确认，并加盖双方公章，藏品正式移交提借方。至此，参展文物本体及文物安全责任交接完毕。提借清单原件一式三份，保管部负责人、保管员和提借方各持一份留存备查。

在参展文物点交过程中，除了点交清单等文字记录外，还应尽量安排拍照和摄像等影像记录，记录文物点交过程。点交记录的照片，必须是点交现场拍摄的。珍贵文物照片要尽可能多角度或者特写拍摄，以备日后查对。

涉及馆际交流项目签订的交流展或借展合同等相关资料，作为藏品出库利用的重要依据，提借单位或部门需向保管部负责人提交对应的原件或者复印件留存备案，特别是涉及博物馆馆藏珍贵文物外出异地交流展览的情况，珍贵文物参展的报批手续需按照相关规定办理完成，并在提取参展文物出库时提交保管部备案，以便健全珍贵文物的出入库档案。值得注意的是，根据文物提用目的和文物级别的不同，需获得相关文物机构的批准。关于馆外展出，借用一级文物，应经省级文物行政部门审核后报国家文物行政部门批准；借用二级、三级文物，应报省级文物行政部门批准。

馆际借展项目，参展文物到达目的地后，在有条件的情况下，布展最好有藏品收藏方的专业技术人员现场协助拆箱查验，配合借展方完成布展工作。撤展时也应通知收藏方人员协助撤展装箱等事宜。对于交流展项目，在布展完成后，文物收藏单位需与展览承办单位进行文物点交，并对文物展陈现状进行拍照留档，诸如每个展柜的展品数量、展品位置都需要记录在案，确认备查。在文物点交清单上，要有双方交接人和单位领导确认签名，并加盖公章，以明确双方交接责任。文物撤展的点交程序与布展结束点交程序基本相同（如图2所示）。

图2　昆明市博物馆赴扬州博物馆举办"长空飞虎——飞虎队文物展"，
布展结束后文物现场点交签字

文物库房藏品安全，坚持完善的藏品出入库制度，认真做好文物点交工作只是第一步。藏品提出库房的文物利用，凡接触和利用文物的博物馆相关部门，都必须增强文物利用中的安全意识，崩紧文物安全这根弦，充分排除文物利用中的安全隐患，确保文物安全。文物安全问题不仅仅局限于文物库房，在文物包装、文物搬运及运输、文物布展及撤展的各个环节，文物安全的风险加大，涉及部门和人员都必须强化文物安全第一的原则，谨慎行事，才能防患于未然，确保文物安全。藏品的损失，除保管不善的原因外，相当多的情况是在利用的过程中，由于麻痹大意、工作不细或违反操作而造成的。因此，文物安全第一的原则必须反复强调，深入人心，并且落实到位。

二、展览文物的妥善包装，是确保文物动态保护的关键性环节

文物包装首先要考虑解决文物的防震和防移动问题。特别是珍贵文物的包装更要谨慎，最好根据文物的形状、大小及质地，定制珍贵文物专用囊匣，珍贵文物要保证一物一匣。一般藏品，根据藏品管理及利用的需要，也以定制囊匣为宜。值得注意的是，囊匣的内囊制作需要接近藏品的大小形状，把藏品装于囊匣的预留位置后，如有松动的地方再用无酸纸、绵纸或薄垫等缓冲材料衬垫、覆盖或者包裹，尽量做到藏品在囊匣内纹丝不动，避免珍贵文物在长途运输中的晃动颠簸和移动，严防文物运输中的损伤。囊匣作为文物的基础包装，既可以避免文物摩擦，减轻震动和移动，还有利于藏品防尘、防潮以及防虫。因此尽量配备文物囊匣，有利于藏品的日常管理及运输。

2017年12月，昆明市博物馆远赴北京民俗博物馆举办"探秘古滇国——滇文化文物展"，有很多精美的青铜文物参展，诸如战国杀牛祭柱铜扣饰、战国虎头形铜扣饰、西汉吊人铜矛、西汉三立牛横銎铜啄、西汉蛇首叉形器、西汉蛙形銎铜钺、西汉持伞铜跪俑等珍贵文物。这些青铜文物造型独特，工艺精湛，体现了古代滇人超凡的装饰技巧。由于参展的青铜文物极其珍贵，昆明市博物馆保管部的工作人员提前做好防止文物长途颠簸的准备工作，逐一梳理展品包装和放置情况，查缺补漏，定制并更换了部分外展文物的囊匣，保证每件文物都能妥善放置，安全存放。在文物点交时，承担运输的单位还在囊匣内加强了文物震动的缓冲处理，根据文物的质地、尺寸以及文物放入囊匣的紧密程度，在文物表面包裹厚薄不一的绵纸或者薄软垫等加固保护文物，避免文物在长途运输中的震动及位置移动（如图3所示）。囊匣盖好销上锁扣后，再用粗棉绳捆紧加固，确保囊匣中的文物安全无损。包装妥善后，囊匣外的标牌上均需粘贴文物的照片，并标注文物总号及名称，方便核对点交。

图 3　交流展文物的囊匣包装以及防震动和防移动放置

由于经费问题，有些中小型博物馆没有资金制作文物囊匣，也要采用确保文物安全的材料妥善包装，切忌随意安放。文物包装材料要采用防潮、防震的包装物进行包装，并充分考虑到藏品的个性化特征区别对待，找出文物的薄弱部位进行重点防范。针对特殊造型的文物，特别是脆弱的文物，需要反复斟酌再慎重动手包装，尤其易碎藏品、小件藏品等更要加倍注意和防范。小件藏品如钱币、印章、票据等面积小、重量轻，容易丢失或遗落，不要随意摆放在夹缝中，谨防遗失。最好在清点好之后集中摆放在一个包装盒内统一存放，方便查找。装箱前应认真检查包装盒有无裂缝或者破损之处，每件藏品用自封袋装好，贴上总号标签和信息，然后用软绵纸和软布包裹好，顺序放入盒内，盒内空隙也用绵纸等物填充，避免盒内晃动。装箱时，小件藏品盒应尽量放置于箱子上层。在开箱布展，再次取出小件文物时要小心谨慎，认真辨识和取放，避免小件文物袋与箱内包装材料混杂而造成丢失和损坏。质地坚硬的器物可以用适宜厚度的材料包裹并用绳带绑好，并认真标注编号及器物名称，以备查验。

文物的外包装一般用结实的实木箱。文物摆放的原则，一般遵循下大上小、下重上轻的摆放顺序（如图 4 所示）。装车时木箱之间也尽量减小缝隙，并用绳子固定，减轻车辆颠簸引起的晃动。对文物摆放存在的间隙，需要填充压实，垫衬防震缓冲材料，避免文物晃动受到损害。清点好每箱文物数量后，装入文物装箱清单，锁好并封箱，未到目的地不可开启。为保证运输过程中的文物安全，封条上不得标有博物馆（包括加盖公章）名称或与文物有关的敏感字样，但要注明张贴日期。

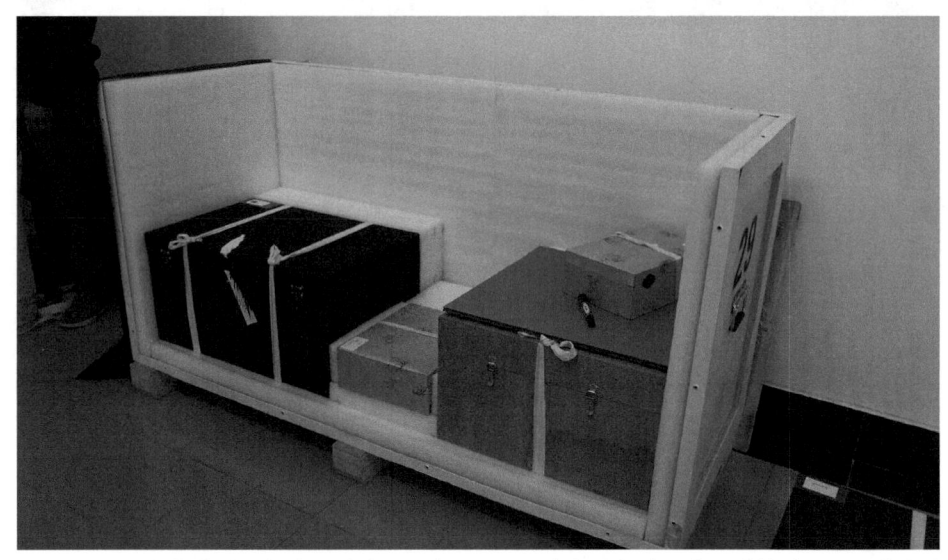

图4　交流展文物装箱的摆放原则为下大上小、下重上轻的摆放顺序，并垫衬防震缓冲材料

三、加强展览文物的搬运和运输安全是文物动态保护的有力保障

交流展文物的搬运和运输管理需小心谨慎，合理安排和统筹。搬运文物首先要规范持拿文物的方法，对待不同质地、不同形状的文物要根据文物自身特点有所区别，持拿不当是导致文物损坏的重要人为因素，如果掉以轻心，往往会导致文物遭受人为损伤，其后果可能无法挽回。文物搬运不能有任何闪失，自始至终必须遵循文物安全第一的原则，任何缺少安全意识的做法，皆有可能带来难以估量的损失。持拿文物要集中精力、双脚站稳、双手拿稳、轻拿轻放，切忌单手提拿、草率行事。小型器物应以托、捧为主，笨重的大型藏品搬运时尽可能降低重心，多人合力搬运为妥。为了缩短搬运文物的时间，降低风险，要事先将外箱和运输工具尽量靠近文物存放地。持拿金属文物要戴上能够隔离的手套，避免汗液侵蚀器物；瓷器文物容易破碎，搬运时要格外小心谨慎，最好不要戴棉布手套搬运，戴上手套后手指灵敏度减弱易造成器物滑脱；接触书画、织绣品等，要戴手套和口罩，防止汗水和唾液

污损文物。诸如此类的细节都需要小心。接触文物的相关人员都要规范文物操作的方法，杜绝人为损坏文物隐患，确保文物安全。

博物馆交流展及借展等文物运输，责任重大。在展览资金有保证的前提下，为确保文物安全，尽量选择专业化的文物运输机构，安全系数更高一些。国内省级博物馆和经济较为发达地区的博物馆，展览经费充足，选择专业化的文物运输机构承运展览文物已经成为惯例。对于西部等经济欠发达省份的中小型博物馆，文博经费普遍不足，展览经费更为短缺。有的博物馆展览文物运输采用博物馆工作人员乘坐飞机或火车等公共交通出行的方式解决，也有自驾博物馆公务车辆运输文物的特殊情况存在。为解决这一困境，博物馆要加强与主管局、财政局等上级部门的汇报沟通，争取更多的经费支持，确保文物运输安全等相关经费保障。长途运输文物，需要博物馆或者承运机构制订严密的运输计划，充分考虑行车路线以及运输时间，防止和避免运输过程中温湿度、雨水等自然因素侵害，尽量避免颠簸道路，选择较为平坦的路线，适当限速，尽最大可能减少文物藏品受损的人为因素。文物运输不同于普通的货物运输，运输过程中文物的安全问题至关重要，运输车辆一般白天运行，晚上停放在监控防盗实施较好的博物馆院内。

四、增强文物预防性保护理念，优化交流展陈展微环境控制

博物馆展览实施方案的运行，在满足观众视觉效果的同时，也需要增强文物预防性保护理念，兼顾文物保护的要求，遵循文物安全第一的原则。在展陈工作的各个环节，尽可能地优化展陈微环境，确保文物安全。博物馆藏品保护必须以预防为主，为藏品创造"绿色"的防潮湿、防干燥、防灰尘、防污染、防光辐射、防虫蛀、防霉菌、防腐蚀、防变色、防糟朽、防老化的环境。《博物馆藏品管理办法》明确指出："陈列的藏品，要以确保安全为原则，采取切实措施加强管理。"

为了做好展出文物的预防性保护，博物馆有必要对展览场地进行考察。考察内容不仅包括展厅的安防和消防安全现状、展厅面积及展线、展厅展柜等硬件设施，还包括展厅环境等涉及文物保护相关内容，诸如展厅温湿度控制设施及应对措施、展厅展柜的温湿度数据采集、展柜展具和灯光照明的安全性评估等情况都需要了解清楚。认真细致的考察为文物预防性保护工作提供了科学依据。没有经费进行展览实地考察的博物馆，为了保证展览文物的安全，需要合作办展的博物馆提供展览的

安保方案，其中的内容应包含涉及文物预防性保护的相关内容。

展厅不同于文物库房稳定洁净的保存环境，作为展出文物"临时的家"，展厅环境的变化会对展出文物产生一定的影响。因此，对展厅环境的监测和评估势在必行，需要引起重视。众所周知，温度、湿度的变化会给藏品带来直接损害，文物存放环境变化大是文物遭受损害最为普遍的原因，文物展出地环境的变化，某种程度人为地造成了藏品保存环境的突变，这种短时间的不稳定环境，成为某些文物病害加重的直接原因。例如，高温高湿环境容易造成纸质、纺织品等有机质文物生霉生虫；反之，过度干燥的环境也会削弱书画文物等纸质纤维的强度和韧性，造成断裂或干脆等损伤。因此，交流展室内温度和湿度控制至关重要。文物展出期间，对文物陈列展厅的温湿度要定期监测，超出文物安全预警需要及时调整，使用除湿机或者调湿剂等调控措施，尽可能将展柜内温湿度变化幅度控制在科学合理的范围，保持文物保存环境基本恒定，避免温湿度的大幅波动，最大限度地防止展出环境变化对文物造成的损害，保证展览的顺利进行。

2009年《博物馆照明设计规范》的发布实施，规范了博物馆照明的设计原则、照明数量和质量指标，在博物馆展品保护方面发挥了重要作用。陈展文物除了注重温湿度的调控外，选择适宜光照的目标就是合理控制照度，加强文物保护。近年来，随着科学技术发展，LED照明在博物馆展厅日渐得以应用。LED光源照度降低，不会产生紫外线和红外线，避免危害文物展品；同时LED光束更加均匀，调光灵活、能耗降低、寿命较长，具有节能环保的优越性，应成为博物馆陈展照明的首选。文物保护的防光，一方面是指尽量做到避光保存，另一方面，是指在整理、研究和陈列时确定一个合理的照度标准，尽量降低光照度，把可见光辐射对文物的损害降到最低。光照的影响是一个渐变的化学过程，一般肉眼感知较弱，尤其含紫外线的日光对文物的损伤较大，要尽量避免日光照射的展室环境。灯光的照射也要尽量考虑冷光源，或者采用灯控装置减少灯光照射的时间，尽可能地减缓光照对文物的侵蚀。良好的光环境是延长文物寿命的保障，文物在陈列过程中极易受到各类灯光的作用产生光损，特别是书画、纺织品等文物对光照十分敏感，容易受到伤害，对于文物陈列柜照明设施的布控，既要考虑陈列照明的基本需要，也要保证文物安全的基本要求。

此外，书画类、纺织品类文物还需要预防虫害侵蚀。比如少数民族服饰类的藏品，展出期间要特别关注防虫害和防霉菌等隐患防范。首先要关注展柜及展具的除尘防虫，杜绝虫害侵蚀的可能性。其次可以在隐蔽处投放适量的除虫剂和干燥剂，最大限度地保持文物展出环境安全，预防虫害等对展品侵蚀。外展文物撤展回库前，最好对展出的纺织品等有机质文物进行杀虫处理，杜绝展出文物携带不安全的虫害归库，污染文物库房环境。

对于陶瓷器、玉器等易碎文物，尤其是珍贵文物的陈列布展，还需要考虑文物的防震。陈列室的防震，必须坚持"安全、经济、美观"的原则。防震使用的材料，第一不能有损文物，第二要节省工料和经费，第三不能影响陈列效果。

结语

博物馆筹办交流展，策展人需要积极做好统筹和调度工作，组建筹展团队，建立专业有序的展览管理体系。筹展成员须明确责任，分工合作，各司其职，避免工作中互相推诿，事倍功半，延误工作。交流展工作涉及面广，事务繁杂，包括前期的展览策划、文字大纲撰写、展品鉴选及资料整理，展品拍照、展品价值评估、展览协议拟定及签订，交流展实施阶段的展品包装、运输、点交、布展、撤展等专业工作，无不凝结着筹展人员的心血。交流展工作人员的选派，既要注重专业性，更要强调责任心，可以选择不同专业的业务部门成员组成团队，互相协作，各展所长，确保展览实施过程顺畅，快捷高效。参与陈展的工作人员要提高认识，尽职尽责，始终坚持文物安全第一的原则，既要注重展览效果，也要关注文物的预防性保护。在展陈方案设计及实施阶段，要将文物预防性保护的科学理念贯穿始终，从陈列展览的整体布局到展柜微环境控制，按照不同文物的具体要求，尽量兼顾文物保护要求，满足文物保护需要，为文物安全存放创造有利环境。

总之，文物是博物馆业务活动的基础，对馆藏文物的预防性保护是博物馆文物利用工作的重要保障。要实现文物的合理化利用，需要重视展览文物的预防性保护。没有行之有效的文物预防性保护措施，文物的长久保护和利用只会沦为空谈。文物预防性保护不能局限于文物库房内的静态保护，对于展览文物的动态保护刻不容缓。交流展或借展文物的动态保护，接触文物的相关工作人员必须遵循文物安全第一的原则，在行动上小心谨慎，努力践行文物预防性保护理念，力求文物展览工作的每个环节都采取适当的安全措施，确保文物安全无损。博物馆要一如既往地筑牢文物安全底线，时刻保持高度的责任心，尽职尽责，从思想上高度重视，工作上认真落实，严格按照国家文物工作的方针和政策实施专业化和规范化管理，才能更高效地开展文物保护工作，持续推进文物合理利用，盘活馆藏文物资源，讲好中国文物故事，实现文物资源共享，满足公众文化需求，为弘扬中华文化贡献自己的绵薄之力。

参考文献

［1］国家文物局编.博物馆藏品保管工作手册［M］.北京：群众出版社，1993.

［2］北京博物馆学会编.博物馆藏品保管工作指引［M］.北京：中国书籍出版社，2012.

［3］郭宏编著.文物保存环境概论［M］.北京：科学出版社，2001.

［4］郑求真.博物馆藏品管理［M］.北京：紫禁城出版社，1985.

文物使用过程中的隐患预防

杨　斌　陈晓亮（南京博物院）

文物使用过程是文物损坏隐患最大的环节，包括出库、点交、包装、运输（短途和长途，机械和非机械运输）、布展、撤展、文物科学检测、文物保护、修复、复制、照相扫描、编辑出版、文创开发、社会教育、宣传推广、观赏及研究等与文物直接接触和间接接触的行为。只有严格执行文物使用过程中的相关法律法规及规章制度，遵守职业道德操守，才能为文物使用过程的安全提供保障。只有不断加强业务技能学习，熟练掌握操作规程，才能杜绝文物隐患发生。

文物使用过程中的环境要求主要有：安全的软、硬件保障，良好的温、湿度环境，卫生无杂物的安静条件，宽敞明亮无紫外线光源的相对封闭场所，整洁、平稳、牢固并有软垫的文物操作工作台。在天气恶劣、寒冷暴热、严重雾霾、冰雪雨季及黄梅天等状况下，应减少文物使用，对有机质文物更应禁止使用。

一、文物出库、点交过程中的要求

文物出库后至进库前的流通环节不得离人，点交后和入库前文物安全由使用人负责，使用文物的操作过程根据质地不同而有所区别。对有机质文物如纸质织物类等文物的取放，操作时应保持手部清洁，戴白色棉质薄手套和工作帽，以免汗渍、头屑等污染文物。取放卷轴类应手拿卷轴中部，切勿一手提卷轴头，以免轴头与画轴脱离，损坏文物。平面展示时应轻拿轻放，在桌面上徐徐展开，用丝绸包裹的镇纸压住两端，竖展立轴中堂时应两人操作，一人双手持画轴，一人用画叉举挂，举挂前应先查看系画绳圈、贴杆等是否完好牢固。动作要稳而准，确信挂牢后再松手。收画时双手卷轴，用力要均匀，使其紧密不松动。点交介绍观看文物时，口不要近距离正对文物说话，以免唾液飞溅文物造成污染，并提醒现场人员也要如此。文物包装前不准摊放在地上。对玉、陶、瓷等易碎品取放时不要佩戴饰物等以防勾住或刮伤文物。胸前口袋不得装有硬物以防弯腰脱落损坏文物。严禁穿拖鞋高跟鞋取放文物，琢器（瓶、罐、尊、壶、鼎等）必须双手捧持，严禁拎把手、壶嘴、提梁携耳、拿足或其他细部。圆器（指碗、盘、碟、盅等）须以无名指、食指、中指进入内壁，再用大拇指从外壁扶持。

取动大件时，必须双手捧持，瓷、玉、陶光滑类圆器严禁戴手套操作，以防滑落。取动有盖器物或可分离部件时，应该将各部分分开持拿，以免掉落或碰擦。持拿彩绘文物时，尽量避开彩绘部位。点交观看取动文物时，尽量不要离开有软垫的工作台，先查看器物外观，确认文物结构安全后再移动文物，严禁隔物取物。装有器物的囊匣，必须扣好搭袢。对于体量较大或不便于持拿的文物，应利用必要的工具安全移动。搬动两件以上器物时，应尽量用托盘，两件相叠或相靠时要用软垫相隔。对金属品及竹、木、牙、角、漆器等取放也是如此，根据需要佩戴薄手套操作。

二、文物包装的基本要求

文物包装应结构合理、材料环保，确保文物安全，包装时应注意对文物内部结构、质地及表面层的保护。文物包装应做到防水、防潮、防霉、防虫、防震、防尘、防变形。内包装箱、特殊外包装箱应根据文物的质地、外形、尺寸、包装运输的条件进行设计。表面防护包装材料，如无酸纸、绵纸与浅色棉织品等，阻隔、防震与缓冲包装材料，如聚乙烯吹塑薄膜、海绵等，要使用无污染、无有害气体排放的材料。箱体包装材料，如经过熏蒸处理的木材，甲醛释放量符合国家标准的胶合板、纤维板、瓦楞纸板等，包装箱不仅要设计得轻巧，还要能够承受运输震动颠簸和压力。

文物包装根据器型、质地不同而异，要充分发挥文物包装的功能，就要选择适当的包装材料，根据文物的具体特点和要求选取相应的包装技术和方法，然后进行有效、合理的包装设计，设计出科学、合理、经济、牢固的包装，真正体现出文物包装的特点。文物包装的技术方法通常采取以下方式。

悬空减震法：箱内立支架，将文物置于支架上架空，然后固定于其上。

捆扎法：先将两块多层板做成直角形框，将文物放置其上，用带子把文物捆扎在背板上。注意底板和背板均应粘贴较厚防震层，背板的防震层还应依照器物的形状镟挖出大致凹槽，增大接触面，以便增加固定效果。

点式固定法：在箱内壁选两组对称点，粘贴高、中密度吹塑板，以使文物固定于箱中。

紧压法：选定若干个受力部位，用包裹海绵或粘贴绒毡的木方将物体紧压、固定于箱体上。

镟挖法：依照文物的形状，在较厚的中密度板、海绵板上镟挖出凹槽，将器物放置其中，使之不移位。此种方法适用于小件玉器、瓷器、金银器，以及形状不规则的文物。

在常用包装方法中，注重特殊文物、重点部位的包装。设计与文物造型凹凸相对的成型垫料，用于保护文物的边角和局部装饰物。将造型互补的文物，如器盖与器身，凹凸相对互叠，在可能相互接触的表面间夹衬衬垫，并在文物每个角放置衬垫。对于形体和重量较大、造型较复杂的文物，应设计挡板和支撑柱，保证包装箱与文物表面有一定距离，避免文物凸出部分（如青铜鼎的耳部等）、易碎或易损部位受力。超重石雕、青铜器等直装式外包装箱，应选用质坚、承重大的板材，箱底设计要便于铲运、运输和存放。对于文物的活动部件如提梁、链等，应采用捆、扎、顶、垫、塞等方法进行必要的固定。对于易损文物，如瓷器、玻璃器等，应在其上面铺垫一定厚度的衬垫，在四周边用泡沫塑料、海绵等材料护垫。

经过包装的文物便于运输、装卸、搬运、储存、保管、清点，为文物的管理、展示、研究等工作提供了支持，是文物保护工作的重要组成部分。

三、文物运输的基本要求

文物运输是指文物包装结束后，通过运输工具将文物移动至目的地的行为（包括文物装卸作业）。其责任范围为自出发地文物包装箱离地时始，至到达目的地文物包装箱落地时止。运输工具的选择以保障文物安全为前提。

文物运输实行承运人负责制，并通过合同管理制度实现。对承运人的要求是：文物承运人的资格由国家文物局规定。确定文物承运人后，应依照经国家文物局或主管机关批准的协议，与承运人签订委托运输合同。此合同应报文物主管单位备案。文物委托方以文字、照片或录像等形式记录文物在运输前的保存状况。文物承运人、文物接收方及其他相关检验人员根据记录对文物进行点交和检验。

文物运输车辆驾驶人员必须具备多年文物展览运输工作经验，在此期间无在交通事故中负全部责任或主要责任的经历；无驾驶机动车行驶超过规定时速 50% 以上的行为；无酒后驾驶行为记录；具有良好的服务工作态度；有责任感及职业道德，以确保文物运输安全。

文物运输车辆宜使用全封闭厢式货车，车辆技术等级应达到《营运车辆技术等级划分和评定要求》（JT/T 198-2004）中要求的一级。封闭厢式货车车厢内应安装安全设施，比如杆、内墙扣及紧固带，可移动、可缓冲的隔断和地垫，有温度、湿度控制的灭火器材和设备。根据文物需要确定温湿度控制范围，车厢厢体内应装有防火防湿夹层。厢式货车宜配备液压升降板，以减少文物及包装箱垂直移动的悬空距离，保证安全。车辆其他性能亦要符合文物运输要求。

文物所有单位认为有必要时，可组成专家小组对申请承运人资格的企业进行考评和审查。藏品所有单位还要与文物运输中标企业做进一步沟通和商讨，相互配合做好文物运输的各项准备工作。运输工具、运输线路、运输人员、运输时间等计划确定后，要做好保密工作。

文物运输过程中，应遵守如下要求。

（1）运输工具的选择以保障文物安全为前提，优先考虑文物的安全保护，文物的包装、运输线路、运输期、气候因素、器物现状或物理条件、保险费及经济因素等。运输方式按照合同计划事先决定后，包装系统必须进行相应调整。运输策略是在考虑了器物的自然属性、安全性、处理、费用和保险等因素之后作出的决定。好的运输策略会同时让文物保护人员、管理人员、运输人员、借用方、借出方及保险机构都满意。出发地到目的地之间有高速公路相通，且公路运输时间不超过 24 小时，可选择公路运输。两地间距离过远或道路状况不佳，沿线地形复杂，气候条件不利于公路运输时，应采用铁路或航空运输。

（2）选择公路运输时，应有专职人员或武装人员押运，运送文物的汽车在高速公路上车速不应超过 90 公里 / 小时；在国道、省道上车速不应超过 60 公里 / 小时。司机连续驾驶不得超过 4 小时。文物运输车后部应有跟随车辆，以防被追尾或其他影响安全的问题。夜间不宜运输，晚上驻地休息时，装载文物的车辆应停放在安全条件较好的当地文博单位，并留专人值班看守。

（3）运输装卸作业中，博物馆的工作人员或保卫人员应亲自照看文物包装箱，片刻不离，不能将其托付给汽车司机或非博物馆工作人员，装载和卸载文物包装箱时最好在有防护措施的装载区进行。文物包装箱的倾斜角不得超过30°。水平搬运文物及文物外包装箱时应尽量降低器物或箱体悬空距离。

总之，文物使用各环节存在的风险远大于在库房内保存。必须在保护好文物的前提下，充分发挥文物的作用。这就要求工作人员加强职业道德修养，加强业务技能学习，为繁荣和发展文物保护事业做贡献。

参考文献

[1][英]帕特里克·博伊兰（Patrick Boylan）主编.经营博物馆[M].国际博物馆协会中国国家委员会，中国博物馆学会译.南京：译林出版社，2010.

[2]国家文物局.出国（境）文物展览展品运输规定[S].2001.

[3]中华人民共和国国家质量监督检验检疫总局，中国国家标准化管理委员会.文物运输包装规范（GB/T 23862-2009）[S].北京：中国标准出版社，2009.

[4][加]Nathan Stolow.博物馆藏品保护与展览——包装、运输、存储及环境考量[M].宋燕，卢燕玲，黄晓宏等译.北京：科学出版社，2010.

竹木雕文物保管、展览、运输安全问题探讨

王 欣（济南市博物馆）

一、竹木雕文物保护与管理的现状

文物展览以馆藏文物为载体开展对外服务，是博物馆区别于其他公益性服务单位的独有特色。近年来，为深入贯彻落实让文物"活起来"的思想，充分挖掘文物内涵价值，加强馆际、省际、国际文化交流，深入开展文物宣传教育、科学研究活动，文物被移动展示的次数逐年增加。随着移动频率增大，文物所面临的安全挑战越发凸显。

行之有效的科学管理机制，是文物安全的重要保障。各馆要加强藏品管理，落实"保护为主、抢救第一、合理利用、加强管理"的文物工作方针，不断完善自身管理制度，并严格遵守和执行。文物种类多样，保管要求亦各不相同，目前文物保管员的培养和专业人才相对不足，提高文物安全意识、培养专业文物保管后备人才是加强管理的重要一环。

竹木雕刻依托于相对坚硬的、可以长久保存的竹和木类载体，辅以特殊的保存手法和雕刻工艺，精雕细琢以实现艺术上的升华。在文物各类别中，竹木本身物质保存条件并不严苛，但我们也不能忽视竹木类文物的保护，毕竟任何文物都是不可复制的。随着公众文物保护意识不断提高，在文物保管过程中需要利用专业的设备、器具和科学的手段，改善文物保存条件，尽可能延缓人为因素、环境因素对文物的破坏，以期实现长久保存文物的目的。

竹木类文物保存环境既不能过于干燥（干燥易裂），亦不能过分潮湿（潮湿易腐），需要保持相对稳定的温湿度和物理化学环境。此外，木制品极易生虫或者藏有虫卵，灭杀虫卵尤为必要。在保护方面，竹木类文物主要面临杀菌、除尘、控温、防潮、防震、防虫、防光照、抗氧化等问题。竹木器易受损坏是多角度和多维度的，主要受保护意识不足和自然条件影响，包括文物拿捏、触碰、摩擦、保养等人为因素及温度、湿度、光照、有害气体、虫害等环境因素。文物保护不仅是被动式的抢救性修复，更需要创造条件去主动预防性保护和日常保养，通过学习借鉴他馆成功经验，掌握专业的科学管理方法以及先进的科学技术。

济南市博物馆属于国家二级博物馆，始建于1958年12月，1996年搬迁至现馆址，是齐鲁文化的重要收藏和展示场所，拥有各类别馆藏文物7万余件，其中珍贵文物2000余件，且收藏有十分丰富的竹木类藏品，所藏明清竹木雕刻颇丰，不乏精品。由于馆舍建筑年代较早，建筑本体以及设施设备等软硬件条件不足，主要依靠建筑墙体本身的保温防潮功效，无法实现文物保存大环境上的宏观调控。近年来，馆方不断完善藏品管理制度，提高藏品管理水平，从改善文物保存小环境、微环境入手，努力提高文物预防性保护能力。

馆方大力培养文物保管专业人才，定期让文物保管员进行专业进修和培训，学习各类文物保护和保养知识，并对物理和化学环境采取对策。首先，对于竹木类文物本体，文物保管员会定期采取上蜡、杀虫、消毒、除尘等手段进行日常保养。其次，为馆藏的珍贵文物，尤其是为对环境比较敏感的竹木雕、书画等有机质类文物添置恒湿橱柜，根据文物的类别和质地属性，分库分柜保管，因类设定橱柜内部湿度，改善文物存储小环境。再次，充分利用无酸文物囊匣保护文物本体，根据竹木器尺寸、造型专门定制囊匣，增强文物的防碰撞、防腐、防潮、防虫等保护功效。最后，搭建环境监测系统，实现了囊匣、橱柜、库房、展柜的环境监测对比，建立报警和预警机制。利用环境监测数据，对馆藏藏品所面临的各项风险进行综合评估，并在此基础上提出相应改善措施。

竹木雕作品通常采用圆雕、浮雕、镂雕等雕刻技法，制作手法考究，造型美观，富有寓意，作为杂项中的一个重要分支，极具艺术欣赏、展示价值。馆方所藏竹木雕文物，品类齐全，样式多样，考虑到竹木雕文物相较于其他类别文物，更适合经常性、移动性展览，为此馆方设计了一整套关于竹木雕对外交流展览的方案，从文物的保管、点交出库，到包装、运输、点交布展等一系列的规范流程。

二、竹木雕文物保管、展览、运输安全措施

文物出入库是文物保管工作中一项重要任务，必须操作规范、手续齐全。文物出库前要做好准备工作，首先对即将出库的竹木雕刻进行检查和必要的保养，一是为在长途运输和展览过程中保护文物本体，二是为了提升文物展示效果。此外，还需完成文物各项信息核对、文物估价等工作，尤其是对器物完残的描述一定要完整、准确。文物准备完毕，方可办理文物出库交接手续以及签订运输安全协议。

文物包装操作必须按照文物操作规范以及包装运输规范来实施，这是文物安全运输的前提。实施人员应具备一定的文物安全保护意识、责任意识和较高的专业技术水平。专业的文物运输应提前做好运输方案及应急预案，采取多层保护措施，珍贵文物更需要提升保护等级。除人为因素外，对环境条件敏感的文物，在运输过程中应采用必要的环境控制手段，做到实时监控和调节。

一般来说，文物展览运输存在三种方式：馆方派专人专车押送，乘坐公共交通工具出行，委托第三方文物专业运输公司或者交由借展方负责运输。运输过程中应做好监控，对行车状况、文物状况进行全程录像，资料至少保存至文物展览完成。运输过程中，做好应对各种意外情况的应急预案，对于行进路线可能出现的突发情况进行处置，重点防火、防水、防盗抢、防事故等。到达目的地，运输方将文物点交给借展负责方。严格按照操作流程，与指定人员进行文物信息核对，完成点交手续办理。在运输人员配备上，除安保人员外，保管员应跟车监管。

三、竹木雕文物安全因素解析

防碰撞、挤压。碰撞、挤压主要是提取或移动文物过程中有意或者无意使文物碰触其他而产生的力的变化，作用到文物上则会产生磕痕、裂纹甚至是残断、残碎等状况。由于竹木类文物质地比较坚硬，一般碰撞后不会从外观发现明显变化，但是内部木纤维的韧性会随着时间的变化而脆弱，更有可能将精细的雕刻部位震裂或者碰断。文物运输箱体滑落、重物挤压、道路本身的颠簸都会给文物本体造成损伤。

防盗换。由于鉴定的困难和专业性，文物造假屡见不鲜，造成真假甄别不易。无论是因文物管理者的疏漏还是直接参与的盗换，责任不明，都会给文物带来不可

弥补的损失。随着信息技术的发展，3D打印、虚拟成像都可以快速逼真地伪造文物，因此需要严格落实文物运输管理制度，防止盗换，提高文物运输人员的安全保管意识和防盗经验。

科学包装。包装是文物运输过程中非常重要的环节，包装容器需要根据文物的尺寸、造型、材质、损腐等状况，选择合适的囊匣、包装材料、填充物等。对于包装囊匣，文物置于其间，过于宽松，运输过程中容易引发碰撞；过于挤压，容易造成本体变形。此外，人为因素不可轻忽，应不断提升文物保管员自身的专业素质，拿取或移动文物要严格按照文物操作规范来执行。尤其是文物从一个环境到另一个环境时，应避免突然性的改变，尽量循序渐进。

专业运输。安全是专业运输的生命线，为保障运输途中的文物安全、人员安全，应充分考虑自身的人力、财力、物力等运输条件。从运输人员及车辆的选择，车载设施的配备，到文物箱装卸、运途值班等各环节，均需提前思虑周全、安排妥当。采用摄像监控手段，完整记录道路交通行车状况以及车辆内部人与物的状态。文物不得脱离运输人员视线，途中不宜过分张扬，引起路人的兴趣。运输人员需经专业培训，增强运输安全意识，时刻警惕，随时预判可能发生的变故，做出补救措施，确保道路交通安全。

适宜的展出环境。一件完整的竹木雕作品需经蒸煮、杀菌、烘烤、炭化、防腐、杀虫、涂油上蜡等工序处理，方能得以长期保存。温湿度是竹木雕文物保管、展览的重要影响因素，竹木类文物保存环境温度为20℃、相对湿度为50%~60%RH。气候以及温湿度的差异给文物的内外保存环境造成直接影响，比如热胀冷缩效应，酸碱度环境将会直接作用于文物本身。温湿度影响着竹木器植物本身的纤维，热胀冷缩造成老化或者脱水，从而缩短竹木器寿命。展厅或展柜必须具有可视、精确的温度湿度记录仪器，有能干预和调控温湿度的设备。此外，还需从展厅内的装饰材料、灯光、空气质量等环境条件以及观众数量角度来正确评估文物风险指数，使文物始终保持在相对稳定、适宜、洁净的展出环境中。由于外部环境变化易对文物造成伤害，建议陈列展出时间不宜过长，尤其是在地区气候差异大的交流展览活动中。

防虫害。由于竹木器依托于竹木材质，植物本身具有易藏虫卵或者受到昆虫破坏的属性。特别是在潮湿、温暖的外部条件下，虫菌将会大量滋生，很多我们肉眼看不见的微生物和各种喜好竹木的昆虫，也会在竹木器上进行繁殖或者腐蚀，积少成多，文物将会被啃噬殆尽。

四、外在条件对文物本体造成的不同影响

笔筒雕刻技艺高深，特别是镂空雕刻的竹林，精巧绝伦（如图 1 所示）。与之相对的，包装运输时要更为仔细。包装时，文物的受重面应尽量避开雕刻面，否则雕刻部位一旦遭到碰撞、挤压，便会对竹雕本体造成不可挽回的损伤。竹木雕文物需定期除尘、打蜡保养（如图 2 所示），否则表面将逐渐失去光泽，影响美观，继而干燥开裂，伤及本体。

图 1　竹林七贤笔筒　　　　　　　　图 2　麻古献寿

保存环境，特别是温湿度环境对竹木雕的影响非常大，比如竹雕洗马图笔筒，开裂严重（如图 3 所示）。若在运输或展览期间，温湿度忽高忽低，便会直接影响到文物。或因借展方地域不同，气候不同，冷暖干湿差异过大，所以要求具备稳定的展出环境条件。

竹木器和金属器对环境的湿度要求较高，且有所不同。铜器保存的相对湿度为 0~40%RH，竹木制品类文物保存相对湿度为 50%~60%RH，两者对湿度的要求差别很大，这类组合质地文物保存异常困难。如嵌铜内壁木雕花卉纹杯，铜质内胎锈蚀严重，木质外壁虫蛀痕迹明显，现已大面积损腐（如图 4 所示）。

图 3　竹雕洗马图笔筒　　　　　　　　图 4　嵌铜内壁木雕花卉纹杯

结语

竹木类文物虽材质坚硬,但与其他文物一样,会随时间流逝慢慢损耗。针对文中所提到的保管、展览和运输过程中的文物安全问题,有些预防保护措施现阶段我们已经做到了,但有些保护性难题尚未解决。文物安全管理是一项长期的、循序渐进的工作,在此过程中或会遇到资金、人才、技术等诸多方面的困难,因此建立持续良性发展的长效机制尤为必要。

参考文献

[1]赵成培.博物馆文物安全工作中的问题探讨[J].科技资讯,2017(30).

[2]杨勤.博物馆文物管理工作存在问题及其解决对策探讨[J].大众文艺,2015(14).

[3]朱琳.如何做好博物馆馆藏文物的保护管理工作[J].智库时代,2019(22).

[4]张芯语.数字化建设下博物馆馆藏文物的智慧保护探析[J].美与时代(城市版),2019(4).

[5]詹长法.预防性保护面面观[J].国际博物馆(全球中文版),2019(3).

彩绘陶质文物包装中磨损问题刍议

石 宁（汉景帝阳陵博物院）

我国文物凝聚了中华民族文化精髓和民族精神。《国家文物事业发展"十三五"规划》中关于文物"活起来"有明确计划，其中重要的一点是提倡文物走出去，特别是走出国门，让文物的交流推动文化交流，使全世界认识中国的优秀传统文化。

为适应新形式，文物的展览交流成为主角，文物要走出去或引进来都需要包装和运输，商家以此为契机，成立专业的文物（珍品）运输包装公司，为博物馆工作者解决燃眉之急。因文物的特殊性，文物安全成为一道红线，虽然有的专业包装运输公司安全系数很高，人员经过专业培训，但作为文物收藏单位和甲方，对文物安全不能放任不管。现阶段讨论最多的是文物运输方面的安全，对文物包装安全的研究相对较少。笔者就职于博物馆保管部，长期从事文物包装工作，现就工作中出现的彩绘陶质文物包装中磨损安全问题作简要分析。

一、彩绘陶质文物包装磨损问题

文物包罗万象，不但种类繁多、形状各异，而且质地复杂。不同种类、不同质地、不同形状的文物包装都不尽相同，因文物的复杂性，文物包装要具体问题具体分析。汉景帝阳陵博物院馆藏文物以汉代彩绘陶为主，因此笔者试以汉代彩绘陶器为例阐述彩绘陶质文物包装磨损问题。

汉代烧制的陶器质地坚硬，色彩艳丽，施彩工艺先进，是中国古代陶器发展的一个高峰期，出土的陶器保存比较完整。这些彩绘陶器中，以汉景帝阳陵博物院收藏汉代彩绘陶俑最具特色。阳陵出土陶俑均为灰陶，陪葬级别高，制作精细，质地坚硬，烧造温度在1000℃左右。馆藏陶俑种类多样，犹如汉代各种人群的再现。有威风凛凛严阵以待的军阵武士俑、身着华衣头戴贤冠文质彬彬书生意气的文吏俑、身材高挑秀丽端庄美轮美奂的侍女俑、形态各异动感十足形象逼真的乐伎俑、神态萎靡塑造真实特点鲜明的宦官俑、英姿飒爽形态夸张的骑兵俑、姿态优美裙裾飘逸纤腰皓齿的舞女俑等，这些都是俑中的精品。

陶俑先后进行了全国巡展和国外展览，在江苏、四川、重庆、广州、浙江、福建、上海、黑龙江、吉林、新疆、北京等地几十家博物馆陆续展出。前期文物由馆方自己包装，运输公司负责运输；后期文物的包装和运输一起承包给包装运输公司。文物每次外出或者回归，库房管理者都要对它们进行仔细观察，唯恐在外面受到伤害。这些彩绘陶俑和彩绘陶器长时间与包装材料接触摩擦，彩绘因磨损而脱落，严重的已经露出灰色的陶胎，更甚者陶胎已经有了很深的摩擦痕，有的已经不适合再进行包装外展。如果保管员比较包装前文物现状和归还文物的现状，判断文物的变化，不会发现文物的摩擦变化；长时间大跨度观察，将几年前和现状比较，才会发现这种包装磨损对文物带来的伤害。彩绘陶俑磨损严重的地方有发髻、鼻子、耳朵、手臂、背部、臀部、脚底、俑身两侧等凸出部分或者包装时受力较大的地方，其他彩绘陶器磨损严重的地方也是比较凸出和受力面比较大的区域。

二、包装中彩绘陶质文物磨损产生原因

文物包装安全问题时刻存在，文物移动、外出参展必须包装，而一旦包装，伤害就会产生，这是不可避免的矛盾。一件文物由出库到外地展出，这一包、一拆、一运输，对文物都是有伤害的。

承载文物的包装箱一般做得大一些，方便文物放入和取出。文物与箱体之间空隙较大，这些空隙需要填充一定的材料才能保证安全，填充材料时根据文物的尺寸裁切，有时需要把文物反复放进去、拿出来，检查填充材料裁切得是否合适，填充材料与文物之间也有空隙，需要再次填充材料，才能使文物和填充材料之间接触得更紧密牢固。二次填充是直接接触文物，对文物表面摩擦最大，也是伤害和破坏最大的。文物运输到目的地后开箱检查，文物与包装材料之间也是有摩擦损害的。

运输过程中，由于道路不平整、车速快、车况等原因，文物在包装箱内的颠簸

摩擦也是一种常见现象。所以，每次彩绘陶器外展拆开包装后，紧贴文物表面的包装材料上或多或少都有一些因摩擦脱落的彩绘。

三、解决彩绘陶质文物包装磨损问题的方法探讨

这个问题是人和物的问题，人指包装的工作人员和管理人员，物指包装材料和使用。人员要求从建立制度到强化专业，物则要求从科学选材到切合实践应用。

（一）要有完整的自上而下的制度，国家层面有包装的规范制度，单位也要根据自己藏品情况制订更详细的制度

2009 年出台的《文物运输包装规范》对包装技术要求有明确规定，但对操作人员没有明确的操作要求。这些规定比较宽泛，适应范围广，是具体工作中的最低标准和指南，实践工作对应的是具体的物，需要针对具体文物以《文物运输包装规范》为宗旨和指导，制订出适合本单位的文物包装操作章程。这些操作规范应该包括以下几方面的内容。

1. 文物外展前的安全风险评估

文物外展前安全风险评估很重要，现在很多单位没有具体要求，仅在文物外展前有一个简单的本单位专业人员的评估意见表。要制订更翔实的报告表或者报告书，安全评估有宏观的包装、运输和展出环境等方面，更重要的有微观的分析文物本体情况。以彩绘陶俑为例，本体情况包括陶质、胶质层、彩绘保存现状的评估，如果是珍贵文物建议必须有检查和保护数据，一般文物要有单位专业人员的评估意见。彩绘陶俑宏观的要充分考虑移动、运输、环境、包装、工作人员、材料等这些要素产生的风险。经过包装前安全评估，彩绘陶俑或彩绘陶器有彩绘脱落、起翘、胶质层老化、强度减弱、摩擦脱落、陶质松软、酥粉等病害的安全隐患应立刻停止包装外展，待这些病害消除、保护之后，再次风险评估，符合要求再进行包装外展。包装前安全评估是文物包装的第一道安全屏障。

2. 制订适合本单位的文物包装操作方法

要对本单位的彩绘陶质文物按等级划分，分珍贵文物、一般文物和文物标本三个等级制订操作方法，操作方法以《中华人民共和国文物保护法》为准绳，以国家发布的《文物运输包装规范》为基本框架。在遵守现有文物包装的五大原则、包装

技术、包装材料的基础上进行创新，模拟实验，制订适合彩绘陶质文物的包装操作方法。杜绝不规范包装操作方法对文物造成伤害。

如彩绘陶动物俑包装的常见方法有：早期用悬空减震法包装，动物俑的腹部、臀部、颈部三处受力，使四肢悬起来，上面压上压条，固定结实。这样包装有简单、省力、速度快等优点，但时间长了，因受力面太少，受力点压力大、摩擦大，受力点部分彩绘因摩擦脱落严重，如果长时间小面积受力对陶质本体也会造成损坏。经过讨论研究后，采用镞挖法，依照陶动物俑腿部和腹部的形状，在较厚的中密度板、海绵板上挖出凹槽，将动物俑放置其中，其上的位置再根据形状，裁切密度板或海绵板填充，使之不移位。这样动物俑受力面积较大，受力分散，各个部位受力较小，产生的摩擦力也较小，对文物摩擦伤害能降到最低。现在这种包装方法比较流行，那么还有更好的包装方法吗？答案是肯定的。随着科学发展和技术进步，一些新的技术已经出现，如3D技术采用3D建模形式，文物本体外建与箱体同大的保护外模，包装时只需对这些外模组装，将文物置于其中即可。3D技术之外应该还有更好的方法，需要我们不断创新、研究和发现。

3. 明确管理人员和专业人员的职责

文物包装操作中应该明确管理人员和专业包装人员的职责，管理人员多以本单位人员担任，专业包装人员多为乙方工作人员。包装前期，管理人员应该与乙方沟通有关文物的具体情况和彩绘陶质文物包装前乙方应该准备的材料和配备的人员，做到互相了解，乙方清楚文物的具体情况后，会按照文物的情况准备包装材料和配备相关包装人员，管理人员也应该要求乙方提供材料的说明和人员的资质等相关资料。如有不符合文物包装要求的材料或人员情况，责令乙方即刻改正，若问题严重，可以终止合作。在文物包装工作中，管理人员要尽到监督视察的责任，包装人员要严格按照本单位制订的《文物包装操作规范》进行，工作中不当的操作，应立即制止，勒令改正，如操作中不戴手套、没有轻拿轻放、偷工减料、为了操作方便任意改变包装设计、操作人员性格急躁等一切不利于文物包装安全的隐患，都应坚决制止。文物包装人员应该严格按照职业操守进行工作。

（二）科学、合理地选择包装材料

关于包装材料，中国、欧盟等国家和国际组织都有规定。我国将文物"包装材料要求"单独作为一节，包装材料划分为表面防护包装材料、阻隔和防震与缓冲包装材料、箱体包装材料。表面防护包装材料要求使用无污染和柔软的材料，阻隔和防震与缓冲包装材料要求无污染，包装用木材质量应符合 GB/T 7284 的要求。欧洲标准将"包装选择"作为一节，不仅提出了对包装材料的要求，而且提出了包装结构以及包装中的注意事项，规定了包装选择的基本原则以及对表面保护、减震、外部保护的要求。对包装材料主要提出了性能要求，如与文物接触的材料不应磨损或损害文物，但对于具体使用何种包装材料没有进行规定。

这些规定是一个大的框架、概念性的东西，实际操作中需要切合实物来选择材料。如我国文物包装材料规范中列举了聚乙烯吹塑薄膜等应符合的标准要求，对箱体包装材料要求"不应由于材料变形而导致文物损坏"等。表面防护包装材料要求使用无污染和柔软的材料，可是柔软材料如何理解，柔软的度有多少，尚没有衡量的标准。现在文物表面包装以软纸、绵纸、棉布、丝质绵等材料为主，这些包装材料中哪一种最适合，需要工作者在实践中反复试验，对这些材料性质有深刻的了解才能得出结论。如包装彩绘陶俑时，我们应该对文物彩绘的粘接强度做一个分析和了解，也就是前期的风险评估，它能承受多大的摩擦强度或者摩擦力，了解后对这些材料进行筛选。软纸特点是便宜、经济、最柔软，而耐摩擦力差、易破损，不可重复使用。棉布、丝质绵特点是柔软度不及软纸和绵纸，但耐摩擦不易破损，可反复使用。绵纸有软纸的柔软度，也有棉布和丝质绵的耐摩擦、不易破损、可反复使用的特点，但价格较高。综合以上几种材料，绵纸是目前最好的文物表面包装和保护材料，但成本较高，一般很少使用。所以需要一种硬性的规定，如包装彩绘陶器时，表面保护材料必须使用最好的绵纸，这样可以最大限度减少表面摩擦。

阻隔和防震与缓冲材料的选择，对彩绘陶质文物保护同样重要，现在内包装材料主要是用海绵、丝绵、棉花、塑料泡沫板等。根据以往经验，彩绘文物表面保护纸或者布外是海绵、丝绵、棉花等，外层为高密度的塑料泡沫板。这些材料如何选择，高密度的塑料泡沫板强度是多少，以多大强度为宜，中间的缓冲层海绵、丝绵、棉花等是否可行，以多厚为宜，目前没有统一的标准，只是根据工作者的经验操作，随意性较大。现阶段需对这些制订统一的标准，根据不同质地、不同重量得出相对可靠的数据。如 10 千克重的陶器，以木箱为包装箱，内包装的外层高密度板的密度和硬度多大合适，高密度板和文物之间的缓冲材料需要多厚，1 毫米、2 毫米还是 1 厘米等，这些基本的数据需要科学的实验做支撑。

（三）包装人员的专业培养

文物包装也是一门专业，需要专业的包装人员。文物包装人员要具有一定的专业技术水平，从事文物包装工作的人员必须经过国家文物局（或由国家文物局指定的培训机构）举办的专业技术培训班培训，并经考核获得资格证书后，方能上岗。近几年，随着文物交流的增加，文物包装人员严重不足。秦始皇帝陵博物院于2013年举办了一次文物包装培训班，学员报名积极，人数大大超过预期。这种短期的培训是提高文物包装人员技术水平的一种捷径，但想成为技术娴熟的包装人员，必须在工作中不断锤炼，需要技术熟练的老员工起到传帮带的作用，带领新人使其尽快成为优秀的文物包装技术人员。包装人员不但要有资质，还要热爱文物工作，掌握文物知识，熟悉力学基本原理，避免在包装过程中对文物易碎之处的损坏，实施机械操作的人员，更应具有一定的资质。操作人员应穿戴合适的衣物，在直接接触文物时，根据情况采取适当的保护措施，如戴上合适的手套等。在注意保护文物的同时，也应注意对人身健康的保护。包装人员也要有一定的艺术水平，这样文物包装才能既安全又美观。

结语

综上所述，解决彩绘陶质文物包装磨损难题，应该从三方面入手。第一，根据本单位文物特点，制订一套科学的文物包装制度；第二，使用、选择、寻找和发现更好的包装材料；第三，提高包装人员和管理者的职业素养。随着文物事业快速发展，还有更好的办法等着我们文物工作者去研究和发掘，这也是文物工作者的职责所在。文物是人类文明的载体，保护文物人人有责。

参考文献

[1] 史利琴，葛丽敏.馆藏文物的预防性保护包装设计研究[J].赤峰学院学报(自然科学版)，2017，33（15）.

[2] 中华人民共和国国家文物局.出国（境）文物展品包装工作规范[S].2001.

[3] 中华人民共和国国家质量监督检验检疫总局，中国国家标准化管理委员会.文物运输包装规范（GB/T 23862-2009）[S].北京：中国标准出版社，2009.

[4] 赵昆.文物包装概述[J].文博,2006(6).

[5] 李春玲.中欧文物运输包装规范对比研究[J].中国文化遗产,2016(5).

[6] 姜涛.彩绘文物的包装[C]//北京博物馆学会保管专业委员会.博物馆藏品保管学术论文集.北京博物馆学会,2004.

博物馆陶瓷类文物借展的点交与包装

蔺　洲（上海博物馆）

郑宜文（上海市闵行区博物馆）

当前，博物馆越来越提倡让文物"活起来"，各种临时展览越来越多，博物馆间文物借展越来越频繁。保障文物安全、建立规范化和标准化的文物点交程序与包装方式，是顺利进行借展的关键环节，运输前后的点交和运输前的包装工作显得尤为重要。下面，笔者就陶瓷类文物的点交程序和包装方式，及在借展过程中的安全责任问题作简要分析。

一、陶瓷类文物的点交程序

借展相关业务活动中，应严格按照规程进行文物点交。文物借出方（以下简称"甲方"）和文物借展方（以下简称"乙方"）须持有批准文物参与展览的正式文件，并签署正规的展览协议，方可进行文物点交。借展时，文物运输风险一般由乙方承担。因此，借出和归还文物的两次点交工作一般在甲方博物馆进行。点交时，甲乙双方要共同确认文物的现状（完残情况）。借出点交时，乙方要特别注意文物的现状，因为点交后文物的安全即由乙方负责；归还点交时，甲方要特别注意文物现状和借出时有无变化，若有变化，当立即指出，由乙方承担相应责任。

进行文物点交前，甲方须制作文物点交册（如图1所示），记录文物现状，在第一次点交时（借出时）和乙方共同确定文物现状是否和点交册相符，并签字确认。在点交册中，要详细描述陶瓷类文物的现状（完残程度），如必要，有瑕疵的部位要拍特写照片，并在照片上标记瑕疵点。

文物名称	哥窑葵口盘				
时代	宋（960—1279年）	尺寸	高×口径×底径（cm）		
文物等级	×级	质地	瓷	数量	1件/组
收藏单位	××博物馆	藏品号	×××××	估价	×万元人民币
现状说明： 口磕二处，冲口一道至外壁及圈足，圈足另冲一道，"U"形裂纹一处，外壁惊纹一道，里外釉泡破三处。					
照片：					
点交确认 ××博物馆赴××省博物馆"××××"展，藏品共计×件。经××博物馆与××省博物馆双方点交，确认文物现状如前。 点交人： 点收人： ××博物馆 ××省博物馆 时间： 时间：			点交确认 ××博物馆赴××省博物馆"××××"展，藏品共计×件。经××博物馆与××省博物馆双方点交，确认文物现状如前。 点交人： 点收人： ××博物馆 ××省博物馆 时间： 时间：		

图1 2008年赴××省博物馆"××××"展览点交清册（共×件）

陶瓷类文物在制造和保存过程中，会形成各种各样的瑕疵，博物馆工作者通常用"现状"一词来表述。没有缺陷的文物现状为"完整"，但在陶瓷类文物中，现状为"完整"的情况非常少。因此，在点交时要非常注意识别这些现状，并记录在点交册中。

有些陶瓷类文物在制造或烧制过程中就形成了器物材料、形状、色泽等方面的缺陷，制造缺陷可能与选料、制坯、施釉、烧造等方面的不足或失误有关。釉面常见的制造缺陷有针孔、釉泡、熔洞、釉裂、剥釉、缺釉、缩釉、釉薄、釉缕、釉面波纹、斑点、落脏、彩色不正、色脏、画面缺陷、阴黄、烟熏、无光等；器坯常见的制造缺陷则有变形、窑粘、坯爆、过烧、犯泡/起泡、夹层、生烧等。

制造缺陷是"先天性"的，而劣化变质则是使用或者保存期间，在自然或人为因素作用下，器物胎釉形状、质地、光泽、颜色等方面发生的劣化。劣化变质是陶瓷"后天性"的缺陷，是博物馆文物保管工作中需要注意的。胎釉常见的劣化变质如表1所示。

表1 陶瓷胎釉常见劣化变质

缺陷名称	缺陷描述
冲口	器物受外力撞击出现的裂纹，长短不等，多出现在碗、盘类瓷器上。也有外冲里不冲的现象，也叫"惊纹"，是不穿透器壁的裂纹，即器外可见裂痕，但器里面却不见裂痕。
炸纹	器物的颈、肩或腹部受撞击后，出现放射鸡爪纹。
炸底	器物的底部因磕碰等原因造成裂纹。
缺损	器物胎釉由于机械冲撞或化学腐蚀造成的各种残缺，例如凹坑、豁口、局部断裂脱落等。
破碎	器物在外力作用下碎裂，彼此分离，形成大小不一的若干碎片。
失亮	器物因长期使用磨损或埋藏环境腐蚀造成釉面失去光泽的现象，又称失釉。
伤彩	器物受长期腐蚀或摩擦而造成的釉彩失去光泽或损伤，甚至发生釉色的剥落，也称"脱彩"。五彩、粉彩、金彩等低温釉上彩容易发生这种情况。
盐蚀	堆积器表或渗入胎釉内部的可溶性盐所导致的胎釉损伤，如裂缝、剥釉、胎的腐蚀等。
盐类结壳	器物在长期埋藏环境下形成的较坚硬的不溶盐堆积，例如在海水环境下覆盖器物表面的珊瑚层（主要成分是碳酸钙），令其原本形貌难以识别。

续表

缺陷名称	缺陷描述
污渍	器物表面吸附污垢后形成污点、污斑等。这些污垢包括铁锈、土锈、油腻、霉菌、火烧残留物等。污垢通过陶器的多孔表面或釉面上的裂纹渗入胎体，污染器表面，对胎釉有一定腐蚀作用。
粘伤	器物碎裂后用粘接的方法修补。
锔伤	瓷器有冲或裂纹后，以打锔子的方法修补。
脱釉	陶瓷器的釉层脱离胎体露出胎骨，原因很多，比如出土、水浸、受到撞击、烧结温度不够等导致釉面不同程度的脱落。
磨口	器物口部因磕碰缺损，后人用砂轮将伤口修复平整，或直接锯去部分器身。
磨底	将陶瓷器物底部的缺陷或底款磨去。
截口	陶瓷器物口部因磕碰缺损，后人直接锯去部分器身，使口沿平整。
后加彩	即添彩，后填彩。在旧瓷器上新加彩绘，再在低温炉中烘烧。

以上劣化变质大部分是人为造成的，而盐蚀、盐类结壳、脱釉和文物保存的自然环境有关，尤其是脱釉，和博物馆库房的环境关系密切。

准确快速识别以上现状，要靠工作人员长期的经验积累。如点交时要特别注意陶瓷器口部的情况，用手指抚摸口部、圈足等，用触觉快速感知器物口部是否有瑕疵。另外，在文物入库时，博物馆就要详细识别并记录文物的现状，并在定期校对时检查文物现状。因此，理论上甲方博物馆对每件要借出的文物已经有现状的记录，制作点交册时只是再次确认是否有新的现状出现。

一次借展中点交有两次，分别是借出和归还时，都在甲方博物馆进行，也就是说，文物运输和展览时的安全责任都由乙方来负。当归还点交时，如果文物的现状和借出点交不一致，即文物出现了损坏或裂化变质，由乙方承担责任。

虽然借出点交后，文物的安全责任就归乙方了，但甲方还是要一直关注文物的安全问题，参与乙方展览的布展与撤展，及时掌握借出文物的情况，确保安全。具体做法是制订布展点交计划和撤展点交计划（如图2、图3所示），并组建布展组和撤展组，赴乙方博物馆布展、撤展。

布展组：保管部××、××

点交与运输：

2018年10月12日 周五　9：00　　××运输公司、××省博物馆工作人员抵达我馆

　　　　　　　　　　　　　　　请保卫处协助车辆（车牌号）停靠

　　　　　　　　　9：20　　文物点交、装箱、运离

现场布展：

11月6日　周二　　我馆布展组抵达××市

11月7日　周三　　拆箱、现场检验、布展

11月8日　周四　　现场检验、布展

11月9日　周五　　布展组返回

抄送：布展组保管部、保卫处

联系人：保管部××（电话：×××）

以上布展计划当否，请批示。并请馆领导指定布展组组长。

保管部

2018年10月11日

图2　赴××省博物馆"××××"展布展点交计划

撤展组：保管部 ×× 、××

2019 年 1 月 2 日　周三　　我馆撤展组前往 ×× 市

　　　　1 月 3 日　周四　　撤展、现场查验、装箱

　　　　1 月 4 日　周五　　我馆撤展组返沪

　　　　1 月 16 日　周三　　约 10：00　　文物抵达我馆

　　　　　　　　　　　　　　　11：30　　点交

　　　　　　　　　　　　　　　　　　　　验收入库，撤展完毕

　　　　　　　　　　　　　　　11：30　　工作午餐

抄送：撤展组、保管部、保卫处

联系人：保管部 ××（电话：×××）

以上撤展计划当否，请批示。并请馆领导指定撤展组组长。

保管部

2018 年 12 月 25 日

图 3　赴 ×× 省博物馆 "××××" 展撤展点交计划

二、陶瓷类文物的包装方式

目前，对于陶瓷类文物包装方法的论述并不少见，大多是实际工作经验总结，这对我们的实际工作是具有指导意义的。武俊玲（2009）、宋笑飞（2003）、董涛（2009）、李慧芳（2015）等学者详细介绍了文物包装与运输环节的方式与注意事项。苏杭（2011）提出"藏品包装运输中应视为藏品保管的延续，而不是藏品保管的结束"的观点，并阐述藏品包装应加大安全措施，严格按照藏品法规来操作，确保文物运输过程中的安全。姜涛（2009）详细介绍了文物包装的方式及适用的文物类型，并在文章中总结了陶俑类文物与陶瓷器文物的包装。韩文慧（2016）结合本馆的藏品搬迁工作，事无巨细地介绍了文物装箱前的各项准备，并提到了陶瓷类文物包装与填充方式。史利琴等（2017）、王海红（2007）、宋旸等（2013）详细阐述了囊匣制作的工艺、步骤与方法。

陶瓷类文物包装是一个理论与实践相结合的工作，在展览运输中，要特别注意避免震动和冲击，在包装方式上，有内包装和外包装。内包装为文物囊匣（大型陶俑类除外），外包装是装囊匣的木箱。以下将结合实际工作，梳理陶瓷类文物的包装方式。

（一）内包装

大型陶俑类器物根据形制的不同多采取压杠法和捆扎法，在实际操作中，结合不同的部位及受力点采取相应方式。在借展中常遇到的一般陶瓷器文物（包括小型陶俑）采用包裹法，用绵纸将陶瓷类文物包裹起来，然后放入囊匣中，然后再在囊匣中添加合适的包装材料。对有环、链、把、嘴的器物要选用绵纸、薄片泡沫进行软包装后，再放入囊匣。

根据陶瓷类文物的形状，制作出各种各样的、对陶瓷类文物能起到固定和保护作用的内囊。囊匣大多采用硬纸板制作外壳，里面填充进经消毒处理的天然棉花，不使用海绵。要保证一件物品对应一个囊匣，囊匣的尺寸要根据陶瓷类文物的尺寸和形状来定制。陶瓷类文物放入囊匣时，还要放入防震动、防挤压的填充物。要考虑到该文物的各个着力点，不能疏忽遗漏任何角落。比如器物的底部周围、圈足的内面、颈部等都要填充到，起到缓冲减震的作用，以保证陶瓷类文物的安全。填充物应有适当的"弹性",对器物来说要松紧适度,但填充物也不宜过多,否则会给运输中的陶瓷类文物增加压力。有器盖、器座等附件的陶瓷类文物各附件要单独包装,不能按照原样套叠器物。附件的安放要与填充材料区分开来并做好标记,防止组装时操作失误。最后,要在囊匣外标注文物编号、名称及照片。

因陶瓷类文物易碎,只要器物移动,无论是馆内库房保管还是对外展出,都要有囊匣。陶瓷类文物平时保存也要放在囊匣里,要求应和运输的要求一致,明确"运输是保管工作的延续"。囊匣在平时保管过程中就应制作好,最好由本馆人员参与制作。

(二)外包装

外包装箱要求结构合理、坚固安全、拆卸方便、整齐简洁、适于长途运输。

在陶瓷类文物妥善放置于囊匣中之后,囊匣装箱时应做到安全防震,防尘防湿防火。装箱时箱底及四周、囊匣之间需用海绵铺垫、填充、阻隔,构成一个牢固的整体。将分量重、体积大的囊匣放在底部,并以泡沫做隔层,上面放分量轻、体积小的囊匣,考虑到文物外包装箱的载重量,装入的囊匣不宜过多,文物装放合理,每箱的层数根据文物囊匣尺寸而定,做到囊匣放置的科学性、合理性、规范性。要防止箱内囊匣相互挤压,晃动摩擦,做到松紧适宜。每件外包装箱内附此箱的文物清单,记录装入箱内文物的名称、编号、件数。装好后在箱体外贴封条,加锁,贴相关的标签、箱体登记号等。

外包装木箱为分体组合式,用螺丝、木板(或防水的胶合板)组装而成,使用时将木板组装固定,闲置时将木箱拆卸成木板。安装时用带波纹垫片的螺丝固定箱盖,用带棱角状波纹垫片的螺丝增加强度。现在使用的外包装箱有扣环锁之类的可快速打开的闭合装置。外包装箱要安全牢固,其强度和厚度取决于陶瓷类文物的重量和尺寸,箱体边角有金属加固,箱壁上安装把手和手持装置,整体能使用叉车等设备方便运输。外箱尺寸不宜过大,要便于搬移、运输,在箱体外部,按国际标准喷印防水、防震、勿压、易碎、编号、小心轻放、防倒置等标识。

三、借展过程中的文物安全责任

现在国内大型博物馆的文物借展大多委托专业的文物艺术品运输公司来负责运输工作。文物运输责任在乙方,由乙方负责委托运输公司,与其签订运输委托合同,将文物运输过程的安全责任交给运输公司。在第一次文物点交后，文物的安全责任已经交给乙方，此时乙方应和甲方一起监督运输公司将文物包装好，然后在文物外包装（木箱）上贴好甲乙双方的封条，待文物在乙方博物馆准备开箱时甲乙双方再共同取掉封条。撤展后归还运输时也是如此，撤展后甲乙双方监督运输公司将文物包装好，在文物外包装上贴好封条，待文物运回甲方博物馆时打开封条。

关于文物借展时的安全责任问题，在第一次点交（借出点交）前和第二次点交（归还点交）后，文物安全责任归甲方博物馆。在这之间的时间段，安全责任都归乙方。乙方又把运输期间的安全责任托付给运输公司，即两次文物外包装贴封条封闭的时期。在整个借展过程中，甲方和乙方都应在各个环节中注意文物的状态，包括第一次点交、第一次拆封条、撤展时、第二次点交，这四个环节要特别注意，以便当文物出现问题时明确责任。

例如当第一次拆封条时发现文物现状和第一次点交不一致时，文物的损坏责任在运输公司。应由甲方向乙方追责，乙方再向运输公司追责。当撤展时发现文物现状和第一次拆封条时不一致时，文物的损坏责任在乙方，由甲方向其追责。当第二次点交时发现文物现状和撤展时不一致时，文物的损坏责任在运输公司。应由甲方向乙方追责，乙方再向运输公司追责。明确责任有利于监督各方在文物借展过程中谨慎操作，保证安全。如果责任不明，当最后发现陶瓷器受损或者劣化变质时，不知道在哪个环节出了问题，无法保证文物的安全。

结语

为了保证借展时陶瓷类文物的安全，必须重视文物点交，通过点交明确区分甲方和乙方的责任。点交时要制订详细的点交册，准确描述陶瓷器的现状，下一次点交时检查现状有无变化。文物的包装是保证安全运输的前提，内包装也是平时瓷器保管的要求，在运输时要另加外包装。通过对借展过程中不同环节的把握，明确文物安全责任，为陶瓷类文物发挥其应有社会作用提供安全保障。

参考文献

[1]俞蕙，杨植震.古陶瓷修复基础[M].上海：复旦大学出版社，2012.

[2] 北京博物馆学会. 博物馆藏品保管工作 [M]. 北京：中国书籍出版社，2012.

[3] 武俊玲. 初探现代化博物馆藏品专业化管理 [C] // 北京博物馆学会编. 博物馆藏品保管学术论文集. 北京：中国林业出版社，2009.

[4] 宋笑飞. 博物馆交流中的文物包装 [N]. 中国文物报，2003-03-22.

[5] 董涛. 论巡展文物在包装运输中的预防性保护 [C] // 北京博物馆学会编. 博物馆藏品保管学术论文集. 北京：中国林业出版社，2009.

[6] 李慧芳. 如何在包装运输中保护珍贵文物 [J]. 中国包装工业，2015（6）.

[7] 苏杭. 试论博物馆藏品的包装及运输 [C] // 中国人民抗日战争纪念馆，中国抗日战争史学会编. 中国人民抗日战争纪念馆文丛第6辑. 北京：团结出版社，2011.

[8] 姜涛. 馆藏文物在利用中的保护——文物包装 [C] // 北京博物馆学会编. 博物馆藏品保管学术论文集. 北京：中国林业出版社，2009.

[9] 韩文慧. 文物藏品搬迁的准备与实施 [J]. 中国民族博览，2016（11）.

[10] 史利琴，葛丽敏. 馆藏文物的预防性保护包装设计研究 [J]. 赤峰学院学报（自然科学版），2017，33（15）.

[11] 王海红. 文物囊匣包装的传承与发展 [J]. 中国文物科学研究，2007（3）.

[12] 宋旸，王海红. 文物预防性保护研究——传统囊匣的制作工艺 [C] // 中国文物保护技术协会编. 中国文物保护技术协会第七次学术年会论文集. 北京：科学出版社，2013.

[13] 王鹏. 紧跟文博事业的发展步伐 提供全方位科学化服务 [C] // 北京博物馆学会编. 继承发展 保护管理——北京博物馆学会保管专业十年学术研讨纪念集. 北京：北京燕山出版社，2010.

[14] [加] Nathan Stolow. 博物馆藏品保护与展览：包装、运输、存储及环境考量 [M]. 宋燕，卢燕玲，黄晓宏等译. 北京：科学出版社，2010.

[15] 公益财团法人日本博物馆协会编. 博物馆藏品操作手册——文物及艺术品包装运输指南 [M]. 中国文物交流中心译. 南京：译林出版社，2017.